가야사의 제문제

- 가야사 새로보기 -

가야사의 제문제 - 가야사 새로보기 -

초판 1쇄 발행 2022년 6월 29일

지은이 김영하, 조신규, 김정윤, 정인태, 박천수,
        이한상, 권오영, 정동준, 남재우
펴낸이 윤관백
펴낸곳 선인
등 록 제5-77호(1998.11.4)
주 소 서울시 양천구 남부순환로 48길 1(신월동 163-1) 1층
전 화 02)718-6252/6257
팩 스 02)718-6253
E-mail sunin72@chol.com

정 가 32,000원

ISBN 979-11-6068-722-4 94900
      979-11-6068-244-1(세트)

창원대학교 경남학연구센터 아라가야학술총서 4

가야사의 제문제

- 가야사 새로보기 -

김영하, 조신규, 김정윤, 정인태, 박천수
이한상, 권오영, 정동준, 남재우

선인

'아라가야 학술총서4'를 발간하며

아라가야 학술총서 4권을 내놓는 과정이 무척이나 힘들었습니다. 한 해를 마무리하는 12월 초에 학술회의를 개최하고 그 결과를 책으로 묶어내 왔습니다. 그런데 작년에 개최되어야 할 학술회의는 코로나로 인해 몇 번이나 지연되었고, 해를 넘겨 6월에 개최되어 이제야 책으로 만들었습니다.

학술회의의 주제는 '가야사의 제문제-가야사 새로보기'였습니다. 최근 몇 년 동안 이루어진 가야유적에 대한 발굴조사 결과는 가야사 이해의 확대와 함께 이제까지의 가야사 인식에 대한 새로운 변화를 요구하였습니다. 가야 각국의 중심지에서 가야사회의 내적 발전을 보여주는 성곽과 고분에서 출토되는 수준 높은 유물 때문입니다. 왕성으로 추정되는 가야리 토성, 중국과의 교류로 볼 수도 있는 청자완, 아라가야 정치적 발전을 보여주는 금동관, 그리고 다양한 세련된 상형토기의 발굴이 그것입니다.

이러한 유적과 유물은 아라가야를 새롭게 해석할 수 있는 근거입니다. 또한 아라가야의 재해석은 가야사 전체의 재검토와 맞물려 있습니다. 이에 금번 학술대회는 아라가야라는 이름을 떨쳐버리고 가야사 전체에 대한 고민을 담아 보았습니다.

기조발표는 가야를 고대국가로 자리매김해야 한다는 주장이 담겨있습니다. 세부주제는 아라가야의 정치적 발전을 보여주는 근거인 가야리토성과 금동관, 그리고 가야사에서 아라가야의 성장과 대외관계를 추정하게 하는 청자완 등을 비롯한 발굴성과를 발표합니다. 그리고 가야의 성장을 가능케 했던 당시의 자연환경, 가야사연구 자료인 『일본서기』의 활용, 가야권역의 확대를 보여주는 호남지역 가야유적의 성격, 가야봉토분의 축조기법과 매장의례에 대한 내용입니다. 덧붙여 현재까지의 가야사연구를 정리하고 앞으로 가야사연구에 대한 방향을 제시한 글도 보탰습니다.

가야와 아라가야에 대한 연구를 지속가능하게 하고, 학술서적 출판으로 이어지는 것은 오로지 함안군민 덕분입니다. 감사의 마음을 말로 다 할 수 없습니다. 학술회의 지연에도 짜증내지 않고 적극적인 발표와 정리된 논문으로 만들어 주신 연구자들과 발표내용을 깊게 해 주신 토론자 선생님들, 학술회의 진행과 서적 발간에 도움을 주신 함안군 관계자들에게도 고마움을 전합니다. 아울러 책으로 엮어주신 도서출판 선인의 식구들에게 감사함을 표합니다.

2022.6

함안군수 조근제
함안군 의회 의장 이광섭
창원대학교 경남학연구센터장 남재우

목 차

한국의 고대국가론과 '가야'

김영하 | 성균관대 사학과 명예교수

Ⅰ. 전근대사서의 가야 인식: 왕조론

고대국가로서 가야의 문제를 검토하기에 앞서 전근대시기의 사서들은 가야를 어떻게 인식하고 있었는가를 알아볼 필요가 있다. 그 내용들이 근·현대사학의 가야 인식에도 적잖이 영향을 미쳤을 것이라 여겨지기 때문이다. 이럴 경우 주안점은 가야를 독립 왕조로서 '본기' 또는 '세기'로 다루었는가에 둘 수밖에 없다. 전근대의 사서 편찬에서 왕조는 정통론과 교체론을 적용할 때의 준거였고, 그 기년은 서술의 실제에서 근간을 이루고 있었기 때문이다.

우선, 『삼국사기』(1145)는 가야에 관한 사실을 전하면서도 다른 삼국과 같이 '본기'로 취급하지 않았다. 『삼국사기』에서 본기로 다루지 않은 또 다른 나라로는 발해를 들 수 있다. 금관가야의 구해왕이 법흥왕 19년(532)에 왕실의 보물을 가지고 신라로 투항하거나 발해 세자 대광현과 그 관인들이 태조 17년(934)이래 부단히 고려로 귀부할 때, 두 나라의 문적(文籍)들도 또한 신라와 고려로 유입되었을 것이다. 그럼에도 불구하고 『삼국사기』에서 두 나라는 신라와 관계가 있는 '가야'와 '북국'[1]으로 기술될 따름이었다. 백제 유

---

1) 『三國史記』卷10, 新羅本紀10, 元聖王 6年; 憲德王 4年.

민들이 가지고 간 백제삼서(百濟三書)가 『일본서기』 편찬에 이용된 것은 주지의 사실이며, 그런 『일본서기』에 의해 한국고대사가 왜곡되는 불편한 현실을 목도하기도 했다.

가야와 발해는 배타적인 왕실의 존재와 그 계승을 정당화할 제의의 거행이라는 왕조로서의 기본 요건을 갖추고 있었다. 그런데도 김부식이 전대 역사의 시공간을 '삼국'과 '신라'로 한정하여 『삼국사기』를 편찬한 데는 그만한 이유가 있었을 것이다. 그것은 왕조의 교체론 및 정통론과 관련될 것으로 짐작되는데, 일단 『삼국사기』 신라본기에서 가야 관련의 사실을 적기하면 다음과 같다.

> A. 혁거세왕 19년(기원전 39)의 변한 내항.
> B1) 탈해왕 21년(77) '가야병'의 노획, 파사왕 15년(94) '가야적'의 격퇴, 파사왕 17년(96) '가야인'의 노획, 파사왕 18년(97) '가야국주'의 사죄 요청, 파사왕 27년(106)의 '가야' 정벌, 지마왕 4년(115) '가야'의 내침, 지마왕 4년(115) '가야' 정벌의 실패, 지마왕 5년(116) '가야' 침공의 좌절, 내해왕 6년(201) '가야국'의 화친 요청, 내해왕 17년(212) '가야' 왕자의 인질, 법흥왕 11년(524) '가야국왕'의 남경 내회, 법흥왕 19년(532) '금관국주' 김구해의 내항.
> 2) 내해왕 14년(209) '가라왕자'의 구원 요청.
> 3) 소지왕 3년(481) 백제·'가야'의 원병 파견, 소지왕 18년(496) '가야국'의 백치(白雉) 송부, 법흥왕 9년(522) '가야국왕'의 혼인 요청, 진흥왕 23년(562) '가야'의 반란과 항복.

『삼국사기』에서 가야 관련의 사실은 자료 B에서 본 바와 같이 신라본기의 것 이외에도 지리지에서 신라의 군현 편제와 관련하여 언급되고 있다. 가야와 백제의 긴밀한 관계를 전하는 『일본서기』와의 비교에서 『삼국사기』의 신라 편향성이 드러나는 부분이기도 하다. 일단 자료 A에서 변한은 이미 혁거세왕 때에 진한/신라에 항복한 것으로 정리했다. 당시 진한은 고조선의 멸망 후 '조선유민(朝鮮遺民)'이 이주하여 신라 성립의 기반인 '진한 6부'를 이루었다는 지역이다. 여기에서 『삼국사기』는 이미 '조선유민'을 매개로 고조선-진한/신라 중심의 서술 방향을 암시하고 있었다. 그러한 다음 변한의 진한/신라 항복과, 부여-고구려 계통을 이은 백제 온조왕 27년(9)에 마한 국읍의 병합 및 그 34년(16)에 마한의 반란 진압을 기술함으로써 삼한-신라·백제로의 교체가 건국시조 당대에 이미 완료된 것으로 전대의 역사를 정리했던 것이다. 이것은 변한의 후신인 가야를 신라, 백제와 병존하는 독립 왕조로서 취급하지 않겠다는 언명에 다름 아니었다.

그러나 『삼국사기』가 일찍부터 변한의 진한/신라 투항을 기술했음에도, 그 후신일 수밖에 없는 가야가 신라에 투항하거나 멸망하는 과정을 다시 기술하지 않을 수 없었던 데서 굴절된 가야 인식이 드러나고 있었다. 온조왕 때에 백제의 마한 병합을 기술한 이후 백제본기에서 마한 관련의 기사가 보이지 않는 것과는 큰 차이였다. 그것은 『삼국사기』가 가야를 본기에서 취급하지 않을 논리적 근거로서 신라 중대에 형성된 일통삼한론의 삼한=삼국 인식을 수용한 사실과 무관하지 않았을 것이다.

한편 『삼국사기』 지리지에는 상주 고령군조의 고령가야국, 양주 김해소경조의 금관국/가락국 또는 가야, 강주 함안군조의 아시량국/아나가야, 강주 고령군조의 대가야국 등 네 가야의 추이가 기술되어 있다. 그러한 한편 신라본기의 자료 B에서는 신라와 관계가 있던 가야는 모두 하나의 '가야/가라'인 것처럼 기술함으로써, 그것은 '금관국'만을 가리키는 것으로 이해하는 경우도 있게 되었다.[2] 이러한 기술과 해석은 여러 가야의 분립과 병존을 인정하지 않은 『삼국사기』의 편찬 방침에 따라 일괄 '가야'로 표기한 데서 기인하는 것이었다. 그러나 실제 내용을 살펴보면 적어도 세 가야와 관련된 연대기가 하나의 '가야/가라'라는 명칭 아래 배치되어 있음을 알 수 있다.

자료 B1)은 파사왕 23년(102)에 강역 분쟁을 중재한 '금관국 수로왕'과 법흥왕 때에 신라로 투항한 '금관국주 김구해'에서 보듯이 금관가야에 관한 사실이다. 시조 수로왕부터 구해왕까지 10대에 걸쳐 존속했던 금관가야는[3] 신라와의 사이에 있었던 전쟁, 화친, 인질 등의 기사 내용을 통해 기본적으로 갈등관계에 있었음이 확인된다. 그것은 당시의 불편한 관계를 반영한 '국주(國主)'와 같은 비칭에서도 드러난다. 이러한 금관가야=임나가라는 〈광개토대왕비〉(414)의 영락 10년(400) 기사에서 보듯이 신라 구원을 마친 고구려에 귀복한[4] 이후 잔존하다가 신라에 항복하기에 이르렀다.

자료 B2)는 유사한 내용을 전하는 『삼국사기』 물계자전의 아라국이자 지리지의 강주

---

2) 주보돈, 「가야사의 체계적 이해를 위한 提言」, 『대가야의 국가발전 단계』, 대동문화재연구원·고령군 대가야박물관, 2017, 16쪽.

3) 『三國史記』 卷34, 地理1. "良州 金海小京, 古金官國(一云伽落國, 一云伽耶) 自始祖首露王 至十世仇亥王 以梁中大通四年 新羅法興王十九年 率百姓來降."

4) 〈廣開土大王碑〉. "十年庚子 教遣步騎五萬 往救新羅 從男居城 至新羅城 官軍方至 倭賊退 (中略) □□背急追至任那加羅 從拔城 城卽歸服."

함안군조에 언급된 아나가야/아라가야에 관한 사실이다.[5] 포상 8국으로부터 침략을 당한 아라가야는 신라에 왕자를 보내 구원을 요청했다. 아라가야가 인접한 금관가야에 구원을 요청하지 않은 것은, 두 나라가 서로 경쟁하는 관계에 있었기 때문일 것이다. 이에 신라와 우호적이던 아라가야는 신라 구원 후 임나가라의 복속에 나선 고구려에 대해서도 '안라인수병(安羅人戍兵)'으로 동조할 수 있었다.[6] 이와 같은 정세 속에서 금관가야의 구해왕은 남쪽 변경을 순수 중이던 법흥왕을 찾아가서 만나거나[7] 마침내 신라에 투항하지 않을 수 없었던 것으로 추측된다. 그러나 금관가야의 침체 후 일시 부상했던 아라가야도 지리지의 기술 내용에서 보다시피 법흥왕의 정복을 피할 수는 없었다.

자료 B3)은 고구려에 귀복함으로써 침체된 금관가야 대신 새롭게 조성된 국제관계 속에서 부상한 대가야에 관한 사실이다. 대가야는 시조 이진아시왕부터 도설지왕까지 16대에 걸쳐 520년간 존속했으며,[8] 신라에 대한 원병 파견, 백치 송부, 혼인 요청 등과 같은 기사 내용으로 미루어 보아 신라와는 기본적으로 우호관계에 있었다. 그러나 대가야도 561년에 창녕 지방을 순수하고 척경비를 세우는 진흥왕의 가야 방면에 대한 팽창 정책에 버티지 못하고 그 다음해에 역시 신라에 정벌되고 말았다.

이처럼 '가야'로 표현된 금관가야와 대가야는 변한에 이어 모두 신라에 항복할 수밖에 없는 존재로 설정될 뿐, 신라 당시는 물론 고려의 김부식에 의해서도 독립 왕조로 인식될 수 있는 여지는 없었다. 본기로 편찬할 대상에서 가야의 배제는 진한/신라가 변한/가야에 이어 마한/백제까지 통합함으로써 삼한을 한 집안으로 삼았다는 문무왕대 김유신의 '삼한일가론(三韓一家論)'이, 신문왕대에 고구려 공멸도 태종무열왕의 업적으로 소급 부회하는 과정에서 진한/신라가 변한/백제는 물론 마한/고구려마저 통일했다는 '일통삼한론(一統三韓論)'으로 전환된[9] 논리의 계승 결과에 다름 아니었다.

---

5) 『三國史記』卷48, 列傳8, 勿稽子 ; 『三國史記』卷34, 地理1. "康州 咸安郡, 法興王以大兵滅阿尸良國 (一云 阿那加耶)."
6) 남재우, 『안라국사』, 혜안, 2003, 153쪽.
7) 한편 『삼국유사』, 왕력1에 의하면 구해왕은 521년(신축)에 즉위하여 532년(임자)에 신라에 투항했으므로, 순수 중의 법흥왕을 만난 금관가야의 왕도 구해왕일 것이다.
8) 『三國史記』卷34, 地理1. "康州 高靈郡, 本大加耶國 自始祖伊珍阿豉王(一云 內珍朱智) 至道設智王 凡十六世 五百二十年 眞興大王侵滅之."
9) 김영하, 「신라의 '백제통합'과 '일통삼한' 재론」, 『7세기의 한국사, 어떻게 볼 것인가』, 성균관대출판부, 2020, 172~174쪽.
   김유신의 현손 김정청이 가야 배제의 일통삼한론이 성립된 이후에 김유신의 『행록』을 편찬했음에도 불구하고 임종시에 가야 포함의 삼한일가론을 피력한 김유신의 발언 내용에 유의한 것은(김영

신라 중대에 확립된 일통삼한론은 백제와 고구려 유민에 대한 통합정책의 추진과 더불어 확산됨으로써『삼국유사』무장사미타전조에서 보듯이 민간에서도 '통삼(統三)'은 태종무열왕의 업적으로 기려지게 되었다. 또한 만년에 가야 지역과 개인적으로 인연이 깊었던 최치원은 「석이정전」에서 대가야 및 금관국의 건국시조 설화와, 「석순응전」에서 대가야의 월광태자에 관해 언급하기는 했다.[10] 그러나 그도 기왕에는〈상대사시중장〉에서 당도 공유하고 있던 중대 이래의 공식적인 일통삼한론의 삼한=삼국 인식을 따르지 않을 수 없었던 것이다.[11]

후삼국을 통일한 고려는 현실적인 효용성 때문에 일통삼한론을 다시 표방하게 되었다.[12] 이에 김부식도 신라의 일통삼한론과 같은 맥락인 세 땅을 합하여 한 집안으로 만들었다는 '삼토일가론(三土一家論)'[13]에 입각하여 가야를 제외한 '삼국'과 발해를 배제한 '신라'로 한정하여 전대의 역사를『삼국사기』로 정리했던 것이다. 기실『삼국사기』에 인용된『해동고기(海東古記)』[14]와 같이 전대 역사의 서술 공간과 관련한 표제로는 '해동'을 사용할 수도 있었다. 그럼에도 불구하고 김부식이 굳이 기전체의『삼국사기』로 편찬한 것은, 삼한=삼국을 일통한 신라가 다시 고려로 이어지는 정통론의 이념 구현에 가장 적합한 표제이자 체제였을 것이기 때문이다.

다음으로, 일연의『삼국유사』(1281)에서는 가야에 대한 새로운 인식이 싹트기 시작했다. 그것은『삼국사기』에 의해 축소되었던 전대 역사의 시공간을 확장함으로써 나타난 현상이었다. 삼국과 신라 이외에도 위로는 고조선, 북·동부여에서 아래로는 말갈·발해, 5가야 등을 독립 항목으로 편차했던 것이다. 여기에서 무엇보다 중요한 사실은『삼국유사』왕력편에서 삼국과 더불어 가락국/금관가야를 병렬시키고, 수로왕부터 구형왕까지 10대의 왕명과 42년부터 532년까지 490년간의 역년을 밝힘으로써 독립 왕조로 취급한 점이다.

    하, 「신라의 '백제통합'과 '일통삼한' 재론2」, 앞의 책, 223쪽), 신라로의 투항세력이었던 금관가야
    계가 이미 신라화한 자신들의 정체성을 다시 한 번 밝힐 수 있는 유용한 사실이었기 때문일 수도
    있다.
10) 『新增東國輿地勝覽』卷29, 高靈縣, 建置沿革.
11) 『三國史記』卷46, 列傳6, 崔致遠.
12) 김영하, 「신라의 '백제통합'과 '일통삼한' 재론」, 앞의 책, 188쪽.
13) 『三國史記』卷43, 列傳3, 金庾信 下, 論.
14) 『三國史記』卷15, 高句麗本紀3, 太祖大王 94年;『三國史記』卷32, 雜志1, 祭祀.

그러나 일통삼한론의 삼한=삼국 인식에서 자유롭지 못한 까닭에 백제가 변한임을 논증하려고 시도한[15] 점은 한계에 다름 아니었다. 유사로서 『삼국유사』가 본사로서 『삼국사기』의 한계를 온전히 극복하는 것은 어려웠을지라도, 전대 역사의 시공간을 확장함으로써 조선시대에 '삼국'을 넘어 다시 '해동'이나 '대동'처럼 확대된 외연 속에 가야는 물론 발해도 독립 왕조로 자리를 잡을 수 있는 단서를 마련한 사학사적 의미는 작지 않았다. 조선시대의 가야에 대한 독립 왕조로서의 인식은 일통삼한론의 부침과 맞물려 강도를 달리하는 경향을 보이고 있었다.[16]

여기에서는 일통삼한론의 극복 과정과 가야를 독립 왕조로 인식하려는 경향을 일별하고자 한다. 한백겸은 『동국지리지』(1615년경)에서 일통삼한론의 삼한=삼국 인식을 벗어나 다시 삼한일가론의 그것과 같이 진한/신라, 변한/가야, 마한/백제로 파악하기 시작했다. 그의 삼한≠삼국 인식은 역사지리학자인 신경준(1712~1781)의 변한=가야 인식에도 상당한 영향을 미쳤다고 한다. 한편 안정복(1712~1791)은 『동사강목』에서 신라 이래 일통삼한론의 삼한=삼국 인식을 답습하여 고구려의 멸망에 따른 '혼일(混一)'과 '시일삼한(始一三韓)'을 기준으로 문무왕 8년 이전과 9년 이후의 시기를 구분하면서도,[17] 한 건무 18년(42)부터 삼국왕의 기년과 함께 '가락국 시조 김수로 원년'을 병기하고 이때부터 대국 셋과 소국 하나의 '사국(四國)' 역사를 기술할 것을 밝혔다.[18]

이처럼 변한과 가야의 대응 여부에 대한 인식의 착종 단계를 지나 한치윤(1765~1814)은 『해동역사』에서 정통론으로서의 일통삼한론을 극복함으로써 고구려, 백제, 신라의 세기와 더불어 발해를 세기로 독립시켰고, 가야도 후삼국과 더불어 소국들의 세기에 따로 편차될 수 있었다.[19] 이러한 경향은 김정호의 『대동지지』(1861~1866년경)에서 더욱 구체적으로 나타나게 되었다. 다른 고대 왕조와 마찬가지로 가야도 기년, 국도, 강역을 갖춘 하나의 독립 왕조로 인식했던 것이다.[20] 그의 인식은 전통적인 편찬체

---

15) 『三國遺事』卷1, 紀異1, 卞韓·百濟.
16) 문창로는 최치원의 삼한=삼국 인식부터 조선 후기에 삼한≠삼국 인식까지의 변천 과정을 변한과 가야의 대응 여부에 초점을 맞추어 정리한 바 있다(문창로, 「'변한과 가야' 연구의 동향과 과제」, 『가야사 연구의 현황과 전망』, 주류성, 2018).
17) 김영하, 「7세기 동아시아의 정세와 전쟁」, 앞의 책, 92쪽.
18) 『東史綱目』第1下.
19) 『海東繹史』16, 世紀16, 諸小國.
20) 『大東地志』卷31, 方輿總志3, 加耶.

제를 탈피함으로써 가능했는데, 삼한 제국—삼국/신라·가야·백제—삼국/신라·백제·고구려—남북국—고려와 같은 새로운 인식체계의 설정은 그 결정체에 다름 아니었다. 또한 이와 같은 인식은 향후 '삼국' 위주가 아니라 '고대국가들' 중심의 연구를 촉발할 수 있는 맹아이기도 했다.

　　역사의 발전과 더불어 가야 인식에서 그 실제를 향한 역사학도 발전하고 있었던 셈이다. 이제 근대로의 전야에 해당하던 시기에 성취한 고대 왕조로서의 가야에 대한 인식을 근대사학의 실증을 통해 엄연한 고대국가로 진위시킬 일이 과세로 남게 되었다. 기실 전근대사서에서 국가는 왕조를 표상하는 용어로 사용되기도 했지만,[21] 근대 국민국가의 역사적 기원으로서 역사학의 탐구 대상이었던 고대국가는 그 함의를 달리하는 것이었다.

Ⅱ. 근·현대사학의 가야 인식: 국가론

　　김정호가 신라의 일통삼한론에 의해 배제되었던 가야와 발해를 독립 왕조로 복권시킨 시기에, 일본에서는 고대 왜가 가야를 지배했다는 임나일본부설과 신라가 675년에 고구려의 남쪽 경역까지를 주군으로 삼았다는 신라통일론을 언급한 하야시 다이스케의 『조선사』가 출간되었다.[22] 이중에서 후자는 고구려—발해의 역사를 만주국의 역사로 귀속시키는 만선사관(滿鮮史觀)[23]과, 전자는 고대 왜의 가야에 대한 직접 지배는 물론 백제와 신라도 간접 지배했다는 남한경영론(南韓經營論)과 같은 식민사학의 타율성론에서 핵심 논지를 이루게 되었다. 최초의 근대적인 한국사 개설서로서 『조선사』의 영향으로 인해 가야 인식은 또 다시 굴절을 겪었던 것이다.

　　해방 이후 한국의 현대사학은 일통삼한론에 구애된 『삼국사기』에 대한 사료 비판에 더하여 가야와 발해의 역사에 대한 식민사학의 왜곡을 불식시켜야 할 이중의 과제를 안

---

21)　실제 『고려사』에서는 '我國家大業 必資諸佛護衛之力', '國家者 孰不欲致治長久', '爲國家者 有不足懼者五 深可畏者六' 등과 같이 국가가 그 표상할 대상인 왕조를 대신하여 사용된 다수의 용례들을 확인할 수 있다.

22)　林泰輔, 『朝鮮史』, 吉川半七藏版, 1892, 21～22·32쪽.

23)　김영하, 「신라통일론의 궤적과 함의」, 『한국고대사의 인식과 논리』, 성균관대출판부, 2012, 221～223쪽.

게 되었다. 이러한 경우 가야 인식에서 핵심의 하나는 전근대사서에서 이미 독립 왕조로 인식한 학문적 유산의 발전적 계승이고, 다른 하나는 고대국가로 병존하고 있던 개별 가야의 발전 양상을 포착함으로써 임나일본설의 허구를 드러내는 일이었다.

식민사학의 임나일본부설을 대표하는 견해에 따르면, 4세기 중엽부터 6세기 중엽까지 존속한 임나일본부에서 '임나'는 지리적으로 구야한국=임나가라를 비롯하여 백제와 신라의 영역에 편입되지 않은 모든 한국 지역에 대한 총칭이며, 정치적으로 '일본부'는 임나가라를 중심으로 하는 여러 한국에 대한 직접 지배의 체계인 동시에 백제와 신라를 간접 지배하는 기구이기도 했다. 『일본서기』의 사료만으로 구성된 임나일본부설은, 〈광개토대왕비〉의 신묘년(391) 기사에서 왜가 백제와 신라를 신민으로 삼아 고구려와 대립한 것으로 해석함으로써 입증될 수 있다고 보았다.[24] 이러한 논지에서 살필 수 있는 문제점의 하나는, 임나는 구야국을 중심으로 하는 변한 지역 전체를 가리키는 것으로 이해했다는 사실이다. 다른 하나는, 그런 임나가 일본부에 의해 직접 지배됨으로써 고대국가로의 발전이 결여될 수밖에 없었던 것으로 파악했다는 점이다.

이처럼 포괄적인 변한 지역에 대한 정체론적 시각의 임나일부설 비판과 그에 따른 가야사 연구에서는 사회의 진화론과 병존론의 관점이 불가결하다. 즉, 변한 지역의 소국들 중에서 구야국만이 금관가야로 발전한 것이 아니라 안야국과 반로국도 각각 아라가야와 대가야로 발전하여 고대국가로서 병존하고 있었을 것이라는 사실이다. 비록 시기에 따라 나라마다의 부침은 있었을지라도, 이와 같은 관점의 유효성은 일단 자료 B의 내용 검토에서도 확인된다.

기왕의 고대사 연구에서는 『삼국사기』의 '삼국'에 구애된 개별 삼국 중심의 연구라는 근본적인 문제점에 더하여, 개별 삼국 단위로 발전단계를 설정하는 과정에서 진화론과 신진화론의 편의적 적용이 야기한 이론적인 난맥상에 관해서는 이미 정리해둔 바가 있다.[25] 이에 여기에서는 기왕의 연구에서 드러난 다종 다기한 다단계의 발전단계론 설정에 대한 근본적인 성찰 없이 그대로 가야의 발전단계론에 대입함으로써 파생된 문제점 몇 가지만을 짚어보기로 한다.[26]

---

24)   末松保和, 『任那興亡史』, 吉川弘文館, 1948, 69~73쪽 참조.
25)   김영하, 「고대의 개념과 발전단계론」, 앞의 책, 2012; 「고대국가의 발전단계론과 지배체제」, 앞의 책, 2020.
26)   각 연구자들이 가야의 발전단계를 규정한 개념들은 이영식의 연구사 정리에서 언급된 내용을 참조

　우선 가야의 단일연맹체론과 지역연맹체론에서 '연맹'의 내용 문제이다. 연맹은 부족국가/성읍국가/소국−부족연맹/연맹왕국/소국연맹 등과 같은 발전단계론에서 보다시피 소국에 후발한 국가의 발전단계였다. 가야에서 연맹체론은 전기의 금관가야와 후기의 대가야가 맹주로서 가야의 모든 소국을 아우른 것으로 파악하는 단일연맹체론과, 전기가야에서 김해 및 후기가야에서 고령과 함안이 중심을 이루는 지역연맹체론이 있다고 한다. 여기에서 사용된 연맹이 고대국가로 이행한 중심부 소국에 대한 주변부 소국의 복속관계를 의미하는 것이라면, 연맹은 국가보다 하위 자원의 지배 방법에서 취급해도 무방할 것이다.

　다음으로 가야의 5부체제론과 2부체제론에서 '부체제'의 위상 문제이다. 부체제는 부체제−중앙집권적 고대국가/중앙집권적 영역국가와 같은 발전단계론에서 보듯이 중앙집권국가에 선행한 국가의 발전단계였다. 가야에서는 합천 저포리 출토 토기의 명문인 '하부사리리(下部思利利)'의 '하부'에 근거하여 5부체제 또는 2부체제를 상정하기도 한다. 자료 자체의 성격과 가야에서 부의 실재 여부에 대한 논의는 차치하더라도, 부체제론이 한국 고대국가의 발전단계론에서 갖는 근본적인 문제점은 하위의 지배체제에 불과한 부가 상위의 국가와 같은 차원에서 거론되는 단계 설정상의 혼선이다.

　끝으로 지역국가론과 고대국가론에서 '국가'의 성격 문제이다. 소국연맹에서 다음 단계로 발전한 대가야와 아라가야가 '중앙집권'에는 이르지 못한 지역국가 혹은 초기고대국가/준고대국가로 파악되거나, 또는 대가야만이 '중앙집권'에는 이르지 못한 영역국가 혹은 고대국가로 이해하는 경우도 있다고 한다. 여기에서 국가를 다시 규정하는 '지역', '영역', '고대' 등의 문제는 차치하더라도, 여러 논의는 가야가 삼국과 같이 고대국가의 발전 과정에서 완결 단계로 상정된 중앙집권에는 이르지 못했다는 국가로서의 미숙성을 전제하고 있었다.

　그러나 삼국에서도 중앙집권의 필요조건으로서 대왕제가 출현했을 뿐, 중앙집권을 담보할 충분조건으로서 관료제와 군현제는 미숙한 상태였다. 특히 대가야와 신라를 비교해 볼 때, 〈진흥대왕순수비〉(561~568)에서 보는 바와 같이 고대국가의 완결을 알리

한 바, 그 전거는 생략하기로 한다(이영식, 「가야 諸國의 발전단계와 초기고대국가론」, 『가야사 연구의 현황과 전망』, 주류성, 2018, 233~248쪽).

는 세 지표로서 대왕·역사·영토의식이[27] 대가야에서도 갖추어져 있었는지는 알 수 없다. 다만 562년에 멸망한 대가야가 중앙집권 여부로 신라와 구별될 만큼 발전의 질적 차이가 있었던 것은 아니다. 대가야에 복속된 서부 경남 지역과 전남·전북 동부 지역에서 소국 명칭을 그대로 사용할[28] 만큼 상대적 독자성을 유지하고 있던 당시 상황은, 이른바 중앙집권의 단계라는 삼국에서 복속관계로 간접 지배되던 지방의 존재 양상과도 크게 다를 바 없기 때문이다. 지방통치체제가 확립되기 이전의 신라왕들이 복속 지역의 통제를 위해 지방 순수를 행하지 않을 수 없었던 이유이기도 했다.

이처럼 '연맹'과 '부'는 국가의 발전단계보다 하위의 지배체제에서 취급할 문제이고, 고대국가의 발전에서 완결 단계로 상정했던 '중앙집권'은 명실이 상부하지 않는 개념상의 문제가 있었다. 따라서 고대국가의 발전단계와 지배체제의 그것을 분리 인식하는 관점이 요구된다. 즉, 소국에서 국가 형성에 이르는 상위의 발전단계에서는 사료 자체의 사실을 재구성한 소국–고대국가의 설정이 가능하며, 국가 형성 이후 하위의 지배체제에서는 사료의 해석 내용을 개념화한 귀족평의–대왕전제의 발전단계를 상정할 수 있다. 여기에서 귀족평의체제는 기존의 발전단계론에서 연맹체 또는 부체제와, 대왕전제체제는 중앙집권국가의 단계에 각각 해당될 것이다. 이럴 경우 대왕전제에서 '전제'는 귀족에 대한 대왕의 권력 강화는 물론 복속 지역에 대한 집단적 예속민의 지배에 그 본질이 있었다.

이러한 관점에 입각하여 변한의 소국이었던 구야국, 안야국, 반로국이 자료 B에서 본 바와 같은 고대국가로서 금관가야, 아라가야, 대가야로 이행하고, 금관가야와 아라가야의 지배체제는 귀족평의에 머물렀던 데 비해 대가야는 대왕전제의 단계까지 발전한 상황을 소묘하기로 한다. 청동기문화의 확산은 원시공동체를 해체시키면서 한국고대사의 내포 공간에서 무수한 소국의 분립을 촉발했다. 위만조선의 발전 과정에서 복속된 주변의 '소읍(小邑)'[29]도 기실 소국에 다름 아니었다. 『삼국지』 위서 동이전에는 78개의 삼한 소국에 관한 다양한 정보가 실려 있는데, 실제 소국의 숫자는 이보다 많았을 것이다. 마한 54국 중의 백제국, 진한 12국 중의 사로국, 변진 12국 중의 구야국 등이 각각 고대국

---

27)   김영하, 「고대국가의 영토의식」, 앞의 책, 2020, 33~35쪽.
28)   이영식, 앞의 논문, 271쪽.
29)   『史記』 卷115, 朝鮮列傳. "以故滿得兵威財物 侵降其旁小邑 眞番臨屯皆來服屬."

가인 백제, 신라, 가야로 이행하게 되었다. 세 나라에서는 국가 형성의 주요 지표인 왕의 출현과 신화의 생성이 공통적으로 확인된다.

소국들 중에는 규모가 큰 것도 있었지만, 대체로 국가의 단계에는 이르지 못했던 것으로 추측된다. 변·진한 24개의 소국 중에서 대국은 4·5천가이고 소국은 6·7백가로서 총 4·5만호이므로, 소국은 평균 2천호의 규모였다. 각 소국에는 신지, 험측, 번예, 살해, 읍차로 불리는 거수, 즉 수장들이 있었다. 마한에서와 마찬가지로 소국 내에서는 수장과 하호의 세층 분화가 있더라도, 생산력의 저급으로 인해 공동체적 성격이 아직 강한 사회였다. 마한 소국의 별읍(別邑)인 소도가 범죄자의 도피처로 이용되는[30] 데서 보다시피 관습법에 따른 사회적 기강조차 엄격하지 않았다. 마한보다 발전이 더뎠을 변·진한에서는 더욱 그러했을 수 있다.

이러한 소국 중에서 중심부 소국이 교역 또는 전쟁을 통해 주변부 소국을 복속시키면서 고대국가로 이행하게 되었다. 구야국이 마한·동예는 물론 원거리의 왜와 대방·낙랑군을 상대로 교역한 철은[31] 금관가야로 이행하거나 아라가야와 경쟁할 수 있는 주요 자원이었고, 4세기 초에 낙랑·대방군이 축출된 뒤에는 백제 및 왜와 더욱 밀접해질 수 있는 매개물이었다. 광개토왕이 영락 8년(398)에 낙랑·대방군의 축출 이후 고구려의 영향 아래에 놓인 백신토곡/동예에 대한 복속관계를 다시 확인한[32] 뒤 400년에 보병과 기병 5만을 보내 임나가라까지 귀복시킨 원정 목적에는 신라의 구원 이외에 철 자원의 획득도 포함되었을 것이다. 이렇게 보면 400년 원정 기사의 도론격인 〈광개토대왕비〉의 신묘년 기사에서 '□破百殘□□□羅 以爲臣民'의 '□□□羅'은 '□□新羅'가 아니라 '임나가라(任那加羅)'일 가능성이 크다. 광개토왕으로서는 이미 고구려에 우호적인 신라를 새삼 원정하여 신민으로 삼을 이유가 없었기 때문이다.[33]

고구려의 400년 원정으로 유발된 국제관계의 변화는 백제와 왜의 지원을 받던 금관가야를 침체시켰고, 구해왕은 마침내 신라에 항복하고 말았다. 그러한 반면 반로국에서 고대국가로 이행한 대가야가 신라와의 우호관계 속에서 새롭게 부상할 수 있었다. 『삼국사기』 신라본기는 두 나라를 하나의 '가야'인 듯이 기술했지만, 그 차이는 신라와 갈등관

---

30) 『三國志』 卷30, 魏書30, 韓.
31) 『三國志』 卷30, 魏書30, 弁辰.
32) 김영하, 「광개토대왕비의 정복기사해석」, 앞의 책, 2012, 135~136쪽.
33) 위의 책, 129~130쪽.

계에 있었던 자료 B1)의 금관가야와 신라와 우호관계에 있었던 B3)의 대가야에 관한 연대기에 반영되어 있는 바와 같다.

대가야는 고대국가로서의 규모에 걸맞게 서부 경남 지역과 전남·전북의 동부 지역을 아울렀다.[34] 복속 지역에 대한 지배 방법은 다른 삼국과 마찬가지로 공납에 의한 간접 지배가 기본이었을 것이다. 이와 같이 광역에 걸친 집단적 예속민의 지배 위에서 대가야 왕 하지는 479년에 중국 남조의 제에 사신을 보내 조공하고 '보국장군 본국왕(輔國將軍 本國王)'의 작호를 받았다.[35] 보국장군은 제에 앞선 송의 관제에서 3품에 해당하는 장군 호로서 2품에 해당한 고구려의 정동대장군, 백제의 진동대장군, 왜의 안동대장군에 비해서는 낮은 것이었다.[36] 이처럼 동아시아의 국제질서 속에서 드러난 대가야의 발전단계 는 연맹체의 논리로는 설명할 수 없는 한국 고대의 국가 그 자체였다. 그것은 나라가 작아서 법흥왕 8년(521)에야 비로소 백제의 안내를 받아 남조의 양과 통교할 수 있었다는 [37] 신라와의 비교에서 더욱 분명해진다. 남조와의 통교를 기준으로 하지왕대의 대가야가 국가가 아니라면, 양과 통교 이전의 신라도 국가일 수가 없는 셈이다.

이제 자료 B에서 고대국가로의 이행이 확인된 세 가야의 지배체제에 관해 간략히 언급하고자 한다. 세 가야에는 금관가야의 '가야국왕', 아라가야의 '가라왕자', 대가야의 '가야국왕'과 같은 문헌상의 표현에서 보다시피 소국 수장으로부터 배타적으로 발전한 왕이 존재하고 있었다. 그러한 금관가야의 왕권은 4~5세기 전반에 축조된 김해 대성동의 대형 고분으로 상징되며, 아라가야의 왕호 사용은 함안 말이산의 대형 고분들이 축조된 5세기 전반일 것으로 추측하기도 한다.[38]

---

34) 이영식, 앞의 논문, 267쪽; 김세기, 「고고학으로 본 가야의 개념과 영역」, 『문헌과 고고자료로 본 가야사』, 주류성, 2019, 43쪽.

35) 『南齊書』 卷58, 加羅國. "加羅國 三韓種也 建元元年 國王荷知使來獻 詔日 量廣始登 遠夷洽化 加羅 王荷知款關 海外奉贊東遐 可授輔國將軍本國王."

36) 이영식, 앞의 논문, 261쪽.

37) 『梁書』 卷54, 新羅.

38) 남재우, 앞의 책, 173쪽 참조.
5세기 전반으로 추정되는 함안 말이산 45호분에서는 봉황장식의 금동관이 출토된 데 이어 75호분 에서는 5세기 후반의 가야 유물들과 함께 중국 남조의 송(420~478)에서 제작된 것으로 추정되는 최상급의 '연꽃무늬 청자그릇[青磁蓮瓣文碗]'이 가야문화권에서는 처음으로 출토되었다. 이러한 유 물은 아라가야 왕의 존재와 그가 추진한 중국 남조와의 교류를 실물로 보여줄 뿐만 아니라, 그와 같은 대내외적 관계 속에서 차지하는 고대국가로서 아라가야의 엄연한 위상을 확인하기에는 부족 하지 않을 것으로 판단된다. 따라서 한국 고대의 국가형성사에서 안야국–아라가야의 경우는 '삼 국' 이외의 지역에서 '고대국가'를 형성한 지표적인 사례로서 향후 구체적이고 종합적인 연구가 기 대된다.

금관가야와 대가야에서는 사회적 지도자인 수장에서 정치적 지배자로 전화한 왕의 존재를 정당화할 신화도 생성되었다. 금관가야의 건국신화는『삼국유사』가락국기조에서 보다시피 기본적으로 천신과 지신의 결합에 의해 건국시조가 출생한다는 한국 고대의 보편적인 토착신앙에 기초함으로써 현실의 통치를 담당할 왕에게 신성성을 부여할 수 있었다. 금관가야의 왕들은 초월적 권위의 원천인 수로왕묘(首露王廟)에 대한 제의를 통해 자신의 정당성을 천명함으로써 10대에 걸쳐 왕계를 존속시킬 수 있었고,[39] 16대의 왕계가 지속된 대가야에서도 시조묘 제의는 기행되었을 것이다.

이러한 가야의 지배체제는 권력의 무게 중심이 귀족회의체에 있는 귀족평의에서 대왕에게로 옮겨간 대왕전제의 단계로 발전했을 것이다. 고대국가의 귀족은 중심부에 복속된 주변부 소국의 수장 출신이거나 국가 형성 이후의 왕족과 왕비족에서 분화한 존재였다. 고구려의 제가회의, 백제의 제솔회의, 신라의 제간회의 등과 같은 의미에서 가야의 귀족회의체는 제한기회의로 부를 수도 있겠다. 백제에서 열린 1,2차 임나부흥회의에 참여한 여러 가야의 한기, 차한기, 하한기 등은 수장 출신의 귀족에 다름 아니었다. 이들은 자신들의 이해관계를 관철시킬 수 있는 귀족회의체를 통해 군국정사를 주도했다.[40]

그러나 고대국가들 간의 상호 각축은 다수의 합의로 운영되는 귀족평의체제의 한계를 노정시켰다. 이에 삼국에서 군국정사를 결정해야 할 왕의 정치적 비중은 커질 수밖에 없었고, 토착신앙과 관습법을 대체할 불교 공인과 율령 반포를 통해 권력을 격상시킨 대왕이 출현하게 되었던 것이다. 그러나 가야에서는 대왕제의 정착에 필요한 두 요건을 결여했기 때문에 발전단계를 낮추어 보는 경향이 있어왔다. 실제로 두 요건이 가야에서 어떠했는지는 알 수 없으나, 문화 전파의 일반적 추세에서 가야도 예외는 아닐 것이라고 짐작할 따름이다.

이러한 경우 대가야에서 대왕의 실재를 암시하는 고고학적 유물은 주목에 값할 만하다. 고령 출토로 전하는 금관과 6세기 중엽 이전의 대가야식 유개장경호에서 확인되는 '대왕(大王)' 명문이 그것이다.[41] 대가야에서 대왕 칭호의 사용은, 금관가야가 고구려에 귀복하면서 광개토왕의 대왕제를 전문한 이후 광역에 걸친 복속관계의 실현과 같은 사

---

39) 『三國遺事』卷2, 紀異2, 駕洛國記.
40) 김영하,「고대국가의 왕과 귀족세력」, 앞의 책, 2012, 82~84쪽.
41) 김세기,「대가야 고대국가론」,『대가야의 국가발전 단계』, 대동문화재연구원, 2017, 132~133쪽.

용 여건의 성숙을 기다린 결과일 수 있다. 신라에서도 〈청동호우〉(415)의 '을묘년국강상광개토지호태왕호우십(乙卯年國岡上廣開土地好太王壺杅十)'과 같은 명문을 통해 보듯이 고구려의 대왕제를 인지한 뒤, 법흥왕이 〈울주천전리서석〉 을묘명(535)과 추명(539)에서 각각 '성법흥대왕(聖法興大王)'과 '모즉지태왕(另卽知太王)'으로 불릴 때까지 상당한 시간의 경과를 요한 바가 있었기 때문이다.[42]

결국 진화론의 관점에서 변진 12국 중에서 구야국, 안야국, 반로국이 고대국가인 금관가야, 아라가야, 대가야로 이행하여 병존하고 있었으며, 고대국가의 지배체제로서 귀족평의체제를 운영하던 세 가야 중에서 다시 대가야만이 대왕전제체제의 단계로 발전할 수 있었던 것이다. 다만 한국사에서 고대국가의 대왕전제체제와 질적 차원을 달리하는 중앙집권국가는 신라 중대에 관료제와 군현제의 두 조건을 충족함으로써 실현될 수 있었다. 이후 고려와 조선으로 이어진 중앙집권적 왕조국가는 신라 중대에 형성된 일통삼한론을 정통론의 근거로 삼음으로써 같은 중세사회로서의 정체성을 확보했다는 사실을 새삼 환기하면서 마치기로 한다.

---

42)   김영하, 「고대 왕권의 전개와 전환」, 앞의 책, 2020, 66~68쪽.

【참고문헌】

김영하, 『한국고대사의 인식과 논리』, 성균관대출판부, 2012.
김영하, 『7세기의 한국사, 어떻게 볼 것인가』, 성균관대출판부, 2020.
남재우, 『안라국사』, 혜안, 2003.

김세기, 「대가야 고대국가론」, 『대가야의 국가발전 단계』, 대동문화재연구원, 2017.
김세기, 「고고학으로 본 가야의 개념과 영역」, 『문헌과 고고자료로 본 가야사』, 주류성, 2019.
문창로, 「'변한과 가야' 연구의 동향과 과제」, 『가야사 연구의 현황과 전망』, 주류성, 2018.
이영식, 「가야 諸國의 발전단계와 초기고대국가론」, 『가야사 연구의 현황과 전망』, 주류성, 2018.
주보돈, 「가야사의 체계적 이해를 위한 提言」, 『대가야의 국가발전 단계』, 대동문화재연구원·고령군 대가야박물관, 2017.

末松保和, 『任那興亡史』, 吉川弘文館, 1948.
林泰輔, 『朝鮮史』, 吉川半七藏版, 1892.

최신 조사성과를 통해 본 아라가야의 재인식

조신규 | 함안군 가야사담당관

I. 머리말

2017년 정부 국정과제로 가야사 조사연구 및 정비사업이 채택되며 가야지역에 대한 조사와 연구, 그리고 관련 사업들이 활발하게 이루어졌다. 아라가야(阿羅加耶)의 고도로 알려진 함안에서도 많은 조사와 연구들이 진행되었다. 아라가야의 왕릉으로 알려진 말이산고분군(末伊山古墳群)에서는 13호분, 45호분, 75호분에 대한 발굴조사가 이루어졌으며, 서말이산고분군으로 알려진 남문외고분군(南門外古墳群)과 아라가야 왕궁지로 구전되어[1]오던 가야리유적(伽倻里遺跡)에 대한 발굴조사도 이루어졌다. 이와 더불어 아라가야 토기생산지로 알려진 법수면 우거리 일원의 토기생산유적[2]과 가야산성으로 알려진 안곡산성(安谷山城)[3]에 대한 발굴조사도 진행되었다.

이렇듯 활발하게 이루어진 발굴조사 결과 5세기를 전후한 시기부터 6세기에 이르는 시기의 아라가야의 모습을 보여주는 유의미한 성과들이 확인되었다. 더욱이 이전의 아

---

1) 함안군·경남발전연구원 역사문화센터, 『함안 남문외고분군·傳안라왕궁지 정밀지표조사 보고서』, 2013.
2) 국립가야문화재연구소, 『함안 우거리 토기가마 I』, 국립가야문화재연구소 학술연구총서 제82집, 2021.
3) 함안군·창원대학교 경남학연구센터, 『함안군 성곽문화재 기초현황 조사보고서』, 2017.

〈그림 1〉 아라가야 중심유적 분포현황

라가야 유적 조사에서 확인되지 않았던 금동관과 같은 위세품을 비롯하여 연꽃무늬 청
자그릇과 같은 상징적 외래계(外來系) 유물이 출토되었으며, 가야리유적과 같은 대규모
가야 왕성(王城)이 발굴되어 기존의 가야사 연구에서 아라가야에 대한 역사적·고고학적
관점의 변화를 일으킬 수 있는 계기를 마련하였다.

이러한 맥락에서 본 글에서는 함안을 중심으로 새롭게 조사된 아라가야 유적의 조사
성과를 소개하고 새롭게 확인된 유적과 유물을 바탕으로 5~6세기 무렵 아라가야의 모
습과 역량에 대한 해석을 시도를 해보고자 한다. 특히 시간적으로 새로운 자료가 확보된
5세기 전후의 시기부터 6세기 전반까지로 가야사에 있어 중요 사건인 광개토왕 비문의
안라인수병(安羅人戍兵)에 대한 문제와 남제서(南齊書)에 기록된 가라왕(加羅王) 하지
(荷知)에 대하여 살펴보고자 한다.

Ⅱ. 조사성과

1. 말이산고분군

1) 말이산13호분 발굴조사[4]

일제강점기인 1918년 일본인 야쓰이 세이이츠(谷井濟一)에 의해 발굴된 말이산13호분은 유리건판사신과 도면 몇 장을 제외하고는 전혀 알려진 바가 없었다. 2017년 말이산고분군 정비사업을 추진 중 정밀지표조사[5]에서 보고되었던 봉분 정상부의 싱크홀 현상이 심각하게 진행된 것을 확인하였다. 따라서 봉분의 붕괴원인 파악을 위해 재발굴을 기획하게 되었으며 5차례의 전문가 자문 끝에 발굴조사의 목적과 방법, 추진방안 등을 논의하여 국내에서 처음으로 제안서 평가를 통해 조사기관을 선정하였다.

2018년 9월부터 2020년 1월까지 이어진 조사 결과 13호분은 길이 8.6m, 너비 1.9m

의 수혈식 석곽묘[6]로 구릉 정상부의 기반암을 다듬어 봉분의 기저부로 삼고 그 가운데를 파서 석곽을 만들었으며 석곽의 장벽과 단벽에는 말이산고분군의 특징 중 하나인 목가구 시설의 흔적이 확인되었다. 또한 이전에 조사된 석곽묘와 달리 석곽과 묘광 사이를 돌로 채우고 석곽의 개석이 놓이는 면을 맞추어 판석을 깔아 정연하

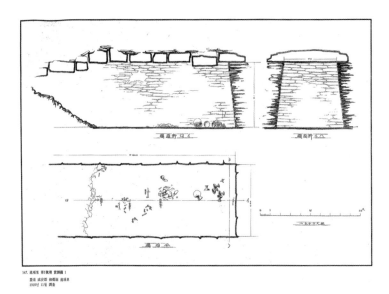

〈그림 2〉 말이산13호분 일제강점기 도면

---

4) 함안군·동아세아문화재연구원, 『함안 말이산고분군 13호분과 주변고분』, 2021.
5) 함안군·경남발전연구원 역사문화센터, 『함안 말이산고분군 정밀지표조사 학술용역』, 2014.
6) 말이산13호분은 석곽의 최상단부는 길이 8.4m, 너비 1.6m이며 최하단부는 길이 8.6m, 너비 1.9m의 단면 제형의 석곽묘로 최하단부의 크기를 기준으로 하였다.

〈그림 3〉 말이산13호분 표토제거 현황

〈그림 4〉 말이산13호분 별자리 덮개석

게 마감한 것이 특징이다. 무덤 내부는 네 벽을 점토로 미장한 후 붉은색 안료(석간주)를 칠했으며 남쪽에서 5번째 개석에서는 두수(斗宿), 미수(尾宿), 심수(心宿), 방수(房宿) 등 우리 전통 별자리를 포함된 191개의 별홈이 확인되었다. 이와 함께 봉분 축조시 봉분

가운데 매장주체부의 방향(남북)과 직교하는(동서) 중심분할석벽을 두었으며 석벽을 기준으로 달리 성토하였다. 또한 중심석벽이 지나가는 가운데 7번째와 8번째 덮개돌은 단단한 화강암으로 설치하였다.

매장주체부 내부는 일제강점기 조사와 후대 도굴로 인해 시상석까지 교란된 상태였으나 1918년 야쓰이 조사 도면에서 이미 무너져있던 북쪽 단벽 아래 유물부장공간에서 115건의 유물이 확인되었다. 이중 토기류는 60건으로 모두가 전형적인 아라가야 양식을 토기이며 기존 연구성과를 통해 볼 때 5세기 후반 또는 5세기 4/4분기로 볼 수 있다. 철기류는 소찰, 철부, 철촉, 교구, 관정 등 다양하며 중원계 대금구 2점과 왜계 직호문(直弧文) 뼈 장신구 2점, 말이산4호분에서 출토된 것과 같은 직호문이 새겨진 녹각(鹿角)제 칼 손잡이 1점도 함께 출토되었다.

출토유물과 유구를 통해 볼 때 말이산13호분은 5세기 후반 고분으로 볼 수 있으며 암반을 깍아 고분의 기저부를 만들고 그 내부에 매장주체부를 설치한 고암반대 축조기법이라는 말이산고분군 대형분의 독창적 축조수법을 사용한 점과 무덤내부에 붉은색 채색이 이루어진 점, 별자리 덮개석과 중국·왜계 출토유물을 통해 볼 때 말이산13호분은 아라가야의 전성기 왕묘로 볼 수 있다.

2) 말이산45호분 발굴조사

말이산고분군 북쪽 주능선 정상부에 위치한 말이산45호분은 1986년 시굴조사가 이루어졌으나 당시는 고분이 아닌 것으로 보고되었다. 2014년 말이산고분군 정밀지표조사에서 이 고분에 대하여 봉분이 훼손된 고분일 가능성을 제시되었으며 45호분으로 명명하였다. 2018년 함안군에서는 말이산고분군 주능선 경관회복과 주변의 정비를 위해 시굴조사를 계획하여 45호분과 주변에서 대형석곽묘(봉토분) 3기와 석곽묘 5기, 목곽묘 11기, 주거지 4기, 구상유구 8기를 확인[7]하였다.

시굴조사에서 석곽묘로 추정하였던 말이산45호분은 2019년 이루어진 발굴조사에서 대형 목곽묘임이 밝혀졌다. 또한 길이 6.36m, 너비 2.49m의 매장주체부 내부에는 매몰된 밀봉토와 그 상부의 성토재 1.5m가량이 확인되어 봉토가 있었음이 밝혀졌다. 또한 말

---

7) 함안군·재)극동문화재연구원, 『함안 말이산고분군 484-2번지 시굴조사 용역 결과보고서』, 2018.

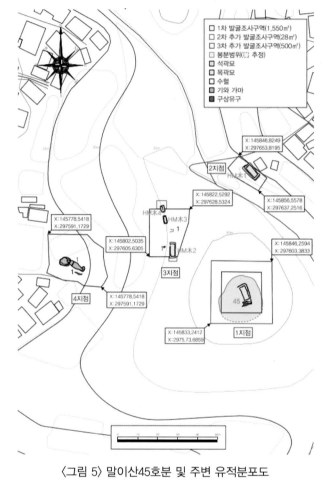

〈그림 5〉 말이산45호분 및 주변 유적분포도

이산13호분에서 확인된 바와 같이 기반암을 깎아 고분의 기저부를 조성하고 그 내부에 매장주체부를 설치하는 '고암반대 축조기법'이 사용된 것도 확인되었다.

말이산45호분은 현재까지 조사된 말이산고분군의 목곽묘 중 가장 큰 무덤으로 아라가야 목곽묘의 특징인 별도의 부장칸을 따로 두지 않고 하나의 커다란 목곽 안에 피장자 안치공간과 부장공간을 마련하는 특징을 잘 반영하고 있다. 세부적으로 보면 남북으로 긴 장방형의 목곽에 가운데 주피장자의 관을 놓고 북쪽에 다량의 유물을 부장하였으며 관의 좌우와 발치 아래에도 유물을 부장하였다.

북쪽 유물부장공간에는 국내에서 처음으로 사슴모양토기 1점, 집모양토기 2점, 배모양토기 1점, 등잔모양토기 1점 등 5점의 상형토기가 한 고분에서 출토되었으며 이와함께 뚜껑 있는 유개식 화염형 투창고배 10세트, 무개식 화염형 투창고배 3점, 단경호 1점, 대부파수부호 1점, 장경호와 발형기대 4세트, 철모 3점, 철착 1점, 미늘쇠 1점이 출토되었다. 이와 함께 성시구 1개와 50개의 화살촉이 출토되었다.

무덤 주인의 근처에는 무덤주인이 착용하거나 사용하였던 금속제 유물들이 많이 출토되었다. 먼저 무덤주인의 관 부근에서 봉황이 서로 마주보는 형상의 금동제 대관이 출토되었으며 철모 7점과 물미 1점, 철부 4점, 철겸 2점, 대도 2점, 방패금구 4점, 화살촉 8점, 투구 1점, 갑옷 1벌, 말투구 1점, 말갑옷 1벌, 등자 1쌍, 재갈 1점, 안장 및 말장신구, 철정

2점, 관정 9점, 꺽쇠 13점이 출토되었다. 이와 함께 장방형 이단투창고배 1점과 원형투창고배 1점, 삼각투창고배 1점, 광구소호 1점, 곡옥 1점, 유리옥 1점도 확인되었다.

무덤 주인의 발치 아래쪽에서는 굽다리접시 2점과 짧은 목 항아리 3점, 광구소호와 소형기대 1세트, 철도자 1점이 출토되었다. 이와 함께 무덤의 밀봉토 상부에서는 완(盌) 1점과 단경호 2점이 출토되어 매장 후 봉분을 쌓는 과정에서 의례 행위를 추정케 하였다. 이러한 출토유물을 근거로 무덤의 조성시기는 4세기 후반에서 5세기 전반으로 보고되었다.

말이산45호분에서 북동쪽으로 약 40m지점에 위치한 HM木1호묘[8]는 목곽의 규모가 길이 614cm, 너비 248cm의 대형목곽묘로 주축방향은 남북방향이며 매장주체부의 동쪽 일부가 1970년대 민가조성 과정에서 유실되었다. 조사결과 무덤의 잔존 깊이는 280cm로 현재까지 확인된 말이산고분군의 무덤 중 가장 깊이 위치하고 있다. 무덤 내에서는 45호분과 마찬가지로 덧널상부를 밀봉하였던 황갈색 점질토가 확인되었으며 그 위로 무덤조성 당시 나온 암반 등을 활용한 봉분의 흔적이 남아있다. 무덤은 가운데 나무널을 받치고 있었던 관대석이 놓여있으며 그 북쪽으로 대부분의 유물부장이 이루어져 있으며 나무널이 놓인 공간에 피장자와 관련된 유물들이 배치되어 있다.

나무널의 북쪽 유물부장 공간에서는 개 9점과 화염형 투창고배 8점, 파배 1점, 대부완 1점, 원통형 배 2점, 광구소호 1점, 소형기대 1점, 단경호 7점, 대부파수호 1점, 통형기대 1점, 발형기대 4점, 미늘쇠 3점, 철부 2점, 철겸 1점, 철도자 2점, 불명철기 2점이 출토되었다. 가운데 피장자 안치공간에서는 대부파배 1점과 단경호 2점, 경식 1식이 출토되었으며 철부 2점과 철겸 2점, 철도자 2점이 출토되

〈그림 6〉 말이산45호분 출토 토기 일괄

8)   2014년에 실시한 말이산고분군 정밀지표조사 연구용역에서는 말이산고분군 내 고분번호부여 방식에 대하여 기 부여된 번호 중 문화재연구소 시 부여번호, 함안군 부여번호를 기반으로 함안 말이산의 영어 이니셜인 HM을 추가하였으며 그 외 추가로 발견되는 봉분을 가진 고분에 대하여 북쪽에서 남쪽방향으로 순차적으로 번호를 부여하였으며 봉분이 없는 석곽묘는 HM石0호묘, 목곽묘는 HM木0호묘로 명칭을 부여하기로 하였다.

〈그림 7〉 말이산45호분 출토 종장판주

었다. 그리고 관대석 위에서는 횡열로 매납된 철정 9매가 출토되었다. 이와 함께 관정 24개와 꺽쇠 14개, 불명철기 2개가 확인되었으며 목관 아래쪽에서는 철겸 1개가 출토되었다. 이중 원통형 배는 일본 나라현 당산유적 출토된 예가 있다.

말이산45호분에서 서쪽으로 30m 지점에 위치한 HM木2호묘는 남북방향의 주축방향을 가진 길이 600cm, 너비 210cm의 대형목곽묘이다. 무덤의 상부는 경작 등으로 유실되어 깊이 54cm 정도만이 잔존하고 있으며 무덤의 북쪽 유물부장공간을 중심으로 도굴의 흔적도 확인되었다. 묘광 내부에는 두께 10cm정도의 회황갈색 점토가 직사각형을 이루며 돌아가고 있어 목곽의 형태와 규모를 짐작할 수 있다. 목곽 내부를 조사한 결과 무덤의 가운데는 긴 타원형 모양의 관대석이 놓여있으며 그 북쪽과 남쪽에 각각 부장공간이 위치하고 있었다.

북쪽 부장공간에서는 개 15점과 장방형이단투창고배 11점, 파배 1점, 소호 1점, 소형기대 1점, 대부파수부완 2점, 장경호 1점, 통형기대 1점, 발형기대 2점, 철모 2점, 철부 1점, 대도 2점, 철겸 1점이 출토되었다. 관대석이 위치한 피장자 안치공간에서는 곡옥 12개와 관옥 3개, 환옥 212개로 구성된 흉경식과 관옥 3개, 환옥 3개, 유리제 환옥 54개로 구성된 팔찌가 관대석의 북쪽에서 확인되었으며 물미, 철부와 더불어 동쪽 장벽 부분에서 형태가 완연한 종장판주 1점이 출토되었다. 종장판주의 바로 남쪽에서는 철정이 겹쳐져 매납되었다. 동장벽과 관대석 주변에서는 관정 1점과 꺽쇠 12점이 확인되었다. 관대석 아래 서장벽 부근에서는 장방형이단투창 무개고배 2점과 삼각투창 무개고배 2점이 출토되었다.

말이산45호분과 HM木1호묘, HM木2호묘는 그동안 말이산고분군에서 드물게 확인되었던 4~5세기 무렵에 만들어진 대형목곽묘들로서 가야사에 있어 매우 중요한 시기였으나 역사적·고고학적 자료가 부족했던 AD400년 무렵 아라가야의 모습을 보여주는 중요한 자료가 되었다. 특히 말이산45호분 조사를 통해 아라가야 고분문화에 있어 목곽묘에서 석곽묘로 자체발전의 모습을 확인할 수 있었으며 말이산고분군 주능선 정상부에 위치한 고분이 가지는 최상위고분이라는 상징적 의미를 회복하며 최대분이 주능성 정상부를 선점하여 조영되는 규칙성도 확인할 수 있었다. 45호분에 출토된 봉황장식 금동관을 통해 5세기 전반 아라가야 왕의 존재와 아라가야인들이 가진 뛰어난 천문관측기술과 이를 바탕으로 천문관측 대양항해술[9]을 이해를 상정할 수 있게 되었다. 말이산45호분에서 출토된 상형토기들은 아라가야인들이 건축술과 선박건조술에 대한 높은 지식수준을 가지고 있음을 여실히 보여주고 있다. 또한 45호분에서 출토된 다수의 무구류는 말이산고분군에서 말갑옷이 가지는 계층성과 더불어 중무장한 아라가야 개마무사의 위용을 그대로 보여주고 있다.

3) 말이산75호분 발굴조사

2021년 조사된 말이산75호분은 말이산고분군의 7개의 가지능선 중 4번째 가지능선의 말단부에 위치하고 있다. 주능선에 위치한 11호분부터 가지 능선 상에 12호분, 65호분~75호분이 위치하고 있으며 이중 12호분만이 1918년 야쓰이 세이이츠에 의해 조사되었을 뿐이다.

발굴조사 전 말이산75호분은 봉분의 상단부가 대부분 유실되어 있었으며 도굴갱도 육안으로 확인되었다. 이에 고고학적 정보 확인과 이후 정비복원을 목적으로 발굴조사가 이루어졌다. 조사결과 말이산75호분은 길이 8.24m, 너비 1.55m의, 높이 1.9m의 수혈식석곽묘로 동서방향을 장축으로 축조되었음이 확인되었다. 대부분 남북방향 장축을 가진 말이산고분군에서 동서방향의 장축은 문38호분과 문39호분, 21호분, 75호분을 들 수 있다.[10] 이들 고분은 모두 입지상 남북방향의 무덤의 조성하기 어려운 사면부이거나 남북방향 면적이 좁은 가지능선 정상부로 사면부의 경우 사면 한쪽을 L형으로 깍아내어 한쪽 장벽을 쌓고 나머지 한쪽은 봉분과 함께 축조하는 방식을 채택하거나 능선 정상부의 경우 장축을 동서방향으로 돌린 후 타원형의 봉분을 축조하였다. 이러한 사례를 통해 볼 때 말이산고분군에 있어 고분 축조 시 입지가 방위보다 우선적으로 고려되었던 것을 추정할 수 있다.

---

9) 임동민, 「고대 동아시아의 해양기술을 통해 바라본 백제 한성기 항해술과 조선술」, 『해양문화재16』, 국립해양문화재연구소, 2022.
10) 주축방향이 남북방향인 경우 두향은 북쪽이며 동서방향인 경우 두향은 서쪽이다.

봉분을 걷어내자 11매의 개석이 확인되었으며 동쪽과 서쪽, 무덤 가운데에서 도굴의 흔적이 확인되었으나 석곽의 장벽과 단벽의 벽석이 일찍이 무너져 상대적으로 도굴의 피해를 크게 입지 않았다. 석곽의 북쪽 장벽에서는 말이산고분군의 특징적인 시설인 목 가구를 위한 보공(槨空) 2개소가 확인되며 기존 사례와 같이 보공의 위치는 무덤 내부의 공간분할선과 일치하고 있다.

〈그림 8〉 말이산75호분 발굴조사 현황

무덤 가운데 주피장자 공간은 도굴로 시상석까지 교란되었으나 금동제 성시구 1점과 철부 2점이 확인되었으며 동쪽으로 말갑옷 1개체와 등자 1쌍, 미늘쇠 등 다수의 철제유 물들이 출토되었다. 주피장자 공간 서쪽에 다수의 유물이 부장된 것으로 보아 주피장자 의 두향은 서쪽으로 볼 수 있다. 서쪽 유물 부장 공간은 절반정도가 도굴의 피해를 입었 으나 상당수의 유물이 무너진 벽석으로 인해 도굴의 피해를 면할 수 있었다. 벽석을 들 어내자 이단 장방형투창고배를 비롯하여 대부파수부배, 장경호, 발형기대, 대호, 대부호 등 아라가야계 토기들이 다수 확인되었다. 이 가운데 북쪽 장벽 가까이 청자완 1점이 확 인되었다. 구경 16.4cm, 높이 9cm의 청자완은 굽 위로부터 구연부까지 16개의 연꽃잎 이 음각과 양각을 교대로 사용하며 새겨져 있는 형태로 5세기 무렵 중국 남조의 월주요, 홍주요 등지에서 제작되어 유행한 대표적인 청자이다. 국내에서 이러한 청자완이 출토 된 사례로는 풍납토성 출토품과 천안 용원리 석실분 출토품이 대표적이다.

주피장자 공간 동쪽은 순장자 공간으로 두 공간 경계 부분에서 마갑과 마주, 찰갑이 위에서 떨어진 듯한 형태로 출토되었으며 아래쪽 순장공간에서는 2개체의 순장인골이 확인되었으며 광구소호(廣口小壺) 1점, 철도자 1점도 함께 출토되었다.

2. 남문외고분군 6·7·15호분 발굴조사

일찍이 함주지에 우곡리 동서 고총 중 서쪽 고총으로 알려진 남문외고분군은 일제 강점기 쿠로이타 카츠미의 조사(1915)[11]와 이마니시 류의 조사로 15기의 봉토분이 있는 것으로 보고된 고분군으로 마산대학 박물관의 지표조사(1980)와 창원대학교 박물관의 지표조사(1990), 아라가야 향토사연구회의 지표조사(1998)를 통해 모두 24기의 봉토분이 잔존하고 있는 것으로 확인되었다. 이후 이를 바탕으로 경상남도 기념물로 지정(2000)되었으며 2013년 정밀지표조사[12]로 모두 47기의 고분이 위치하고 있음을 확인하고 2014년에는 공식적인 첫 번째 발굴조사인 11호분 발굴[13]을 통해 고분군의 대략적인 전모를 확인하게 되었다. 그러나 1기의 발굴조사 결과만으로 고분군의 역사적·고고학적 가치를 밝히는데는 어려움이 있었다.

이에 남문외고분군의 조영시기와 순서 파악을 위해 2018년부터 남문외고분군 6호분·7호분·15호분에 대한 조사가 추진되었다. 조사는 북동–남서방향으로 1.6km가량 길게 이어진 있는 남문외고분군을 세 부분으로 나누어 북동쪽 평탄지 시굴조사, 중앙부 시굴 및 정밀발굴조사(6호분·7호분), 남서쪽 시굴조사(15호분)로 이루어졌다.

먼저 북동쪽 평탄지 시굴조사에서는 삼국시대 석곽묘 5기와 주거지가 확인되었으며 중앙부에서는 봉토분인 6호분과 7호분 이외에 석곽묘13기와 석관묘1기가 확인되어 발굴조사로 전환되었다.

먼저 직경 24.4m, 높이 4m의 봉분을 가진 남문외6호분은 발굴조사 결과 현실(玄室)과 양수식 연도, 묘도, 호석, 제단을 갖춘 횡혈식 석실분으로 밝혀졌다. 석실은 기반암을 삭토하여 봉분기저부를 만들고 그 위에 구획성토기법을 사용하여 봉분과 석실을 함께 쌓아 올린 것으로 기반암을 깍아 봉분의 기저부를 만드는 고암반대축조공법이 확인

11)　함안군·재)삼강문화재연구원, 『함안 남문외고분군 6·7·15호분 및 2구역 시·발굴조사 보고서』, 2021, 50~51쪽.
12)　함안군·재)경남발전연구원 역사문화센터, 『함안 남문외고분군·傳안라왕궁지 정밀지표조사 보고서』, 2013.
13)　함안군·경남발전연구원 역사문화센터, 『함안 남문외고분군 11호분』, 2017.

되었다. 이러한 고암반대축조공법은 앞서 말이산13호분과 말이산45호분 조사에서 구
체적으로 확인되었으며 남문외고분군에서도 이러한 축조기술이 확인되는 것은 두 고분
군 축조에 있어 토목기술적인 공유가 이루어지고 있었음을 보여준다. 남문외6호분은 묘
도 길이 230cm, 너비 310cm, 연도 길이 150cm, 너비 120cm, 현실 길이 740cm, 너
비 280cm, 잔존높이 160cm로 한국전쟁 당시 포진지로 활용된 탓인지 개석은 하나도
발견되지 않았다. 6호분 봉분외곽으로 호석을 쌓았으며 남쪽으로 호석과 연접하여 길이
360cm, 너비 90~100cm의 제단이 설치되어 있다. 출토유물을 통해 볼 때 무덤의 시기
는 6세기 2/4로 보고되었다.[14]

　　남문외6호분과 인접한 7호분은 조사결과 6호분과 동일한 양수식 연도를 가진 석실묘
로 현실의 규모는 길이 400cm, 너비 180cm, 깊이 170cm로 중소형에 해당된다.

　　남문외고분군의 남서쪽에 위치한 15호분은 정밀발굴조사가 이루어지지 않아 정확한
시기 등은 알 수 없지만 도굴갱을 통해 내부에 대한 현황조사를 실시한 결과 양수식 연도
를 갖춘 석실묘로 할석을 쌓아 연도를 막았으며 무덤내부는 붉은색 안료가 도포되어 있음
이 확인되었다. 무덤의 규모는 현실길이 400cm, 너비 160cm, 높이 160cm이며 지표에
서 수습된 유물과 무덤의 구조를 통해 볼 때 6세기 2/4분기에 해당할 것으로 보고되었다.

　　남문외6·7·15호분에 대한 조사를 통해 기존에 알려지지 않은 남문외고분군의 조성
시기와 축조순서, 축조방법은 물론 아라가야의 중심지인 가야분지내의 공간적 변화에
대한 정보를 확보하게 되었다. 6세기 1/4분기까지 가야읍 분지 내에 왕릉급이라 할 수
있는 대형봉토분은 기존의 말이산고분군에 조영되었으나 6세기 2/4분기부터는 남문외
고분군에 조영되기 시작한다. 이와함께 대형봉토분의 묘제도 석곽묘에서 석실묘로 변화
하게 된다. 남문외고분군은 북동쪽에서부터 먼저 조영되기 시작하여 남서쪽방향으로 조
영되어 나간것으로 보이며 지상식 무덤인 석실분의 특성상 안정성 확보를 위해 방사상
의 상하구획 성토기법이 사용되었으며 말이산고분군 축조에서 확인된 '고암반대 축조공
법'의 사용도 확인되었다. 이러한 축조기술은 동시기 함안지역은 물론 다른 가야고분군
에서 확인되지 않는 것으로 아라가야 왕묘급 무덤축조의 특징으로 볼 수 있다. 따라서
아라가야 왕릉의 조영이라는 측면에서 남문외고분군은 말이산고분군의 조영과 동일선상

---

14)　우지남, 「함안지역 출토 도질토기」, 『함안 남문외고분군 6·7·15호분 및 2구역 시·발굴조사 보고
　　　서』, 함안군·(재)삼강문화재연구원, 2021.

에서 이해될 수 있으며 이는 함주지(1587) 명리조에 나타나는 '동말이산'(말이산고분군), '서말이산'(남문외고분군)과 일치하고 있다. 이러한 역사적 가치를 근거로 남문외고분군은 지난 2021년 7월 29일, 말이산고분군이라는 이름으로 통합지정되었다.

3. 가야리유적 발굴조사

함안군 가야읍 가야리 가야동마을을 둘러싼 구릉에 위치하는 가야리유적은 오래전부터 아라가야의 왕궁지로 알려져왔다. 1587년 한강 정구선생이 편찬한 『함주지(咸州誌)』에서는 이곳을 옛나라의 터가 있는 '고국유기(古國遺基)'로 기록하고 있으며 1656년 편찬된 『동국여지지(東國與地誌)』에서는 '고국허(古國墟)'로 나타내고 있다. 이러한 기록에 따라 1917년 고적조사에서 이마니시류는 이 일원을 '전왕궁지(傳王宮址)'로 기록하였으며 이후 1995년과 2000년, 2006년 이루어진 함안지역 정밀지표조사 과정에서 왕궁지 존재 가능성이 계속 제기되었으며 2013년 남문외고분군과 전왕궁지에 대한 정밀지표조사(조사기관 경남발전연구원 역사문화센터)에서 토성벽 존재의 가능성을 제시하는 등보다 구체화되었다.

〈그림 10〉 가야리유적 전경

2018년 가야리유적 배후에 위치한 봉산산성 조사과정에서 굴삭기를 동원한 경작지 조성으로 인해 성벽의 일부가 노출된 것을 확인하고 즉시 중지시킨 후 관계전문가 자문을 거쳐 유적의 중요성을 감안하여 국립가야문화재연구소에 조사를 의뢰하게 되었다. 2018년 5월부터 2021년 7월까지 이루어진 발굴조사 결과 성벽 라인을 따라 유적 전체를 둘러싸는 높이 8.5m, 폭 20m의 토성벽과 목책렬을 확인하였으며 조사구역(5,805㎡) 내 고상건물지 1동, 수혈건물지 4동, 수혈 4기, 시기 미상의 고상건물지 1동을 확인하였다.[15]

2018년 시굴조사 당시 드러난 높이 8.5m, 너비 20m의 대규모 토성벽은 판축공법을 사용하여 중심토루를 만들고 이를 지지하기 위한 외피토루를 입히는 방식으로 만들어졌다. 세부공정은 우선 기반암을 계단식으로 굴착하고 암갈색 사질점토로 성벽의 기저부를 조성하였다. 토성벽은 중심토루와 외피토루로 구분되며 중심토루는 판축공법을 사용하여 쌓았으며 판축공법을 위한 구조물로는 영정주(永定柱)와 횡장목(橫長木)의 흔적이 뚜렷하게 확인되고 있다. 잔존한 영정주의 높이는 160~180cm로 영정주간 간격은 6m이며 두께 10cm 전후인 횡장목간 간격은 60~80cm이다. 중심토루 다짐구간에서는 두께 8~12cm의 목봉으로 다져올린 흔적이 뚜렷하게 나타나고 있다. 중심토루 외측 영정주를 경계로 외피토루를 덧대었으며 외피토루 말단부에는 유실을 방지하기 위한 목주열(木柱列)이 확인되었다.

중심토루와 외피토루의 성토가 완료되면 중심토루 내측과 구릉사이의 공간을 성토하여 조성하였다. 이는 성 내부의 활용가능 공간을 최대한 확보하고 성벽의 효율적 방어를 위한 의도로 볼 수 있다. 마지막으로 내부평탄면이 설치되면 중심토루상에 직경 30cm 규모의 목책을 1.2~1.3m간격으로 설치하였다. 이후 성벽은 2차례 수축이 이루어진 것으로 생각된다.

성 내부 시설물 중 주목되는 것은 1호와 7호, 10호 수혈건물지를 들 수 있다. 먼저 1호 수혈건물지의 경우 길이 525cm, 너비 340cm, 잔존깊이 50cm로 주축방향은 북동-남서방향으로 성벽 진행방향과 동일하다. 건물지는 기반암과 중심토루 일부를 굴착하여 조성한 것으로 바닥면은 목탄층을 한 층 깔아 정지하여 사용하였다. 건물지의 남쪽을 제외한 벽면과 중앙부에는 크기를 달리하는 주혈이 15개가 확인되었다. 건물지 내부에서는 길이 90cm, 너비 72cm의 부뚜막이 확인되었으며 고배편, 통형기대편, 도부호

---

15) 국립가야문화재연구소, 『함안 아라가야 추정왕궁지 유적 발굴조사 약보고서』, 2021.

가 새겨진 파수부완, 시루편 등의 토기류와 찰갑편, 철부, 철촉 등 무구류가 함께 출토되었다. 건물지의 연대는 정지층 목탄시료의 방사성 탄소연대가 416년~556년으로 나오는 것과 말이산4호분 출토 통형기대를 통해 볼 때 5세기 중엽으로 볼 수 있다.

조사구역의 가장 동쪽 성벽 회절구간에 위치한 7호 수혈건물지는 길이 962cm, 너비 768cm의 대형건물지로 잔존깊이는 50cm이다. 건물지 내에서는 다량의 탄화목재가 발견되었는데 서까래나 대들보와 같은 지붕구조물로 생각된다. 이러한 탄화목재의 탄소연대 측정값은 545년~596년으로 출토유물과 함께 검토해 볼 때 6세기 중엽경으로 판단된다.

중심토루 내측 평탄면으로부터 남쪽 자연경사면에 위치한 10호 건물지는 길이 11m, 잔존너비 5m의 장방형의 형태를 가지고 있으며 잔존깊이 80cm로 기반암을 굴착하여 조성하였다. 건물지 외곽으로는 주혈군이 분포하고 있으며 건물지 가운데에는 장축방향과 일치하는 길이 6m의 취사시설이 위치하고 있다. 취사시설은 아궁이와 구들부, 배연부로 나뉘어지며 아궁이는 주거지 중앙부에서 길이 178cm, 너비 172cm정도의 규모로 확인된다. 잔존상태로 정확히 알기 어려우나 아궁이시설 점토벽의 남쪽과 동쪽이 모두

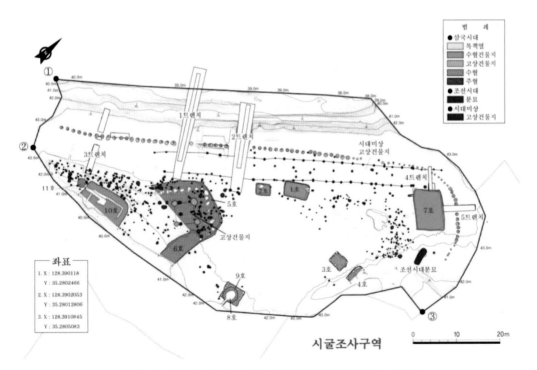

〈그림 11〉 가야리유적 유구배치도(국립가야문화재연구소, 2021)

〈그림 12〉 가야리유적 외벽 영정주 흔적

뚫려있어 복수의 아궁이 시설이 있었을 것으로 판단하고 있다. 구들부는 아궁이로부터
서쪽 방향으로 판석으로 양벽을 만들고 회색 점토로 마감하여 길이 400m, 너비 60cm,
높이 40cm 정도의 구들시설을 만들었다. 구들시설의 서벽 끝부분에는 구들보다 26cm
높여 만든 배연부가 위치하고 있다. 취사시설과 북쪽과 동쪽, 서쪽 벽 사이에는 토벽과
배수로를 설치한 것으로 보고되었다. 현재까지 출토된 유물을 통해 볼 때 전체적인 토성
의 사용 시기는 5세기 중반에서 6세기 중반으로 볼 수 있다.

　이러한 가야리유적은 동시기 가야지역의 추정 왕궁유적과 비교할 때 가장 큰 규모로
[16] 동시기 가야권역의 전례 없는 정교한 축조기법과 규모로 5세기 중반에서 6세기 중반의
시기 아라가야의 막강한 지배층의 존재를 보여주는 것[17]으로 볼 수 있다. 실제 중국 당나
라 두우(杜佑)가 편찬한 통전(通典, 801)에 따라 가야리 유적 토성벽의 둘레를 2km로 가

16)   심광주, 「가야리 토성의 축성법과 의의」, 『가야리유적 사적지정을 위한 학술심포지엄』, 창원대학교
　　　경남학연구센터·함안군, 2019.
17)   이희준, 「함안 아라가야 추정 왕성지 발굴조사 성과」, 『가야리유적 사적지정을 위한 학술심포지
　　　엄』, 창원대학교 경남학연구센터·함안군, 2019.

정할 경우 연인원 16만 명 이상이 소요된다는 점[18]은 이러한 의견을 강하게 뒷받침해 준다. 남쪽에 높은 산이 있고 북쪽으로 저습지와 하천이 흘러가는 남고북저라는 독특한 가야읍 분지의 지형적 특징은 아라가야인들로 하여금 북쪽으로부터 오는 하천의 범람에서 자유롭고 북쪽의 적으로부터 공격과 겨울철의 차가운 바람을 막을 수 있는 공간의 필요성을 느끼게 했을 것이다. 그런 의미에서 현재 가야리유적이 입지는 이 모든 조건을 만족시켜줄 수 있는 가야분지 내 유일한 공간이라 할 수 있다. 북쪽으로 삼봉산(해발272m)이 위치하여 남강과 낙동강을 조망할 수 있으며 고지대로서 하천범람시 홍수로 인한 피해에서 자유롭다. 동쪽과 남쪽으로는 신음천과 광정천이 흐르고 있으며 서쪽으로는 삼봉산과 미봉산의 줄기가 자연적 경계를 만들어주고 있다. 따라서 아라가야는 이러한 입지적 이점을 활용하여 중심토성을 쌓고 삼봉산 정상부에 배후산성인 산성을 축조하고[19] 동쪽의 신음천과 경계를 이루고 있는 곳에 제방[20]을 쌓아 가야리유적 남쪽과 북쪽을 제내지로 만들어 이를 농경지 등으로 적극 활용한 것으로 생각된다.[21] 이러한 사실들은 종합해 볼 때 가야리 유적은 치수와 방어, 생산의 기능이 집약된 아라가야의 왕도의 중심으로 왕도의 범위는 북쪽으로는 봉산산성, 동남쪽으로는 당산유적을 포함하여 왕릉인 말이산고분군까지로 생각해 볼 수 있다.[22]

Ⅲ. 새로운 조사성과를 통해 본 아라가야

앞서 살펴본 바와 같이 최근 이루어진 아라가야 유적에 대한 조사 성과는 중심고분인 말이산고분군에서 상징적 위세품 및 외래계유물이 출토되지 않는 점, 왕성 또는 왕궁 유적의 부재라는 아라가야 연구의 한계를 극복하는 계기를 마련하였다. 말이산45호분과

---

18)   이관희, 「가야리유적 토성의 토목학적 의의」, 『가야리유적 사적지정을 위한 학술심포지엄』, 창원대학교 경남학연구센터·함안군, 2019.

19)   함안군·창원대학교 경남학연구센터, 『함안군 성곽문화재 기초현황조사 보고서』, 2017.

20)   재)우리문화재연구원, 『함안 가야리 제방유적』, 2010.

21)   2019년 이루어진 백세소하천부지 정비공사에 따른 문화재 표본조사 결과 현대 경작층 아래에서 삼국시대 논층이 확인된 바 있다.

22)   가야읍 중심부를 남북으로 길게 가로지르고 있는 말이산고분군의 구릉지는 일제강점기 이전 북쪽으로 더 이어져 현재의 가야초등학교를 지나 당산유적까지 이어져 있었으나 일제강점기 신음천의 하로변경과 경전선 철로개설로 인해 현재의 지형으로 변화하게 되었다.

13호분, 75호분에서는 그동안 아라가야 고분에서 출토되지 않았던 봉황장식 금동관과 중국제 허리띠 장식구, 중원계 청자 등 다수의 위세품들이 대량으로 출토되었으며 그 규모에 있어서 백제의 몽촌토성과 신라의 월성에 비견되는 가야리 토성이 발굴되어 아라가야 왕성지로서의 가능성을 높이고 있다. 따라서 이러한 자료를 바탕으로 5세기 아라가야를 이해하는 중요한 사건인 광개토대왕 비문의 '안라인수병(安羅人戍兵)'의 문제와 남제서의 '가라왕(加羅王) 하지(荷知)'에 대하여 새롭게 검토해 보고자 한다.

1. 광개토대왕의 남정과 안라인수병(安羅人戍兵)

광개토대왕비의 2면과 3면에 새겨진 경자조(庚子條)의 안라인수병의 문제는 오랜 논의의 대상이 되어왔다. 현재까지 진행된 논의는 크게 안라인(安羅人)의 해석문제와 수병(戍兵)의 행위에 대한 것으로 나누어진다. 먼저 '안라인(安羅人)' 해석의 문제는 '안(安)'을 안치하다는 서술어로 해석하는 주장[23]과 '안라(安羅)'라는 고유명사로 해석하는 주장으로 나누어진다. 술어로 해석할 경우 '라(羅)'는 신라군 또는 고구려의 순라병(巡邏兵)으로 해석되어 고구려군의 점령에 따라 신라 또는 고구려군을 주둔시킨 것으로 보는 견해이며, 고유명사로 보아 '안라(安羅)=아라가야'로 안라인수병은 아라가야인으로 구성된 군대로 보는 견해이다. 이 해석은 다시 '수(戍)' 또는 '술(戌)'로 해석하는 것에 따라 나누어지는데 '지키다'의 의미의 '수(戍)'로 해석하게 되면 '안라인으로 구성된 수비병'으로 해석되어 안라 즉 아라가야가 고구려와 신라의 편에 선 것으로 이해[24]되며 전술을 의미하는 '술'로 볼 경우 안라인술병은 안라인으로 구성된 별동대[25]로서 아라가야는 임나가라(任那加羅)와 왜의 편에 서서 고구려를 공격한 것이 된다. 이러한 해석은 말이산고분군 5세기 전반의 무덤인 마갑총에서 출토된 말갑옷에 대한 해석으로 이어져 고구려와의 우호적 관계 속에서 아라가야로 유입된 것으로 보는 견해(戍로 보는 견해)와 고구려와의 전투에서 노획한 것(戌로 보는 견해)로 견해로 나누어진다. 그러나 마갑총 출토 말갑옷만으로 어느 한쪽의 주장을 뒷받침하기도 어려운 측면이 있었으나 마갑총보다 이르거나 동 시기의 고분인 말이산45호분이 발굴됨으로써 상기의 주장에 대한 판단을 구체화 할

---

23)   王建群 지·임동석 역, 『廣開土大王碑硏究』, 역민사, 1985.
24)   남재우, 『安羅國史』, 혜안, 2003.
25)   이영식, 「가야사의 시기구분과 범위」, 『가야사총론』, 가야고분군 연구총서 1권, 2018.

수 있는 계기가 마련되었다. 따라서 말이산45호분 조사성과를 바탕으로 말이산13호분·가야리유적 발굴조사 성과를 참조하여 광개토대왕 남정 이후 전성기를 누린 5세기 아라가야의 모습에 대한 실마리를 찾아보고자 한다.

앞서 살펴본 바와 같이 400년 광개토대왕의 남정과 가장 가까운 시기에 조영된 아라가야의 고분은 말이산45호분이다. 5세기 전반 아라가야의 왕묘로 여겨지는 45호분에서는 국내에서 처음으로 봉황장식 금동관이 출토되었다. 봉황장식 금동관은 봉(鳳)과 황(凰)이 서로 마주보고 날개를 펼치고 있는 형태의 장식이 달린 금동제 대관으로 대륜과 입식을 따로 만들어 결합하는 일반적인 대관들과는 달리 하나의 동판에 대륜과 입식의 윤곽을 그린 다음 투조하는 방식으로 만들어졌다. 전면에 걸쳐 2개가 1조를 이루는 작은 구멍이 뚫려있는데 유기질제 장신구를 달기 위한 것과 유기질제 관을 대관에 부착하기 위한 것으로 본다. 금동판은 아말감기법을 사용하여 도금하였다.[26] 입식은 두 마리의 새가 마주보고있는 구도로 서로 다른 머리관의 형태를 가지고 있다. 한쪽은 머리 위에 삼산(三山) 또는 삼엽(三葉)관을 쓰고 있는 반면 다른 한쪽은 두 개의 길고 짧은 봉상(奉上)형태의 관을 쓰고 있다. 부리는 양쪽이 모두 일부가 결실되었으나 도상복원이 가능하다. 긴 목은 'C'자로 휘어있고 몸통에는 5개의 단엽문이 투조되어 있다. 꼬리는 아래로 2가닥이 뻗고 끝은 위로 살짝 말아 올렸다. 날개의 한쪽을 서로 마주하여 가운데 붙어있으며 다리는 한번 꺾어 관절부에 깃을 표시하고 아래로 자연스럽게 대륜부로 연결되고 있다. 상하 2열의 종장방형 투조 문양대를 이루고 있는 대륜은 내측으로 곡률을 이루고 있으며 구사된 투조 기법이 정교하지는 않다.

이러한 구도를 갖춘 금공품은 현재까지 유래를 찾기 어렵다. 특히 말이산 금동관과 같이 바탕을 투조하여 대향의 쌍조문을 표현한 경우는 확인되지 않으며 가야고분군에서는 환두대도의 환내상에

〈그림 13〉 말이산45호분 출토 금동관

---

26)   이한상, 「함안 말이산 45호분 출토 금동관」, 『함안 말이산고분군 정비사업부지 내 유적』, 재)두류문화연구원, 2021.

서 쌍룡(雙龍), 또는 용봉(龍鳳)의 머리부분이 도상으로 확인되는 정도이다. 봉황의 전체 모습을 표현한 예는 고구려와 백제유물에서 확인할 수 있는데 평안북도 운산 용호동1호분 봉황문 금동판과 그보다 늦은 시기이긴 하지만 무령왕릉 출토 환두대도의 병연금구와 백제금동대향로의 뚜껑 상부의 봉황에서 찾아볼 수 있다.

따라서 앞서 살펴본 바와 같이 제작방식과 구도에 있어서 기존 다른 지역에서 출토 예가 없으며 제작기술이 중국의 것과 비교할 때 정교하지 않은 점등을 고려하여 아라가야에서 제작한 것으로 볼 수 있으며 아라가야에서 확인되는 다른 유구들과 함께 아라가야적 장신구와 더불어 아라가야의 금공문화를 보여주는 중요한 자료로 평가되고 있다.[27]

이에 대하여 앞서 살펴본 평북 운산 용호도 1호분 봉황장식판의 사례로 말이산45호분 봉황장식 금동관이 고구려에서 신라를 통해 아라가야로 들어온 것이라는 의견이 제시된 바 있다.[28]

봉황은 고대 중국에서 신성시했던 상상의 새로 주작(朱雀)이라고도 불리우며 백호(白虎)·청룡(靑龍)·현무(玄武)와 함께 사신(四神)의 하나로 남쪽을 상징하는 신수(神獸)로 여겨진다. 수컷을 봉(鳳), 암컷을 황(凰)이라고 하는데 그 생김새는 문헌에 따라 조금씩 다르게 묘사되어 있다. 설문해자(說文解字)에는 봉의 앞부분은 기러기, 뒤는 기린, 뱀의 목, 물고기의 꼬리, 황새의 이마, 원앙새의 깃, 용의 무늬, 호랑이의 등, 제비의 턱, 닭의 부리를 가졌으며, 오색(五色)을 갖추고 있다고 하였다. 악집도(樂汁圖)에는 닭의 머리와 제비의 부리, 뱀의 목과 용의 몸, 기린의 날개와 물고기의 꼬리를 가진 동물로 봉황의 모양을 묘사하고 있다. 주서(周書)에는 봉의 형체가 닭과 비슷하고 뱀의 머리에 물고기의 꼬리를 가졌다고 하였다. 반면 우리나라에서는 삼국사기나 삼국유사에 봉황에 대하여 기록된 바는 없으나 고구려 고분벽화에서 그 모습을 찾을 수 있다.

고구려 고분벽화 중 봉황의 모습은 안악1호분과 약수리 벽화고분, 강서대묘, 강서중묘에서 찾아볼 수 있다. 4세기 말 무덤으로 알려진 안악 1호분은 연도와 널방으로 구성된 단실묘로 널방 네 벽에 기둥과 두공, 도리 등을 그려 마치 가옥의 실내처럼 그려놓았고 전각도, 수렵도, 행렬도와 함께 평행삼각고임 천장에 신수를 비롯하여 연꽃과 구름 등을

---

27) 이한상, 「함안 말이산 45호분 출토 금동관」, 『함안 말이산고분군 정비사업부지 내 유적』, 재)두류문화연구원, 2021.
28) 박천수, 「고고학으로 밝힌 가야사의 새로운 연구성과」, 『임나일본부 극복과 가야사 복원』, 제1회 경남연구원·가야사학회 공동학술대회, 2021.

그려놓았다. 이 중 봉황은 널방 천장의 북쪽 평행고임부에서 발견된다(〈그림 15〉).[29]

벽화는 두 마리의 봉황이 서로 마주보고 날개를 활짝 펼치고 있는 구도로 뾰족한 부리와 뒤쪽으로 3~4개의 꼬리가 길게 뻗어있다. 아래쪽 사선방향으로 쭉 뻗은 두 다리에는 짧은 다리 깃을 표현하였다. 흥미로운 점은 평행고임부에 말이산13호분에서 확인된 남두육성(南斗六星)을 그려넣은 것이다.[30]

널길과 앞방, 앞방 동서의 감실과 널방으로 구성되고 궁륭형 삼각고임천장인 약수리 벽화분은 5세기 초의 무덤으로 알려져 있다. 무덤에서는 앞방과 널방에서 대형수렵도와 행렬도, 사신도가 확인되었다. 이중 봉황(주작)은 널방의 남벽 상단에 그려져 있다. 안악1호분의 경우처럼 좌우로 한 쌍의 봉황을 그리는 형식이 아닌 출입구 위로 1마리의 주작을 그려놓았다. 주작은 길고 날카로운 부리와 날개를 펼치고 3개의 꼬리가 길게 뻗어있는 형태로 안악1호분의 것과 유사한 형태를 가지고 있다. 또한 안악1호분과 마찬가지로 남쪽 을 상징하는 별자리를 그려놓았다.

7세기 중엽의 고분인 강서대묘에는 널방 입구 벽면에 봉과 황이 그려져 있다. 앞서 안악1호분과 같이 두 마리의 봉황이 서로 마주보고 날개를 편치고 있는 구도로 이른 시기의 봉황에 비해 매우 정교하게 그려놓았다. 날카로운 부리와 머리위로 깃이 솟아올라 있으며 활짝뻗은 날개 뒤쪽으로 3갈래의 꼬리가 뻗어있다.

같은 7세기 무덤인 강서중묘의 사신도에서도 봉황의 모습을 확인할 수 있다. 강서대묘와 같이 널방의 남쪽 출입구 양쪽으로 두 마리 봉황이 마주보고 그려져있다. 봉황은 입에 여의주를 물고 있으며 머리위로 깃털이 솟아올라 있다. 활짝 펼친 날개에는 붉은색 안료

〈그림 14〉 강서중묘 봉황
(국립문화재연구소 · 한성백제박물관, 2018)

---

29) 국립문화재연구소·한성백제박물관, 『북한 고구려 고분벽화 모사도』, 2018.
30) 남두육성은 북방칠수 중 하나로 천상열차분야지도에서는 북방의 별자리에 속한다.

로 반원형의 문양이 그려져 있다. 이 반원형의 문양은 말이산45호분 금동관의 몸통부분 투조장식과 동일하다(〈그림 15〉). 꼬리는 붉은색으로 채색된 하나의 굵은 꼬리가 뒤로 길게 뻗어있으며 이전 시기에 비해 발과 발톱을 구체적으로 표현하였다.

고구려 고분벽화에서 나타나는 봉황 그림과 말이산45호분 금동관을 비교해보면 다음과 같다.

〈표 1〉 말이산45호분 금동관과 고구려 벽화고분 봉황문

고분	말이산45호분	안악1호분	약수리 벽화고분	강서중묘	강서대묘
봉황					
시기	5세기 초	4세기 말	5세기 초	7세기 중엽	7세기 중엽
특징		남두육성(南斗六星)			산수

〈그림 15〉 안악1호분 〈천장화〉 모사도, 한성백제박물관

〈표 1〉에서 보듯 말이산45호분 출토 금동관의 입식은 고구려 고분벽화인 안악1호분, 강서중묘, 강서대묘와 두 마리 봉황이 날개를 펼치고 서로 마주보는 동일한 구도를 가지고 있다. 또한 부리의 표현, 꼬리장식, 다리의 표현 역시 동일하다. 세부적인 형태에 있어서도 날카로운 부리의 모양과 꼬리가 뻗어있는 모습 및 꼬리깃털의 숫자 역시 일치하고 있어 말이산45호분 출토 금동관과 고구려 고분벽화가 봉황에 대한 동일한 모티브를 사용하고 있음을 알 수 있다. 이는 당시 백제, 신라는 물론 다른 가야지역의 봉황문에서 확인되지 않는 구도로 아라가야와 고구려충의 긴밀한 연관성을 보여주며 특히 이러한

연관성이 최상위계층의 분묘에서 확인된다는 것은 두 세력 간의 정치적 연관성을 상정해 볼 수 있다.

이와 함께 말이산45호분을 시작으로 말이산고분군의 대형 고분에서는 말갑옷이 지속적으로 출토되고 있다. 현재까지 말이산고분군에서는 (문)45호, 말이산 45호분, 마갑총, 4호분, 6호분, 8호분, 21호분, 75호에서 총 8벌의 말갑옷이 출토되었다. 특히 이들 말갑옷은 마갑총 출토 말갑옷의 복원실험 결과 신갑의 길이가 1,400cm임을 감안할 때 350~400kg징도의 한라마에 착용이 가능한 것으로 중장기병으로서 실세 선투에서 활용되었을 것으로 생각된다. 이는 5세기경 아라가야가 중장기병을 운용하였음을 의미하는 것으로 이러한 중장기병의 등장 역시 고구려와의 관계 속에 수용된 것으로 생각된다.

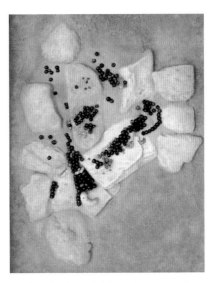

<그림 16〉HM木2호묘 출토 흉경식
(보존 처리 완료 후)

따라서 광개토대왕 비문에 등장하는 '안라인'는 아라가야인으로 해석하고 뒤에 따라오는 것은 '수병'으로 해석하여 5세기 초 아라가야가 고구려·신라의 연합군으로서 활약하고 그러한 정치적 관계 속에 봉황장식 금동관과 중장기병의 말갑옷이 부장되었다고 이해하는 것이 옳을 것이라 생각된다. 한편 말이산45호분과 인접한 HM木2호묘에서 경주 및 주변 중형고분에서 주로 확인되는 흉경식(胸頸飾)이 출토되어 이러한 사실을 뒷받침해 준다(〈그림 16〉).

한편 고구려 고분벽화에서는 봉황(주작)이 남두육성과 함께 그려져 있다. 남두육성은 고대 중국의 별자리 체계에서 북방칠수 중 하나로 북쪽의 별자리이지만 고구려에서는 반드시 남쪽의 주작과 함께 배치하고 있다. 주목할 점은 말이산13호분에서 발견된 별자리 덮개석의 남두육성도 남쪽하늘에 배치된 것은 봉황의 상징적 모티비와 함께 고구려의 천문사상이 이어진 것이 아닐까 생각된다.[31] 물론 해당 별자리 덮개석은 13호분 목가구시설의 보공위에 있어 보가 별자리가 새겨진 면을 가리게 될 것이라는 의견도 있지만 말이산127호분과

---

31) 말이사13호분의 별자리의 경우 남쪽 밤 하늘을 그대로 그린 것으로 밝은 별은 크게 그리고 흐린 별은 작게 그리는 고구려 고분벽화 속 별자리그림의 특징이 반영되어 있다.

75호분의 유물출토양상을 살펴보면 단순히 덮개돌을 받치는 형태가 아닐 가능성이 높으므로 향후 목가구시설의 기능 및 형태와 연계하여 생각해 볼 필요가 있다고 생각된다.

　5세기에 접어들면 아라가야는 가야지역에서 가장 비약적 발전을 이루게 된다. 말이산고분군에 대형봉토분이 출현하며 앞서 살펴본 바와 같이 지배자의 권위를 상징하는 금동관이 출현한다. 또한 왕묘급의 무덤이 말이산고분군 내 주능선의 정상부를 차지하며 체계적으로 조영됨은 아라가야 사회의 안정된 계층구조를 보여준다. 5세기 중엽부터 가야리 유적으로 대변되는 왕성의 건설이 이루어지게 되며 백제의 몽촌토성이나 신라의 월성에 비견되는 대규모 토성을 축조한다. 이러한 아라가야의 발전 이후 5세기 후엽에 이르러 고령의 대가야, 합천의 다라국 등지에서 대형봉토분과 왕성축조가 이루어짐은 5세기 가야사회를 아라가야가 선도하고 있었음을 보여주는 증거라 할 수 있다.

<표 2> 아라가야 · 대가야 지역 고분현황

시기	아라가야		대가야		다라국	
	고분	왕성	고분	왕성	고분	왕성
5C 1/4	HM木1호, (文)45호		쾌빈동1호			
5C 2/4	말이산45호, 마갑총, HM木2호	왕성축조 (가야리 유적)	지산동73호		옥전23, 68	
5C 3/4	말이산4호, HM57호분, HM128호분		지산동30호, 35호, 33호		옥전M2	
5C 4/4	HM13호, HM6호, HM8호, HM75호, 文54호		지산동 32호, 34호	왕성축조 (傳대가야 왕궁지)	옥전 M1, M3	왕성축조 (성산토성)
6C 1/4	HM25호, HM26호		지산동 44호		옥전 M4, M7	
6C 2/4	남문외6호 · 7호		지산동 45호		옥전 M6, M10	

※ 우지남(2021)안을 기본으로 말이산 13호분과 75호분을 추가하였음.

2. 말이산75호분과 13호분 발굴성과로 본 남제서 가라왕(加羅王) 하지(荷知)에 대한 검토

　남제서에 기록된 '가라왕 하지'의 중국 남제 조공 및 보국장군(輔國將軍) 본국왕(本國王) 책봉은 가야사에 있어 대중국 외교의 유일한 증거로 '가라'의 국제성을 보여주는 매우 중요한 자료로 평가된다. 이 기사에 대하여 현재까지 '가라'를 고령의 '대가야'로 보는 설이 일반적이다. 그 근거로 5세기 후반 고령을 중심으로 대규모 고분이 조성되고 5세기 후반 호남동부지역과 경남서부내륙지역의 넓은 범위에 대가야의 위세품과 유물이 확산된다는 점과 일본서기에 등장하는 '가라'의 용례도 대가야를 지칭하는 것으로 알려져 있다는 것이다.

그러나 2021년 11월 말이산75호분에서 470년 연간의 만들어진 남조의 청자연판문완이 출토되며 가라왕 하지에 내한 새로운 필요성이 세시되었다.

연꽃무늬 청자완이 출토된 말이산75호분은 말이산고분군 11호분에서 서쪽으로 흐르는 가지능선의 끝자락에 위치하고 있다. 고분은 길이 8.24m, 너비 1.55m로 말이산고분군 내에서는 차상위 등급의 해당된다. 출토된 청자연판문완은 16개의 연꽃잎이 직경 16.3cm, 높이 8.9cm의 청자완을 아래쪽에서 감싸고 있는 형태로 기능상 다완(茶碗)이다. 국내에서 이러한 청자연판문완이 출토된 사례는 대표적으로 풍납토성 197번지

〈그림 17〉 청자연판문완 출토현황 및 한중 출토사례

다-38번 수혈 옹 출토품과 천안 용원리유적 C지구 석실분 출토품이 있다. 일반적으로 중국 남조의 청자완은 낮고 작은 것에서 높고 큰 것으로 변화하는 것으로 알려져 있으며[32] 이른 시기 연판 가장자리의 음각선과 연판 중앙을 상하로 가르는 1~2줄의 선이 있다가 5세기 후반 이후 음각선이 사라지고 6세기 전반에는 연판의 윤곽선과 중심선을 완과 굽의 경계까지 그려넣던 행위도 사라지는 것으로 보고 있다.[33] 이러한 측면에서 볼 때 말이산 75호분 출토 청자완은 크기에 있어서 용원리 석실분 출토품과 유사하며 연판의 음각선이 완과 굽의 경계까지 내려오고 있으며 연판가운데 선이 없는 것을 볼 때 풍납토성 출토품 보다 늦은 시기이며 중심선이 없는 것을 볼 때 용원리 출토품보다 조금 늦은 시기의 것으로 볼 수 있다. 따라서 시기는 75호분 공반유물과 함께 검토해 볼 때 5세기 4/4분기[34]로 볼 수 있다. 따라서 청자완의 시기는 '가라왕 하지'가 남조를 방문한 시기와 일치한다.

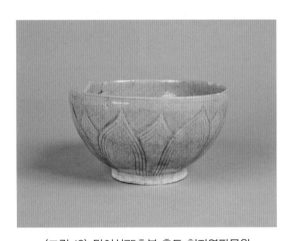

〈그림 18〉 말이산75호분 출토 청자연판문완

앞서 언급되었듯이 가라왕 하지는 대가야, 아라가야, 금관가야의 왕이라는 의견이 있으나 현재는 대체로 대가야의 왕으로 인식되고 있다. 이러한 인식의 가장 큰 이유는 삼국사기, 일본서기 등에 등장하는 '加羅'의 용례에서 '加羅'가 대가야로 해석하는 부분이 발견된다는 점이다. 이를 기반으로 대가야 양식 토기와 금동제 용봉문환두대도, 금제수부이식으로 상징되는 대가야의 문물이 5세기 후반부터 고령을 중심으로 호남동부지역과 경남서부지역으로 광범위하게 확산되며 금동관과 같은 정점의 위세품을 보유하고 있다는 점을 들어 '가라왕=대가야왕'으로 인식하고 있다.

먼저 가라의 용례를 살펴보면 삼국사기 신라본기의 포상팔국 전쟁기사와 열전의 이

---

32) 徐佩佩·戴慧婷, 「육조청자의 발전 변화 과정」, 『중국 남조의 도자』, 국립공주박물관·중국 남경시 박물관, 2011.

33) 土田純子, 「백제유적 출토 중국자기의 시간적 위치에 대한 검토-백제토기와 공반된 자기를 중심으로」, 『호서고고학27』, 호서고고학회, 2017, 71쪽.

34) 우지남, 「함안지역 출토 도질토기」, 『함안 남문외고분군 6·7·15호분 및 2구역 시·발굴조사 보고서』, 함안군·재)삼강문화재연구원, 2021.

사부와 사다함전에서 확인된다. 삼국유사에서는 확인되지 않으며 일본서기에는 가야가 멸망하는 시기까지 14개 기사에서 확인된다. 먼저 삼국사기 기사에서는 가라=대가야로 볼 수 있는 명확한 내용은 나타나지 않는다. 신라본기의 포상팔국전쟁 기사에서 '가라'는 금관가야 또는 아라가야로 해석되며 물계자전에서는 '아라'로 기록하고 있다. 잡지의 음악에 기록된 하가라도와 상가라도 역시 대가야에 대한 기술로만 보기 어려운 것이 열전의 이사부전과 사다함전에서 가라=가야로 기록하고 있다. 일본서기에서도 가라는 가야 전체를 의미하거나 때로는 아라 또는 안라를 의미하고 있다. 또한 6세기 전반 양식공도에서도 대가야는 '가라'가 아닌 반파(叛波)로 소개되고 있다. 이러한 사실들은 남제서에 기록된 '가라왕'이 대가야의 '가라'로 단정지을 수 없음을 반증하고 있다.

이와 함께 가라왕 하지가 남제에 사신을 파견한 479년 경의 삼국의 정세를 살펴보면 다음과 같다.

475년 고구려 장수왕은 475년 9월 백제의 도읍인 한성(漢城)을 함락시키고 개로왕을 죽이고 남녀 8천을 잡아간다. 원군을 요청하기 위해 신라로 갔던 문주왕이 돌아와 개로왕에 이어 즉위하고 웅진(熊津)으로 천도한다. 문주왕은 477년 좌평 해구에게 살해되고 뒤를 이은 삼근왕에 이어 동성왕이 즉위하는 479년까지는 백제는 내부갈등으로 인한 혼란을 겪게 된다. 한성 함락 이후 고구려는 지속적으로 중국의 상황을 주시하며 한반도 남부지역으로의 팽창을 도모한다. 특히 고구려는 국경을 맞대고 있는 북위에 연평균 2회 사신을 보내 조공을 바치며 북위의 정세변화를 감시하고 있으며 남조의 유송(劉宋)에도 사신을 보내 조공을 바치며 남쪽의 상황 역시 예의주시하고 있는 모습을 보이고 있다. 479년 유송이 소도성에 의해 멸망하고 남제가 건국되자 남제는 고구려 장수왕을 표기대장군으로 책봉한다. 이듬해인 480년 고구려는 남제에 사신을 파견하나 사신이 북위에 붙잡혀 북위로부터 남제에 사신을 파견하지 말 것을 종용받으나 이듬해 남제에 사신을 파견하며 남쪽의 상황에 대하여 계속적인 관심을 보이고 있다. 한성백제의 함락을 지켜본 신라는 북쪽으로부터 고구려와 말갈의 계속적인 공격과 남쪽으로는 왜인의 침입에 시달리고 있는 상황이었다. 이 시기 신라는 구벌성, 도나성을 새로 쌓고 삼년산성과 굴산성, 월성, 비라성을 개축하였으며 군대를 크게 사열하는 등 군비를 확장하며 유사시를 대비하는 모습을 보이고 있다. 동성왕 즉위 이후 백제 역시 신라와의 관계유지 및 대고구려 방어에 집중하는 모습을 보인다. 이렇듯 국내문제 해결에 집중하는 백제는 남제가 건국한 지 5년이 지나서야(484) 장수왕이 표기대장군으로 책봉 받은 사실을 알고 남제에 사신을 보낸다.

　　고구려의 대외활동에 대한 북위의 견제와 백제·신라의 대고구려 방어준비 등 삼국의 혼란스러운 정세를 고려할 때 479년 5월[35] 고구려·백제·신라에 앞서 가장 먼저 사신을 파견한 가라왕 하지의 사신 파견은 독자적 파견으로 보는 것이 타당하다고 생각된다. 이는 가라왕 하지의 사신 파견 이후 고구려는 2년 후인 481년, 백제는 5년 후인 484년에 파견이 이루어진다는 점에서도 쉽게 이해될 수 있다.

　　이러한 독자적인 사신파견을 위해서는 중국 남조로 가는 항로(航路)를 보유하고 있어야 하며 더불어 원양항해를 위한 지식과 선박은 필수불가결하다고 볼 수 있다.

　　기존의 연구에서 대가야가 남제로 사신을 파견하는 경로는 고령에서 합천을 거쳐 섬진강 상류의 남원으로 이동하여 섬진강을 통해 남해안으로 나가 남해안 대가야 세력의 도움을 받아 간 것으로 보고 있다. 이는 지산동고분군에서 출토된 그릇 안에서 발견된 조개껍질과 생선뼈로 남해안 집단이 대가야 세력에 포함되 있음을 전제로 하고 있다. 그러나 이러한 대가야의 남제 루트는 설명되지 않는 부분들이 많이 있다. 먼저 남제서에서 가라왕 하지는 방물을 바친 것으로 되어있다. 그러나 고령에서 합천, 남원을 거쳐 남해안으로 이동하는 이동로는 육상이동이 필요한 루트로 예민한 대외관계 속에서 대규모의 방물과 함께 사신단이 육상과 하천을 오고가며 이동하였다는 것은 사실상 어려웠을 것이다. 다음으로 남해안에 이르러 남제로 가기 위한 원양항해를 해줄 이동수단의 문제이다. 원양항해를 위해서는 먼저 원양항해가 가능한 배가 있어야 하며 항해술이 뒷받침되어야 한다. 그런데 섬진강 하류의 지역의 가야유적에서 이러한 항해와 관련된 유적이나 유물이 확인된 바는 아직 없다. 특히 이들 지역은 섬진강 동부의 대규모 가야세력과 비교하여 소국(小國)으로 해안을 이용한 기착지 역할을 할 수는 있지만 원양항해가 가능한 선단을 보유하였다고 보기는 어렵다. 이에 중국으로 가는 다른 타국의 선단을 이용하였다고도 생각할 수 있으나 일반적 교역이 아닌 방물을 가지고 황제에게 진상을 가는 상황에서 다른 배를 빌려 간다는 것도 생각하기 어렵다. 이러한 이유로 '가라왕 하지'를 대가야의 왕으로 단정하기는 어렵다.

　　그렇다면 가라왕 하지를 아라가야의 왕으로 볼 수 있을까? 앞서 살펴본 문제 이외에도 실제 대가야의 중심지인 고령에서는 남조와의 교역에 산물 또는 중국과 관련된 문화적 요

---

35)　『册府元龜』卷九百六十八外臣部十三 朝貢一 "南齊太祖 建元元年 五月 河南王 土浴渾拾寅 迦羅國王 荷知 並遣使貢獻"

소들은 확인되지 않고 있다. 이러한 시점에서 말이산75호분에서 남조와의 직접교역의 산물로 볼 수 있는 청자완의 출토는 가라왕 하지가 아라가야의 왕일 가능성을 제시하고 있다.

먼저 용어적인 측면을 검토해 볼 때 앞서 대가야의 경우에서 보았듯 '가라'는 가야 전체를 의미하거나 특정하지 않을 경우에도 사용되며 또한 삼국사기 신라본기의 '가라'를 열전에서는 '아라'로 기록된 바 있다. 또한 일본서기에서도 아라가야의 왕으로 알려진 '아라사등'을 '意富加羅 國王'의 아들로 기록하고 있다. 이밖에도 계체기 24년 10월조에서는 안라(安羅)와 가라(加羅)를 함께 사용하고 있다. 따라서 남제의 기록과 크게 어긋남이 없다고 볼 수 있다. 또한 6세기 전반 양직공도에 안라 또는 가라를 기록하지 않은 것도 함께 이해될 수 있다.

다음으로 남제로 가는 사신의 이동경로를 감안하면 아라가야의 영역으로 확인된 현동만과 진동만을 이용했다면 쉽게 이해할 수 있다. 또한 가야의 항해술과 조선(造船)술은 아라가야가 대표적이라 할 수 있다. 말이산45호분과 현동 106호 수혈유구,[36] 387호 목곽묘에서 출토된 배모양토기는 국내에서 출토된 배모양 토기 중 가장 정교하게 만들어진 것으로 선박에 대한 충분한 이해를 바탕으로 만들어졌다. 말이산45호분 출토 배모양 토기는 전체모양이 U자형인 평저선이다. 선체의 평면은 가운데가 배가 부른 형태로 선저와 선체를 일체형으로 표현하였으며 선복과 선현이 겹치는 부분에는 횡판을 설치하여 위아래로 구분하고, 그 위에 판상의 현측재를 세워 뱃전을 마련하였다. 선조각은 선체 중앙에서 밋밋하게 올라가다

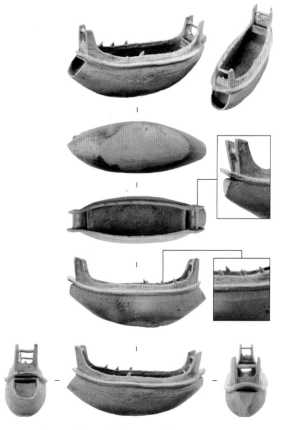

〈그림 19〉 말이산45호분 출토 배모양토기

〈그림 20〉 현동 387호묘 출토 배모양토기

이물과 고물에 이르러 급격하게 올라간다.[37] 이물과 고물쪽의 현측판 사이에는 둥근 횡목을 가로질러 횡강력부재로 기능하게 하였다.[38] 배 양현에는 각 5개씩의 노걸이가 있어 노를 저어 이동하는 선박으로 수심이 얕거나 일정치 않은 강이나 연안, 저습지 등에 사용되는 선박으로 볼 수 있다. 현동106호 수혈과 387호 출토 배모양 토기는 거의 동일한 형태로 387호 출토품이 보다 정교하게 만들어졌다. 두 배모양토기는 모두 바닥부가 V자의 단면형태를 가진 첨저선(尖低船)으로 수심이 깊고 파도가 심한 원안항해용 선박으로 106호 수혈출토 배모양 토기는 양현에 각 3개씩 노걸이가 있어 바람과 노를 함께 이용하는 형태는 원양에서의 원활한 항해를 가능하게 해준다. 아마도 아라가야는 현동 또는 진동지역의 항구에서 원양항해 선박을 이용하여 중국과 교류하였다고 하면 이동로는 충분히 설명된다.

이와 함께 5세기 후반이후 그려진 아라가야의 모습과 활동은 '가라왕 하지'를 '아라가야 왕'으로 볼 수 있는 중요한 근거로 볼 수 있다. 5세기 후반부터 6세기까지 아라가야는 가야의 여러 나라들을 대표하는 입장을 취하고 있다. 일본서기 계체기 23년 3월조에 아라가야(=안라)는 신라에 정복당한 남가라와 탁기탄의 다시 세우는기 위한 안라고당회의

---

37)   최헌섭, 「상형토기 고」, 『함안 말이산고분군 정비사업 부지내 유적』, 함안군·재)두류문화연구원, 2021.
38)   김재근, 『한국의 배』, 서울대학교 출판부 : 선체의 피각이 찌그러들지 않도록 하는 부재로서 보 (Beam)의 구실을 하는 가목(駕木)(駕 또는 橫梁이라고 함), 1994.

를 소집하고 흠명15년 3월조에는 "임나는 안라를 형으로 알고 오직 그 뜻에 따른다."라고 나타난다. 물론 이러한 기록들은 일본서기에 등장하는 내용으로 6세기 무렵 최소한 왜는 아라가야 즉 안라를 임나를 대표하는 국가로 여기고 있음을 알 수 있다.

5세기 후반부터 6세기는 고고학 질자료에 있어 대가야계 토기와 소가야계 토기의 확산이 두르러 지는 것은 주지하는 사실이다. 물론 이 시기 아라가야계 유물들도 경주, 남원, 오사카 등지에서 확인되고 있으나 현재까지 확인된 물질자료에 있어 아라가야의 독보적으로 우월하다 보기 어렵다. 그럼에도 불구하고 왜가 안라를 자신들의 對가야 외교의 중심지이자 가야의 대표자로 인식한 것은 보국장군 본국왕의 책봉과 관계있을 것으로 생각된다.

가야의 여러 나라들 중 중국으로부터 왕으로 책봉을 받은 것은 가라왕 하지가 유일하다. 고대사회에서 중국 황제로부터의 책봉은 중요한 의미를 가진 것으로 고구려와 백제, 왜는 중국으로부터 황제로부터 더 높은 벼슬을 받아 자신들의 권위를 인정받고자 하였으며 상대국에 비해 높은 작위를 받고자 하였다. 따라서 하지의 보국장군 본국왕 책봉은 다른 가야지역은 물론 삼국과 왜에도 알려짐에 따라 자연스럽게 권위와 대표성이 부여되었다고 볼 수 있다. 이러한 관점에서 보면 일본서기에 나타난 고당회의의 개최와 임나가 안라를 형으로 여기고 따랐다는 것은 가야사회에서 아라가야의 대표성을 볼 수 있으며 왜의 입자에서 왜신관을 안라에 설치하는 이유가 설명된다고 볼 수 있다. 반면 대가야의 경우 가야세력을 대표한 기록이 남아있지 않다.

이에 대하여 말이산75호분에서 출토된 청자완이 479년 이후 남제에 사신을 보낸 고구려 또는 백제로부터 사여받은 것이라는 의견도 있을 수 있으나 고구려의 경우 동일유물의 출토사례가 확인되지 않으며 백제지역에서 출토된 청자완과 비교했을 때 말이산75호분 출토품의 품질이 월등히 앞선다는 점에서 가능성이 낮을 것으로 생각된다. 백제지역 출토품 중 가장 비슷한 것이 천안 용원리 석실분 출토품이나 구연부 일부에서 동체 중앙까지 유약의 산화로 갈색을 띠고 있다. 이는 자기를 소성할 당시 충분한 환원소성이 일어나지 않아 생기는 현상으로 완전한 환원소성이 일어난 균일한 옥색을 띠고 있는 말이산75호분 출토품에 비하면 하품에 속한다. 풍납토성 출토품의 경우에도 크기에서 구경 10cm, 높이 5.9cm로 16.3cm, 8.9cm인 말이산고분군 출토품에 비해 작으며 앞서 살펴본 바와 같이 75호분 출토품보다 시기적으로 앞선 유물로 직접비교는 어렵지만 일반적으로 시유하지 않는 굽부분까지 유약이 흘러내린 것을 볼 때 완과 굽의 경계가 뚜렷하고 유약이 뭉치거나 흘러내림이 전혀 없는 말이산75호분 출토품이 더 상품인 것으로 볼 수 있다. 따라서 이 역시 말이산75호분 출토품이 백제로부터 유입되었다고 볼 수 없는 이유로 생각된다.

Ⅳ. 맺음말

함안 아라가야에 대한 연구는 1980년대 후반부터 말이산고분군 발굴조사가 이루어짐에 따라 본격적으로 시작되었다. 1992년 마갑총의 발견과 이후 5년 동안 이루어진 국립창원문화재연구소의 발굴조사는 아라가야 문화의 실체를 보여주는 중요한 자료들을 제공하였고 이를 바탕으로 아라가야에 대한 심도깊은 연구[39]가 이루어져 아라가야 문화 전반에 대한 이해가 이루어졌다. 이후 계속적인 발굴조사 성과와 문헌적 연구의 성과가 축적되었으며 특히 2018년 이후 아라가야 왕성지인 가야리유적의 발견을 시작으로 현재까지 아라가야는 물론 우리 고대사에 있어 획기적 성과들이 축적되었다. 이러한 성과들은 그동안 상대적으로 저평가되어온 아라가야의 위상을 다시 바라보는 계기가 되었다.

앞서 살펴보았듯이 2018년부터 본격적으로 추진되어온 함안지역 아라가야 유적에 대한 발굴조사로 그동안 여러 가지 의견들이 제시되었던 아라가야의 성장과 발전의 모습을 보다 구체적으로 그려볼 수 있는 많은 고고학적 자료가 제시되었다. 이러한 고고학 자료들을 바탕으로 이전의 아라가야와 관련된 논의들을 살펴보면 다음과 같다. 400년 광개토대왕의 남정에서 고구려와 신라의 편에 섰던 아라가야는 승전국으로서 아라가야는 눈에 띄는 성장을 이루게 되고 축적된 국력을 바탕으로 5세기 후반 남제에 사신을 파견하여 보국장군 본국왕의 칭호를 받으며 이후 가야사회의 중심적 역할을 수행하게 된다. 말이산45호분에서 출토된 봉황장식 금동관과 말이산75호분에서 출토된 남조의 청자완, 말이산13호분에서 출토된 금동제 대금구는 이러한 역사적 흐름을 보여주는 증거라 생각된다. 이러한 견해는 지금까지 아라가야, 또는 가야사를 바라보는 주류적 시각과 다른 것으로 향후 새로운 자료에 대한 많은 연구와 토론이 이루어지길 바라며 추후 이들 유적의 체계적 조사연구와 보존에 대한 논의 역시 이루어지길 바란다.

---

39)   남재우, 『安羅國史』, 혜안, 2003.

【참고문헌】

〈지표조사 보고서〉

함안군·경남발전연구원 역사문화센터, 『함안 남문외고분군·傳안라왕궁지 정밀지표조사 보고서』, 2013.

함안군·경남발전연구원 역사문화센터, 『함안 말이산고분군 정밀지표조사 학술용역』, 2014.

함안군·창원대학교 경남학연구센터, 『함안군 성곽문화재 기초현황 조사보고서』, 2017.

〈발굴조사 보고서〉

국립가야문화재연구소, 「함안 우거리 토기가마Ⅰ」, 2021.

국립가야문화재연구소, 『함안 아라가야 추정왕궁지 유적 발굴조사 약보고서』, 2021.

재)동서문물연구원, 『마산현동유적Ⅱ』, 2012.

함안군·동아세아문화재연구원, 『함안 말이산고분군 13호분과 주변고분』, 2021.

함안군·재)경남발전연구원 역사문화센터, 『함안 남문외고분군 11호분』, 2017.

함안군·재)경남발전연구원 역사문화센터, 『함안 남문외고분군·傳안라왕궁지 정밀지표조사 보고서』, 2013.

함안군·재)극동문화재연구원, 「함안 말이산고분군 484-2번지 시굴조사 용역 결과보고서」, 2018.

함안군·재)삼강문화재연구원, 『함안 남문외고분군 6·7·15호분 및 2구역 시·발굴조사 보고서』, 2021.

함안군·재)우리문화재연구원, 『함안 가야리 제방유적』, 2010.

〈논문〉

박천수, 「고고학으로 밝힌 가야사의 새로운 연구성과」, 『임나일본부 극복과 가야사 복원』, 제1회 경남연구원·가야사학회 공동학술대회, 2021.

심광주, 「가야리 토성의 축성법과 의의」, 『가야리유적 사적지정을 위한 학술심포지엄』, 창원대학교 경남학연구센터·함안군, 2019.

우지남, 「함안지역 출토 도질토기」, 『함안 남문외고분군 6·7·15호분 및 2구역 시·발굴조사 보고서』, 함안군·재)삼강문화재연구원, 2021.

이관희, 「가야리유적 토성의 토목학적 의의」, 『가야리유적 사적지정을 위한 학술심포지엄』, 창원대학교 경남학연구센터·함안군, 2019.

이영식, 「가야사의 시기구분과 범위」, 『가야사총론』, 가야고분군 연구총서 1권, 2018.

이한상, 「함안 말이산 45호분 출토 금동관」, 『함안 말이산고분군 정비사업부지 내 유적』, 재)두류문화연구원, 2021.

이희준, 「함안 아라가야 추정 왕성지 발굴조사 성과」, 『가야리유적 사적지정을 위한 학술심포지엄』, 창원대학교 경남학연구센터·함안군, 2019.

최헌섭, 「상형토기 고」, 『함안 말이산고분군 정비사업 부지내 유적』, 함안군·재)두류문화연구원, 2021.

土田純子, 「백제유적 출토 중국자기의 시간적 위치에 대한 검토–백제토기와 공반된 자기를 중심으로」, 『호서고고학27』, 호서고고학회, 2017.

徐佩佩·戴慧婷, 「육조청자의 발전 변화 과정」, 『중국 남조의 도자』, 국립공주박물관·중국 남경시박물관, 2011.

〈단행본〉

국립문화재연구소·한성백제박물관, 『북한 고구려 고분벽화 모사도』, 2018.

김재근, 『한국의 배』, 서울대학교 출판부, 1994.

남재우, 『安羅國史』, 혜안, 2003.

王建群 저·임동석 역, 『廣開土大王碑硏究』, 역민사, 1985.

아라가야 시기의 자연환경과 경관

김정윤 | 한국사회과학연구원장

I. 머리말

가야세력은 2세기에서 6세기 전후한 시기까지 존재하였다. 김해의 금관가야, 고령의 대가야, 함안의 아라가야, 남해안의 소가야 등 가야세력은 낙동강과 남해안을 중심으로 형성되었다. 특히, 낙동강을 중심으로 형성된 수 많은 가야세력들은 낙동강을 활용하여 생활을 영위하였으며, 이는 아라가야 토기의 유통 범위 등을 통해 유추가능하다.

아라가야 세력은 함안지역을 중심으로 금강의 하류부와 낙동강의 합류지점 그리고 남쪽으로는 마산만 일대까지 점유한 것으로 보고되고 있다.[1] 낙동강과 금강의 합류부를 장악한 세력으로서 남해안과 영남 내륙의 유통망에 있어 요충지에 해당하는 지역에 아라가야 세력이 장악하고 있었다. 특히, 아라가야의 토기는 영남지역 전역에서 발견되고 있다.[2] 이는 아라갸 야세력이 낙동강을 중심으로 영남지역 전역에 토기를 유통했을 것으로 해석될 여지가 있다. 더하여 아라가야의 분묘 양식이나 토기 양식의 범위에 대한 수

---

1) 국립가야문화재연구소, 『함안지역 가야 토기생산유적 일대 고환경 복원』, 국립가야문화재연구소, 2021.
2) 이춘선, 「가야 남부 세력의 형성과 전개」, 경북대학교 박사학위논문, 2020.

많은 고고학적 발굴성과는 아라가야 세력의 입지와 위상에 대해 고민할 여지가 없는 것으로 판단된다.

아라가야인들이 함안지역에 세력을 키우기 시작한 것은 2세기 전후로 보고되고 있으며, 이는 제4기학 중 Holocene 해수면 변동 연구에서 논의되고 있는 고해수면기와 시기가 일치한다. 이것은 과거 아라가야인들이 함안지역을 장악하던 시기의 환경이 현재와 상이했음을 의미하고 있다.

함안과 가장 가까운 비봉리 지역의 신석기시대 패총유적은 과거 해진극상기인 약 7,000년~6,000년 BP경 바닷물의 직접적인 영향을 받는 환경에서 형성된 것으로 밝혀진 바 있다.[3] 이후 해수면의 안정과 하강에 의해 낙동강 하류부의 충적평야가 발달하기 시작하였다.[4] 창녕군 비봉리 유적의 입지해석은 한반도의 선사고대 시기동안 있었던 해수면 변동기록과 해수면의 영향에 의해 변화되는 지형경관에서 유적을 해석하였다는 점에서 대단히 의미가 크다.

최종빙하기 이후 해수면의 상승과 해진극상기 이후 해수면의 상승과 하강은 당시 해안선의 위치를 달리 해석할 수 있다. 최근 해수면 변동 연구 결과는 최종빙기 이후 해진극상기인 약 7,000~6,000y. BP 경까지 상승과 하강을 반복하며 급격하게 상승하여 현재 수준에 도달하였으며, 이후 현재보다 높은 수준을 유지하다가 현재 수준으로 도달한 것으로 보고 있다.[5] 퇴적층 내에서 발견되는 Sea level index인 염수규조의 출현여부와 퇴적층 층서 분석을 통해 복원된 해수면 변동 기록은 지역에 따른 편차가 있으나 전체적인 경향은 대부분 일치한다.

최근 한반도 해수면 변동 연구기록에 의하면 해진극상기 이후 신석기 시대의 고해수면기와 청동기 시대의 해수면 하강 그리고 기원 전후한 시기의 상대적 고해수면기에 의해 지형경관이 발달되어 왔던 것으로 확인된다.[6] 이는 당시 선사인들의 유적의 입지에

3) 황상일·김정윤·윤순옥, 「창녕 비봉리 지역의 Holocene 중기 해수면변동」, 대한지리학회지, 48(6), 2013, 837~855쪽.
4) 조화룡·황상일·이종남, 「태화강 하류 충적평야의 지형발달」, 지리학연구, 10(0), 1985, 785~800쪽.
5) 황상일·윤순옥, 「우리나라 화분과 규조의 제4기 생층서와 환경: 박용안, 공우석(ed.)」, 한국의 제4기 환경, 서울대학교출판부, 2001, 73~116쪽; 황상일·김정윤·윤순옥, 「고김해만 북서지역 Holocene 후기 환경변화와 지형발달」, 한국지형학회지, 18(4), 2009, 85~99쪽; 황상일·김정윤·윤순옥, 앞의 논문, 2013, 837~855쪽; 김정윤, 「규조기반 전이함수를 활용한 한반도 남부 Holocene 해수면 변동 연구」, 경북대학교 박사학위논문, 2019, 159~169쪽.
6) 김정윤, 「규조기반 전이함수를 활용한 한반도 남부 Holocene 해수면 변동 연구」, 경북대학교 박사학위논문, 2019.

큰 영향을 미치는 것으로, 유적의 성격을 해석하는데 유용한 기초자료가 된다. 앞서 논의했던 해안충적평야가 해수면이 물러나는 시기 이후 농경과 같은 토지이용에 영향을 미친다. 특히, 약 2,300년 BP경 하강한 해수면이 1,800년 BP경 상승하는 해수면변동 기록은 청동기시대 이후 초기 삼국시대까지 낙동강 중하류부 지형경관에 상당히 큰 영향을 미쳤다. 김해 관동리 지역에서 연구된 결과에 의하면 상당히 오랜 기간동안 김해지역이 해수의 영향을 받은 것으로 보고되고 있다.[7] 그러나 해수면이 안정되는 시기 이후 상류로부터 유입되는 퇴적물의 퇴적은 해안선을 육지에서 바다로 물러나게 하는 역할을 한다. 이는 해수의 영향 범위의 감소와 육지의 면적 변화를 야기한다.

해수면은 절대적 침식기준면이므로, 퇴적이 이루어지는 영역을 결정한다. 이러한 해수면이 변화되는 것은 대하천 본류의 수위와 퇴적이 이루어지는 공간 즉 육지의 영역의 변화를 수반하는 것이다. 따라서, 해수면의 상승과 하강에 대한 기록과 낙동강이 중하류부 충적평야 지형발달에 대한 논의는 선사 고대인들의 생활공간에 대한 논의로 이어지므로 대단히 중요하다고 판단된다.

따라서 해수면 변동기록이 낙동강 하류부 경관에 미친 영향을 분석하여 그에 따른 유적의 입지 및 선사고대인들의 생활상을 논의하는데 기초자료로 활용하고자 한다.

Ⅱ. 낙동강 중하류부의 지형 및 경관 변화

1. 낙동강 중하류부의 지형

낙동강의 중하류부는 전체적으로 북동쪽의 해발고도가 높고 남서쪽으로 해발고도가 낮은 지형 단면을 보인다(〈그림 1〉). 낙동강 중하류부 지역의 북동부는 소백산맥의 능선에 해당되는 취서산, 천성산과 같은 해발고도 1,000m 내외의 산지로 고산지대를 이루고 남쪽과 서쪽 방향으로 낮은 침식 구릉과 낙동강 및 그 지류에 의해 개석됨에 따라 침식분지가 형성되어 있다. 동부지역은 태백산맥의 말단부가 제3기 단층운동에 의해 북북

7) 김정윤, 「고김해만 북서부 Holocene 후기 환경변화와 지형발달」, 경북대학교 석사학위논문, 2008.

동–남남서 방향의 북북동–남남서 방향으로 이어지는 양산단층이 형성되어 있으며, 이
들 산지 말단부에는 소규모의 선상지가 발달하며, 구조운동에 의한 하안단구가 2~3단
정도 확인된다. 이는 단층이 형성되는 과정에 의한 지각변동과 그 사이 진행되었던 준평
원화 작용의 결과로 형성된 지형이다.

    낙동강은 남강, 밀양천, 양산천 등의 지류하천과 합류하여 남해안으로 흘러들어가
는 하천으로 낙동강의 유역분지 전체가 경상도지역에 해당된다. 낙동강과 주요 지류들
과 합류하는 곳에는 넓은 충적평야가 발달하고 있는데, 남지평야, 하남평야, 대산평야,
밀양평야, 김해평야 등이 있다. 이 평야들은 해발고도 10m 내외로 낮아 집중호우 시 낙
동강의 수위가 높아짐에 따라 범람의 피해가 잦은 곳이다. 최근에는 다목적댐과 제방,
보 등 수리시설을 정비하면서 수해가 줄어들고 논 혹은 특용작물을 재배하는 곡창지대

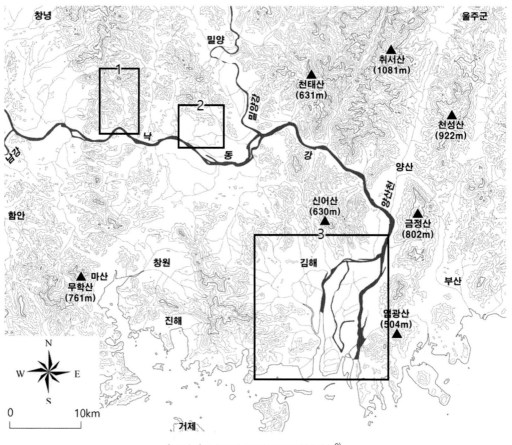

〈그림 1〉 낙동강 중하류부 지형경관[8)]

로 발전하게 되었다. 낙동강 하굿둑을 건설하기 이전에는 남해의 바닷물이 삼랑진까지 역류하였는데, 1987년 하굿둑의 건설과 낙동강 하류부의 지류하천을 정비하면서 현재의 김해평야가 형성되었으며, 이 지역에서 농경과 다양한 인간활동이 이루어지게 되었다.

2. 낙동강 중하류부의 20C 경관변화와 습지지형 논의

낙동강 중하류부의 습지는 낙동강 본류에 발달하는 하천습지와 낙동강 지류하천에 발달하고 있는 호소성 습지로 구분된다. 낙동강 본류에 의해 하천습지는 주로 낙동강 가장자리의 수위가 낮은 지점에 습지식물이 서식하면서 발달하게 된다. 그에 반해 낙동강 지류하천에 발달하고 있는 습지는 하천습지와 성격이 다르다. 이들은 최종빙기 최성기 이후 해수면 변동과 관련하여 형성된 습지로 판단된다.

최종빙기 최성기 동안 해수면이 현재보다 120m 가량 낮아지면서 낙동강의 침식기준면이 현저히 낮아져 침식작용이 탁월했을 것이다. 이러한 환경에서 낙동강 본류와 지류하천이 하방침식을 통해 현재보다 깊은 침식곡을 형성하였을 것으로 판단된다. 한반도의 하천 가운데 낙동강은 한강이나 금강 등 황해로 유입되는 하천에 비하여 익곡의 발달이 탁월했을 것으로 판단된다. 서해안은 해저 수심이 낮아 대륙붕 위를 흘러 바다로 유입되나, 낙동강의 경우 지금의 해안선과 최종빙기 최성기의 해안선과의 이격거리가 짧아 하상 경사가 매우 급했기 때문이다. 이후 Holocene 동안 급격한 해수면 상승으로 인하여 낙동강 중하류부는 해수의 유입으로 익곡이 되었다. 낙동강 본류를 따라 유입된 바닷물은 Holocene 중기 이후 낙동강으로부터 유입되는 퇴적물에 의하여 매적되었으며, 그 과정에서 낙동강 지류하천 주변지역으로 크고 작은 습지가 형성된 것으로 판단된다. 조화룡(1985)은 낙동강 종단면을 복원하고 해수면 변동에 의하여 낙동강 충적평야의 발달과정을 밝힌 바 있다. 이는 최종빙기 최종기 동안 당시 낙동강 하상에 퇴적된 기저역층의 존재와 낙동강의 평균 구배의 차이를 통해 논의 되었다. 왜관보다 하류부의 기저역층은 평균 구배가 0.4‰이고, 하류로 갈수록 경사가 급해진다. 현재 낙동강의 하상의 평균 구배는 0.1‰인데, 이는 해진극상기 동안 익곡된 침식곡이 매적되면서 평형종단면을

---

8) 한승희, 『낙동강 하류부 배후습지의 경관변화 −영산~김해지역을 중심으로−』, 경북대학교 석사학위논문, 2007.

형성하였기 때문이다(〈그림 2〉). 해수면의 상승과 하강을 통해 낙동강 충적평야의 매적과 익곡이 반복되었을 것이며, 해수면의 상승과 하강에 대한 기록은 퇴적암에 포함된 다양한 대리자료를 통해 복원할 수 있다. 주로 규조분석, 화분분석, 퇴적물분석, 유공충 분석 등을 통해 과거 환경을 유추하고 있다.

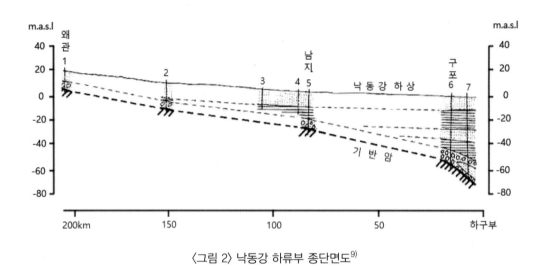

〈그림 2〉 낙동강 하류부 종단면도[9]

　　최종빙기 최성기 이후 형성된 낙동강 중하류부의 충적평야는 일제 강점기 이후 본격적으로 개발되기 시작했다. 1910년대의 토지이용도에는 낙동강 하류부에 대한 정보는 없으나, 낙동강 중류부의 본류 주변 지류하천과 습지 경관을 확인할 수 있다〈그림 3〉. 당시에는 제방 축조 기술이 현재보다 미흡하였으므로 충적평야 가운데 해발고도가 높은 지역을 중심으로 논농사를 지었다. 1960년대 이후 낙동강 본류와 지류하천에 제방을 축조하여 본격적으로 배후습지가 개발되었으며, 습지와 습지 인근의 늪지와 같은 황지의 개간을 통해 논농사가 본격적으로 행해졌다〈그림 4〉. 이후 2000년대까지 습지는 지속적으로 개발되었으며, 과거의 습지는 대부분 소실되었다〈그림 5〉. 지금의 지형경관 및 토지이용 환경은 인간활동에 의해 상당히 교란되었기 때문에 과거의 충적평야와 습지의 공간분포를 확인하기 위해서는 1910년대 일제 강점기의 토지이용도를 중심으로 일부 추론이 가능하다.

---

9)　조화룡·황상일·이종남, 「태화강 하류 충적평야의 지형발달」, 지리학연구, 10(0), 1985, 785~800쪽.

〈그림 3〉 1910년대 낙동강 중류부 토지이용 분포지도

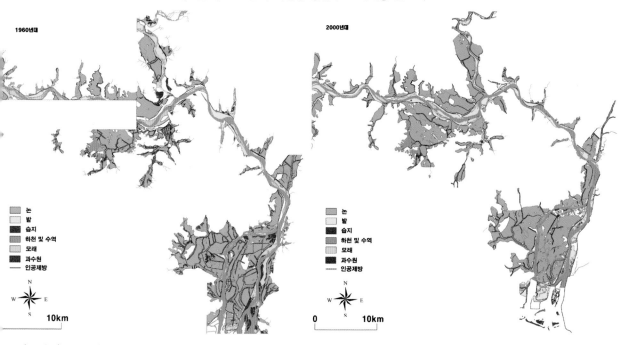

〈그림 4〉 1960년대 낙동강 중류부 토지이용 분포지도 　〈그림 5〉 2000년대 낙동강 중류부 토지이용 분포지도

10)　한승희, 앞의 논문, 2007. (위 그림3·4·5 해당)

Ⅲ. 선사시대 동안 낙동강 중하류부의 해수면 변동과 고지형 변화 복원

1. 한반도 해수면 변동 기록

한반도에서 다양한 연구자들이 연구한 연구 기록은 〈그림 6〉에 표기하였다. 연구자별연구 성과와 논의는 다소 차이가 있는데, 최종빙기 최성기 이후 해수면의 상승 패턴, Holocene 동안의 고해면기에 대한 논의 그리고 해수면이 현재수준에 도달한 시기 여부이다. 즉, 해수면이 진동하면서 상승하여 7,000~6,000y. BP 경 거의 현재 수준 또는 이보다 약간 높은 수준에 도달하여 미변동을 하면서 현재와 같은 모습으로 변화하였다는 주장[11]과 최종빙기 최성기 이후 해수면은 평활하게 상승하여 6,000y. BP 경에는 약 -5.5~-6.0m 정도에 도달한 후 5,000y. BP 경을 경계로 상승속도가 감소하면서 현재 수준에 도달했다는 주장[12]이 있다.

이러한 연구들을 검토하면서 김정윤(2019)은 한반도 해수면 변동에 대하여 종합적으로 논의한 바있다. 그는 여러 개의 core를 추출하여 퇴적상 분석과 규조분석을 통하여 해수면 변동기록을 복원하는 전통적인 방법과 현재 간석지에서 서식하고 있는 규조의 종조성 변화와 해발고도와의 상관관계를 분석하는

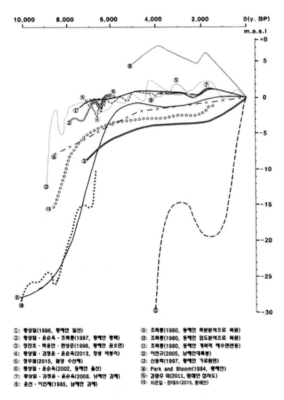

① 황상일(1996, 동해안 일산)
② 황상일 · 윤순옥 · 조화룡(1997, 동해안 평택)
③ 정진호 · 박용안 · 한상군(1996, 동해안 공소만)
④ 황상일 · 김정윤 · 윤순옥(2013, 경남 벡병리)
⑤ 정무웅(2015, 밀양 수산벌)
⑥ 황상일 · 윤순옥(2002, 동해안 울산)
⑦ 황상일 · 김정윤 · 윤순옥(2008, 남해안 김해)
⑧ 윤선 · 이연규(1985, 남해안 김해)
⑨ 조화룡(1980, 동해안 화분분석으로 복원)
⑩ 조화룡(1980, 동해안 입도분석으로 복원)
⑪ 조화룡(1980, 동해안 퇴적적 해수면변동)
⑫ 이연규(2005, 남해안대륙붕)
⑬ 신동혁(1997, 동해안 가로림만)
⑭ Park and Bloom(1984, 동해안)
⑮ 김영우 외(2011, 동해안 삼각도)
⑯ 이준일 · 장태수(2015, 동해안)

〈그림 6〉 한반도 해수면 변동 연구 종합

---

11)   (조화룡, 1980; 황상일 외, 1997; 황상일, 1998; 황상일 외, 2009)
12)   (Park & Bloom, 1984; 장진호)

CCA 분석을 통해 상호 관련성을 규명하고 그것을 바탕으로 WA-pls 분석을 통해 통계적으로 해수면 변동을 복원하였다(〈그림 7〉). 수치모델로 복원된 그래프와 전통적 방법으로 복원된 그래프는 방법론의 차이에 따라 복원된 해수면의 고도에 차이가 있다. 수치모델을 적용한 그래프는 전통적인 그래프 보다 해수면이 낮게 복원되었다. 반면 전통적인 방법으로 복원된 해수면은 수치모델로 복원한 것에 비해 해수면의 고도가 높은 것이 특징이다.

이 그래프들에서 주목해야 할 것은 수치모델로 복원한 해수면 변동 곡선과 창녕 비봉리의 해수면 변동 곡선이다. 7,000년 BP부터 약 5,000년 BP가지 복원된 해수면의 해발고도는 다소 차이가 있다. 그러나 해수면이 상승하고 하강하는 시기와 경향성이 상당히 일치한다. 이것은 수치모델이 정확한 해수면 고도를 제공하는데 대한 의문점은 있으나 상승과 하강의 경향성은 매우 정밀하게 제시한다는 것을 의미한다. 이는 향후 해수면 변동 복원 뿐 아니라 다양한 연구분야에서 수치모델을 적용하여 고환경을 복원하는데 의미있는 자료를 제시할 가능성을 시사한다.

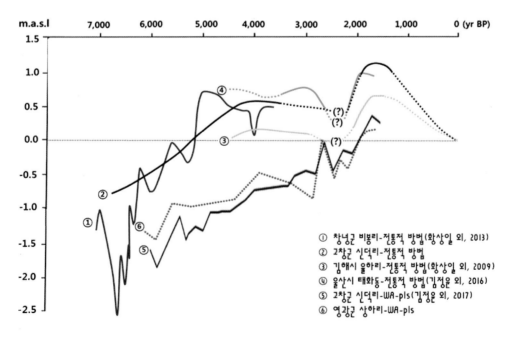

〈그림 7〉 수치모델과 전통적 방법을 적용하여 복원한 해수면 변동 기록의 종합

2. 해진극상기의 낙동강 중하류부 지형경관

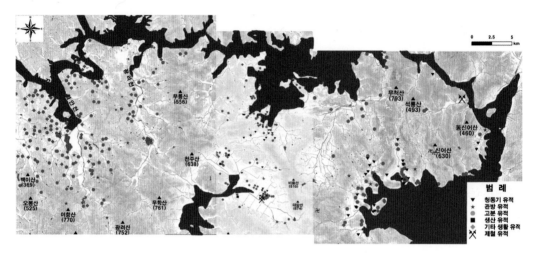

〈그림 8〉 낙동강 하류부의 해진극상기 당시 해수면 도달 범위 추정

해수면 변동기록과 낙동강의 하상 종단면도 그리고 창녕군 비봉리 유적과 밀양 수산 제 지역에서 연구된 연구 결과를 통해 해진극상기 동안 해수면이 낙동강을 따라 유입된 해수의 최대 도달범위를 유추 할 수 있다. 이는 〈그림 8〉과 같이 현재 대부분의 충적평 야지역이 해수의 영향하에 있었을 것으로 판단된다. 가야시기에 해당하는 시기에는 밀 물에 의하여 도달할 수 있는 바다의 최대 범위는 정무열(2015)에 의하면 밀양 부근이었 을 것으로 추측된다. 특히 낙동강의 본류를 중심으로 바닷물이 유입되었을 것이며, 높아 진 해수면에 대응하여 낙동강의 수위도 높았을 가능성이 크다. 아라가야세력이 성장하 고 발달하던 시기는 해수면이 가장 높았던 시기와 비슷한 2C 경이며, 이들은 수심이 깊 은 낙동강을 활용하여 수운교통로의 활용을 적극적으로 하였을 것으로 판단된다. 이는 낙동강 유역 전역에서 아라가야 토기가 발견되는 것으로도 유추가 가능한데, 충격에 약 한 토기의 이동은 육로교통로를 활용하는 것보다 수운교통로를 활용하는 것이 보다 유 리하기 때문이다. 『세종실록지리지』에 의하면 낙동강의 나루터를 중심으로 공물 등을 이 동하는 수단으로서 수운교통을 적극적으로 활용한 기록이 있으며, 비봉리 유적에서 발 견된 배와 같은 유물을 통해 추측할 때 낙동강은 선사고대부터 수운 교통을 위한 수단으 로 활용되었을 가능성이 크다.

Ⅳ. 함안천 하류부 고환경 변화 논의

앞서 논의한 낙동강 중하류부 경관변화는 해수면의 영향이 컸을 것으로 유추되며, 이를 통해 실제 아라가야세력의 거점인 함안천 중하류부 일대에 대한 고환경에 대해 논의할 필요성이 있다. 이는 낙동강 본류의 수위변화가 남강 및 함안천 일대에 영향을 미쳤을 것이며, 이를 통해 아라가야인들의 생활공간에 대한 논의가 가능할 것으로 판단된다.

최근 국립가야문화재연구소(2021)와 함안군(2022)은 아라가야시기의 과거 환경을 이해하기 위해 다양한 분석을 시도하였다. 화분분석, 규조분석, 식물규소체 분석, 퇴적상분석 등을 통해 선사고대 이후 가야시기의 전반적인 환경을 논의하였다. 이 가운데, 함안군(2022)의 연구 결과를 일부 인용하여 아라가야시기의 과거 환경에 대해 논의하고자 한다.

1. 함안 일대 지역개관

경상남도 함안군은 영남분지의 남서쪽에 위치하고 있다. 함안군은 낙동강의 서쪽에 있으며, 진주에서 발원하여 동류하는 남강으로 유입되는 하천인 석교천, 함안천, 대산천과 낙동강으로 직접 유입되는 광려천의 유역분지로 함안군의 경계가 이루어진고 있다. 함안군의 남쪽 경계는 남강의 남쪽 분수계를 이루는 해발고도 700–600m 내외의 산지로 광려산(722.6m), 여항산(770.0m), 오봉산(524.7m) 등이 있다. 주로 남강과 낙동강으로 유입되는 하천인 석교천, 함안천, 대산천, 광려천의 하천 충적평야가 함안군의 주요 중심지를 이룬다.

연구지역은 함안의 아라가야 중심 고분인 말이산 고분군이 있던 지역은 함안천의 유역분지에 해당하며, 함안면과 가야읍 지역에 해당된다. 여기서 남강의 가장 하류부인 대산천의 유역분지에 해당되는 대산면도 포함된다.

2. 함안 일대 고환경 분석

과거환경을 복원하기 위하여 13개 지역에 시추를 실시하고 연대측정, 규조분석, 퇴적상 분석 등을 실시하였다〈(그림 9)〉.

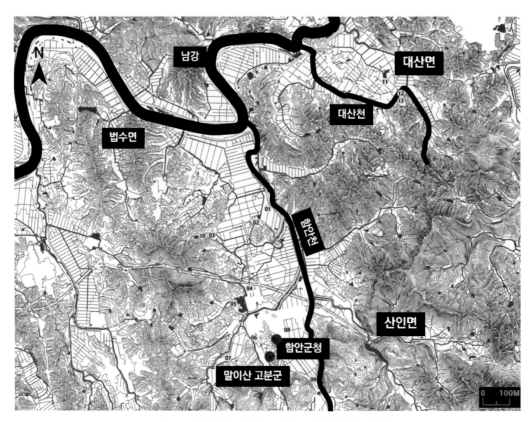

〈그림 9〉 함안군 일대 시추 조사 지역(함안군, 2022)

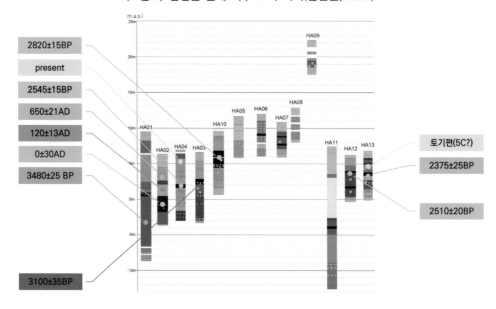

〈그림 10〉 시추지점의 퇴적물 특성과 연대기록(함안군, 2022)

가장 하부층준에서 확인되는 matrix가 매우 치밀한 빙하기 퇴적층은 최종빙기 이전 시기에 퇴적되었을 가능성을 시사한다.[13] 더하여 함안천의 하류부 전체는 하천원력이 퇴적되던 시기 동안 범람과 홍수와 같은 이벤트를 경험하면서 수문환경의 영향이 컸을 것으로 판단된다. 수문환경의 영향이 있기 이전 시기에 형성된 토탄층의 범위는 이전 시기 넓은 지역에 습지가 형성되었던 것으로 판단되며, 이들 토탄의 최대 표고 부근에서 당시 수면의 수위가 형성되어 있었을 것으로 판단된다.

토탄층의 존재를 통해 과거 아라가야 시기에 넓은 수면이 형성되었을 것으로 논의되었으며, 그 수위는 약 약 7~7.5m로 보고 있다.[14]

HA02 core에서 실시된 규조분석 결과 규조분대는 M, B, FI, NFI, FII, NFII로 총 5개의 규조분대가 구분되었으며, 규조가 거의 산출되지 않는 규조 무화석대가 최상부층준에서 확인되었다. 외해성 규조, 간석지 규조, 호수성 규조, 하천성 규조 등 다양한 환경에서 서식하는 규조가 확인되었으며, 규조분대별 생태특성을 통해 수문환경에 대한 논의에 활용하였다.

규조분석을 통해 확인할 수 있는 내용은 토탄층이 형성되던 2,000년 BP 이전시기동안 바닷물의 영향하에 있던 함안천 중하류부가 이후 규조분대 FI시기를 지나면서 지속적인 담수의 영향하에 있었던 것으로 확인된다. 일시적인 규조무화석대가 확인되고 있으나, 규조분대 FII로 이어지면서 대형 규조들의 출현 등을 통해 담수의 영향이 지속적으로 확대된 것으로 해석된다.[15]

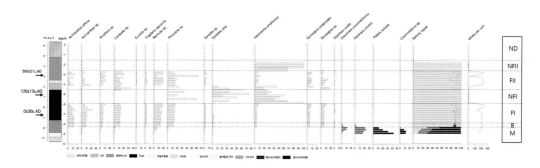

〈그림 11〉 HA02 core 규조분석 결과(함안군, 2022)

13) 국립가야문화재연구소, 『함안지역 가야 토기생산유적 일대 고환경 복원』, 국립가야문화재연구소, 2021.
14) 함안군, 『함안군 고환경 복원 및 역사유적 입지분석』, 함안군, 2022.
15) 함안군, 위의 논문, 2022.

3. 함안 일대 과거 경관 논의

개략적으로 해진극상기인 약 6,000년 BP 경 급격한 해수면 상승으로 인하여 대하천의 하류부를 따라 바닷물이 내륙 깊숙히 침투하였다. 이후 해수면의 안정과정에서 내륙지역에서 퇴적작용이 활발해지면서 염습지가 발달하게 된다. 해수면이 일시적으로 하강하는 시기가 약 2,3000년 BP경 김해율하, 울산 태화강, 일산 충적평야 등에서 확인되는

〈그림 12〉 함안 일대 해진극상기(약 6,000년 BP) 이후 약 2,500년 BP까지 경관도(함안군, 2022)

데 이 시기동안 함안천의 영향범위가 줄어들었을 것이다. 이후 다시 해수면이 상승하면서 낙동강 하류부 일대에 바닷물이 유입되고, 높아진 수위에 대응하여 함안천 하류부 역시 넓은 호소성 습지가 형성되었을 것으로 판단된다.

이러한 연구결과를 바탕으로 함안천 하류부 일대의 과거 경관을 복원한 그림은 다음과 같다.

〈그림 13〉 함안 일대 2,500년 BP∼2,300년 BP 사이 경관도(함안군, 2022)

〈그림 14〉 함안 지역 2,300년 BP 이후 1,500년 BP까지 경관도(함안군, 2022)

〈그림 15〉 함안지역의 1920년대 경관도(함안군, 2022)

V. 맺음말

　선사고대시기의 생활상과 유적의 입지를 파악하기 위해서는 당시 환경을 이해할 필요가 있다. 특히, 낙동강은 최종빙기 최성기 동안 해수면이 현재보다 120m 가량 낮은 상태에 대응하여 침식작용이 활발하였으며, 현재의 중하류부에 깊은 V자곡 형태의 하천경관을 형성하였다. 〈그림 2〉의 낙동강 하류부 종단면도에 의하면, 해진극상기 동안 낙동강의 하상은 김해 해안충적평야를 기준으로 해발고도 약 –60m 내외였으며, 남지에서 약 –20m 그리고 고령교 인근에서 0m로 확인된다. 이와 같은 낙동강의 하상은 최종빙하기 이후 해수면이 급격하게 상승하면서 해수면의 영향에 의하여 경관이 변화되었다. 해진극상기까지 해수면은 급격하게 상승하였으며, 낙동강의 퇴적작용에 비하여 해수면의 상승 속도가 빨랐으므로 해수가 낙동강 본류를 따라 내륙까지 침입하였을 것이다. 이후 해수면의 상승과 하강에 따라 지형경관이 변화하였다.

　해진극상기를 중심으로 급격하게 상승한 해수면은 낙동강의 기저역층이 해발고도 0m에 분포하는 왜관과 고령교 사이 지역까지 침입했을 가능성이 높다. 이후 지속적인 해수면의 상승으로 약 4,000년 BP~3,000년 BP사이 해수면이 약 1m 가량 높아지면서 낙동강의 중하류부의 본류와 충적평야는 좁은 익곡의 형태를 유지했을 것으로 판단된다. 낙동강 중하류부인 남강과 낙동강이 합류하는 합류부 인근까지 지속적으로 해수의 영향하에 있었을 가능성이 높았을 것으로 추정되며, 이후 해수면이 안정됨에 따라 낙동강으로부터 유입되는 퇴적물의 매적 작용으로 인하여 낙동강의 본류의 배후습지는 석호형태로 발달하였을 것으로 사료된다. 이후 담수 공급의 확대와 퇴적작용으로 습지환경으로 변화했을 것이다. 20세기 초에는 낙동강 중하류부의 개발이 활발하지 않았으며, 낙동강의 충적평야는 습지와 호수 그리고 나대지 형태로 존재하였다. 더하여 청동기에서 삼국시대까지 유적분포를 통해 낙동강의 중하류부의 낙동강의 범람원에 해당되는 지형면에서는 선사고대 시기 동안 인간활동이 제한되었을 것이다. 이는 높은 해수면에 의해 주변의 높은 수위에 의하여 수해의 피해 범위가 현재보다 넓었기 때문이다. 더하여 조수의 영향이 낙동강 하류부의 충적평야에 해당하는 저지대의 농경에 영향을 미쳤다는 사실은 낙동강 하굿둑을 조성하기 전과 후를 비교하였을 때, 낙동강 하류부의 범람원과 배후습지 지형개발 범위를 통해서도 추론할 수 있다.

　그러나 풍부한 수량이 유지되는 낙동강 본류를 따라 뱃길이 만들어져 낙동강이 하나의 교통로로 활용되었을 것으로 판단된다. 이러한 뱃길은 조선시대의 세종실록지리지에 기록되어 있으며, 조선시대 보다 유량이 풍부한 고대 시기에도 뱃길로 활용했을 가능성이 매우 높다.

[참고문헌]

국립가야문화재연구소, 『함안지역 가야 토기생산유적 일대 고환경 복원』, 국립가야문화재연구소, 2021.

국립김해박물관·창녕군, 『비봉리』, 국립김해박물관 학술조사보고 제6책, 2008.

김정윤, 「고김해만 북서부 Holocene 후기 환경변화와 지형발달」, 경북대학교 석사학위논문, 2008.

김정윤, 「규조기반 전이함수를 활용한 한반도 남부 Holocene 해수면 변동 연구」, 경북대학교 박사학위논문, 2019.

이춘선, 「가야 남부 세력의 형성과 전개」, 경북대학교 박사학위논문, 2020.

정무열, 『밀양 수산제 일대 Holocene 지형발달과 환경변화』, 경북대학교 석사학위논문, 2015.

조화룡·황상일·이종남, 「태화강 하류 충적평야의 지형발달」, 지리학연구, 10(0), 1985.

한승희, 『낙동강 하류부 배후습지의 경관변화 –영산~김해지역을 중심으로–』, 경북대학교 석사학위논문, 2007.

함안군, 『함안군 고환경 복원 및 역사유적 입지분석』, 함안군, 2022.

황상일, 「일산충적평야의 홀로세 퇴적환경변화와 해면변동」, 대한지리학회지, 33(2), 1998.

황상일·김정윤·윤순옥, 「고김해만 북서지역 Holocene 후기 환경변화와 지형발달」, 한국지형학회지, 18(4), 2009.

황상일·김정윤·윤순옥, 「창녕 비봉리 지역의 Holocene 중기 해수면변동」, 대한지리학회지, 48(6), 2013.

황상일·윤순옥, 「대구분지의 선사 및 고대 인간생활에 미친 Holocene 자연환경 변화의 영향」, 한국고고학보, 41, 1999.

황상일·윤순옥, 『우리나라 화분과 규조의 제4기 생층서와 환경: 박용안, 공우석(ed.)』, 한국의 제4기 환경, 서울대학교출판부, 2001.

황상일·조화룡, 「사포해안충적평야의 Holocene 퇴적환경변화」, 한국지형학회지, 2(1), 1995.

아라가야 봉토분 축조기법과 매장의례 검토

정인태 | 국립경주문화재연구소 학예연구사

Ⅰ. 머리말

함안지역은 삼국시대 아라가야의 고도(古都)로 알려져 있으며, 관련 문헌사료는 극히 부족하지만 일제강점기 및 해방 후 1980년대 후반부터 추진된 주요 고분의 발굴조사를 통해 4∼6세기 강성했던 아라가야의 모습을 엿볼 수 있는 다양한 물질증거가 확보되고 있다. 특히 2000년 이후 아라가야 최고 지배집단의 묘역인 말이산고분군과 남문외고분군의 대형 봉토분이 지속적으로 발굴조사되면서 아라가야 최고 지배층의 매장의례와 고분 축조기술 등을 알 수 있는 자료가 확인되었다.

아라가야권 고분 연구는 주로 토기 형식분류 등에 집중되다가, 2000년대부터 묘제 및 고분 축조공정에 대한 연구가 진행되었고, 최근 봉토분 구조와 축조기술에 대한 연구로 확대되고 있다. 동아시아문화재연구원은 말이산 6호분 발굴조사보고서에서 봉토분 축조공정을 모식도로 제시하고, 토제(土堤) 성토방식과 확장식의 성토방식을 제시하였다.[1] 박미정은 말이산 6호분 및 앞서 조사한 4·8·15·22호분 및 암각화고분과 비교하

---

1) 동아세아문화재연구원, 『함안 도항리 6호분』, 2008.

여, 말이산고분군 봉토분의 축조공정과 공정별 특징을 검토하였다. 지반을 삭토하여 고대화하는 정지공정, 공간을 달리하여 교대로 구획성토한 성토공정을 제시하였다.[2] 이상 말이산 6호분 조사와 관련 연구는 아라가야 봉토분의 축조공정을 처음 제시하고, 봉토 전면 조사 자료를 토대로 공정별 성토 특징을 분석한 것으로 중요한 의미를 가진다. 또 6호분 수치표고모델 분석을 통한 지형 분석, 지질환경 분석, 축조재료 물성 및 산지 분석 및 고분 축조 작업량을 과학적으로 산정한 연구도 영남지역 봉토분에서 최초로 실시하였다.[3] 서영민·여창현은 말이산고분군의 매장주체부 목가구 재검토를 통해 약한 개석을 보강하고 벽석 붕괴를 방지하기 위한 시설로 보았다.[4] 최경규는 말이산 고총고분, 가야리유적, 안곡산성, 가야리제방 축조에 목주, 토제 등 공통된 토목공법이 확인되고, 기술자집단 또는 관리집단이 동일하였을 가능성을 상정하였다.[5]

이상 연구로 말이산고분군 봉토분 축조에 대한 다양한 논의가 시도되었지만, 지금까지 조사된 함안지역 봉토분 전체를 대상으로 축조공정별 유형 분석 등을 통한 특징 파악 등이 이루어지지 않았으며, 특히 가야고분군 세계유산 등재 추진 및 국정과제 가야문화권 조사·정비에 맞추어 최근 활발히 조사되고 있는 최신 발굴자료에 대한 검토가 필요한 상황이다.

본고는 아라가야 최고 지배집단 묘역인 함안 말이산고분군과 남문외고분군의 봉토분을 위계유형으로 구분하고, 축조공정별 축조기법과 매장의례 검토를 통해 함안지역 봉토분의 주요 특징과 아라가야 고분문화의 성격에 대해 살펴보고자 한다.

Ⅱ. 아라가야 봉토분의 축조공정과 유형 설정

봉토분은 삼국시대 고대 국가(또는 소국) 진입 또는 발전단계에서 한반도에서 보이는 고분문화의 특징이다. 봉토의 규모를 통해 피장자 또는 고분 축조집단의 위계를 보여주는

---

2) 박미정, 「Ⅴ.고찰 - 도항리·말산리고분군 봉토고분 축조방법 시론」, 『함안 도항리 6호분』, 동아세아문화재연구원, 2008.
3) 류춘길, 「함안 도항리 6호분 축조 기술에 대한 지질공학적 연구」, 『함안 도항리 6호분』, 동아세아문화재연구원, 2008.
4) 서영민·여창현, 「함안 말이산고분군 목가구 설치분묘 재검토」, 『고고광장』 10, 2012.
5) 최경규, 「아라가야 토목구조물의 기술적 특징과 그 의미」, 『문물연구』 36, 2019.

자료이며 특히 문헌자료가 극히 부족한 가야사 연구에 있어, 대체 불가한 자료가 된다.

봉토분 조사를 통해 알 수 있는 정보는 첫째는 매장주체부를 만들고 봉토를 쌓아 올리는 기술과 방법, 즉 축조기법과, 둘째는 시신·부장품 안치방법(묘제) 및 고분 축조과정과 축조 완료 후 장지에서 행해지는 의례, 즉 매장의례로 구분할 수 있다.[6] 축조기법과 매장의례의 분석을 통해 고분 축조집단의 고분문화를 파악할 수 있으며, 집단의 고유성을 상징하는 고분문화는 집단의 정치·사회·경제적 성격을 파악하는데 좋은 자료가 된다. 또 다른 집단의 고분문화와의 비교는 교섭, 교류, 이주, 정복 등 집단 간의 관계를 확인하는데 용이하다.

본고의 검토 대상인 아라가야 봉토분은 이전 시기의 무덤과 달리 무덤(매장주체부) 위에 흙을 덮어 만든 인공구조물이다. 여러 단계에 의해 만들어지며 각 단계는 유기적으로 연결되어 있다. 따라서 고분을 분류하는 속성을 검토할 때 축조공정별로 살펴보는 것이 효율적인 분류 방법이라 할 수 있다.

아라가야 봉토분의 축조공정은 수혈식석곽과 횡혈식석실로 구분할 수 있는데, 수혈식석곽은 '묘역 선정 → 묘역 조성 → 묘광 굴착 / 하부봉토[7] 성토(1차) → 매장주체부 하단 조성 → 매장주체부 상단 조성 / 하부봉토 성토(2차) → 시신·부장품 안치 → 매장주체부 복개·밀봉 → (고암반대·주구 조성)[8] → 상부봉토 조성 → 피복' 이다. 횡혈식석실은 '묘역 선정 → 묘역 조성 → 매장주체부(현실·연도·묘도) 조성·하부봉토 성토·호석 설치 → 고암반대 조성·상부봉토 성토 → 피복 → 시신·부장품 안치 → 연도·묘도

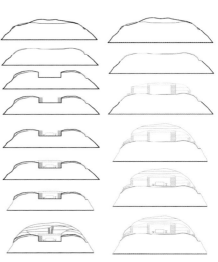

〈그림 1〉 아라가야 봉토분 축조공정
(좌 – 수혈식석곽묘, 우 – 횡혈식석실묘)

6)　매장의례는 장송의례(장례)와 혼용해서 사용되기도 하는데, 장송의례는 피장자(망자)가 사망한 그 순간부터 무덤에 매장하는 것까지 포함하는 용어로 구분된다. 즉 매장의례는 장송의례에 포함되는 개념으로 볼 수 있다. 제사의례(제의)는 장송의례가 마친 후 망자의 사후세계 안녕을 빌고 그 공적을 기리는 의례로, 성묘 등 피장자가 묻힌 곳에서 행해지는 제사의례도 포함된다.
7)　하부봉토와 상부봉토는 복개 상면을 기준으로 한다.
8)　수혈식석곽 봉토분의 경우 고암반대와 주구의 본격적인 조성 시점을 매장주체부 밀봉 이후로 보고자 한다. 그 근거는 Ⅲ장에서 제시하고자 한다.

부 폐쇄·밀봉'이다(〈그림 1〉).

　각 공정에서 보이는 축조기법과 매장의례의 모습은 위계성, 시간성, 공간성을 보여주는데, 속성이 한 가지 특성을 가지기도 하며, 여러 특성이 복합적으로 나타나기도 한다.

　본고에서는 봉토분[9]이 가진 가장 중요한 속성인 위계성[10]으로 유형을 설정하고 축조기법과 매장의례를 유형별로 구분해서 살펴보고자 한다. 봉토 규모[11], 매장주체부 면적, 매장공간 구성을 기준으로 하여 3개 유형을 구분하였는데, Ⅰ유형은 봉토 직경은 24.4m 이상, 매장주체부 면적은 수혈식석곽이 16.3㎡ 이상, 횡혈식석실은 14㎡ 이상, 부장공간 수혈식석곽이 1형(4공간), 횡혈식석실은 2형(3공간)에 해당한다. Ⅱ유형은 봉토 직경 18~23.4m, 매장주체부 면적은 수혈식석곽이 12.3~16.4㎡, 횡혈식석실은 8.8~9.2㎡, 부장공간 2형(3공간)이 해당한다. Ⅲ유형은 봉토 직경 17.6m 이하, 매장주체부 면적은 수혈식석곽이 11.4㎡ 이하, 횡혈식석실은 7.2㎡ 이하, 부장공간 2형(3공간)이 해당한다.

〈표 1〉 아라가야 봉토분의 유형 설정

시 기	Ⅰ유형	Ⅱ유형	Ⅲ유형
1기(5C 중엽)	말이산4		말이산57 말이산128
2기(5C 후엽)	말이산13 말이산6 말이산8	말이산75 말이산15	말이산86 말이산129 말이산5
3기(6C 전엽)	말이산25 말이산26 말이산21 말이산35 남문외11	말이산22 말이산101	말이산100 남문외1
4기(6C 중엽)	남문외6	말이산(문)47 남문외7	남문외15

---

9)　검토 대상 봉토분은 함안 말이산고분군 4(구34)·5·6·8·13·15·21·22·25(구5)·26·35(구 암각화고분)·57·75·86·100·101·128·129호분 및 문47호분 등 총 19기이다. 남문외고분군은 1·6·7·11·15호 등 5기이다. 고분번호는 다음 지표조사 결과를 바탕으로 하였다. 말이산 45호분은 봉토분으로 보고되었으나, 발굴 시 봉토의 축조공정과 축조기법을 확인할 만한 자료가 잔존하지 않아, 본고에서는 제외하였다.

10)　거대한 봉토의 축조는 노동력과 시간이 상당히 필요하다. 또한 의도적인 인공구조물로 피장자 또는 집단의 위상을 과시하는 수단이 된다. 따라서 봉토 축조는 당시 피장자의 계급과 신분을 반영한다.

11)　아라가야 봉토분의 특징인 고암반대를 봉토에 포함하는지 여부에 따라 많은 차이를 보일 수 있다. 또 2000년대 이전 조사자료의 경우, 고암반대의 조사가 이루어지지 않아 봉토의 범위를 설정하는 기준이 모호하다. 본고에서는 고암반대 구간을 제외하고, 실제 성토된 봉토의 범위를 봉토 규모로 설정하고자 한다. 즉 고암반대의 내측선 또는 주구의 내측선을 봉토의 외연으로 보고자 한다.

또 각 유형을 시기별로 제시한 것이 〈표 1〉인데, 시기 설정은 기존 연구자료를 기준으로 설정하였다.[12]

Ⅲ. 아라가야 봉토분의 축조공정별 축조기법과 매장의례

1. 묘역 선정

고분 축조의 가장 첫 번째 공정은 묘역을 선정하는 단계로 고분을 조성할 자리를 지정하고 마련하는 일련의 과정을 말한다. 선사시대부터 무덤으로 사용되는 장소는 일정한 무덤군이 조성되는데 가족, 친족, 더 나아가 집단의 공동 묘역으로 판단할 수 있다. 이러한 무덤군에서의 위치는 피장자의 지위, 피장자와 다른 고분과의 관계를 보여주는

---

12)   함안지역 고분 편년안은 다음과 같다.

시기	김정완 2000	이주헌 2000	박승규 2010	박천수 2010	우지남 2021	기타 (조사보고서)
5C 1/4	황사26,47 현동 3,43,50,51,61 도항(文)48	도항(文)3,36,48	도항(文)1,3,6,36,44,48 현동12,42,50,61 오곡5	(문)36		
5C 2/4	마갑총, 도항(文)10 현동12,22,27, 42,48,56,60	마갑총 도항(文)10 도항(慶)13	마갑총 도항(文)10,20 도항(慶)13 현동3	(경)13	45호분, 마갑총	
				8호분		
5C 3/4	도항4(구34), 도항(文)14 현동36,54,57,58, 59,64	도항4(구34) 도항(文)14,39	도항4(구34) 도항(文)14,38,40 현동58 도항(慶)16 마갑총주변1,2	15호분	5호분 128호분 57호분 4호분	
						13호분
5C 4/4	도항25(구7) 도항(昌)14-1 명관, 서동 채집	도항(文)38,54 도항8,15 도항(昌)14-1	도항(文)51,54 도항8,15 도항14-1	(문)51	8호분 6호분 15호분	75호분
6C 1/4	도항(昌)14-2	암각화 도항(昌)14-2 도항(文)4,5	암각화 도항22,도항(文)52 도항(慶)3	암각화	22호분 21호분 101호분 100호분 25호분 26호분	남문외1
6C 2/4	도항(文)4,5,47	도항(文)8,47	도항(文)4,5,8,47 도항(慶)31	(문)47	35호분 남문외7 남문외6 남문외11 남문외15	

중요한 위치라고 할 수 있다. 특히 봉토분의 경우에는 그 자체로 피장자의 지위를 나타
내는데 입지에 따라 고분을 바라보는 위압감이 달라진다. 또한 주변 고분과 어떻게 배치
되는 가도 중요한데 대상 고분보다 더 큰 고분이 있는지, 작은 고분이 주위를 둘러싸는
지, 아니면 단독으로 있는지에 따라서 시각적 효과가 달라진다.

　가야고분의 경우 고분군 내 (초)대형분은 주로 능선 상에, 중소형분은 경사면에 위치
하는 경우가 많다. 또 (초)대형분은 묘역을 넓게 확보하면서 입지하거나 주변에 후축된
배장 봉토분이 1기 또는 2기 이상 위치하는 경우가 많다.

　말이산고분군은 말안장 모양의 남북으로 1.9km 정도 길게 뻗은 구릉에 입지한다. 남
북 주능선과 주능선에서 서쪽으로 뻗은 8개의 가지능선에 127기의 봉토분이 입지하며,
봉토가 없지만 발굴조사를 통해 확인된 목곽묘, 석곽묘 등 미봉토분은 299기가 있다.[13]

　20m 이상의 중대형분은 주로 남–북의 주능선과 서쪽으로 뻗은 가지능선 상에 일정
간격으로 분포하고 있으며, 중대형분 주변의 사면 중심으로 중소형분이 위치하는 것이
특징이다. 특히 25m 이상의 대형분은 일정 간격으로 가장 탁월한 능선 정상부 및 말단
부에 위치하고 있어 최고 위계 고분은 기획 단계부터 위치와 공간에 대한 체계적인 계획
이 있었을 가능성이 매우 높다.

　대형 봉토분 이전의 목관묘, 목곽묘는 능선 북쪽에 집중 확인되었다. 발굴조사가 시
가지, 주택 조성 등으로 북쪽에 편중된 점도 고려해야 하지만, 봉토분의 위치, 지형 등을
고려할 때 4세기 전후로는 북쪽에, 5세기 이후부터 해발고도가 점차 높아지는 남쪽으로
이동되면서 고분 규모도 커지는 것으로 보이며, 5세기 중엽 이후 봉토분 축조가 본격화
되면서 주능선 남쪽과 가지능선으로 확대되는 것으로 판단된다.

　말이산고분군과 주변의 고지형 분석[14] 내용을 보면 홍수 범람 시 10m 높이까지 물에
잠긴다고 하며, 현재까지 조사된 고분의 해발고도는 20~30m가 가장 많고, 봉토분은
40~70m에 주로 위치하고 있는 것으로 확인되었다. 이러한 지형환경도 고분군 조성에
많은 영향을 미친 것으로 추정된다.

　한편 남문외고분군은 말이산고분군에서 서쪽으로 약 700m 떨어진 곳에 위치하고 있

---

13)　봉토분과 미봉토분의 개수는 2014년 정밀지표조사보고서 상 수치이다. 경남발전연구원 역사문화
　　　센터,『함안 말이산고분군 정밀 지표조사 학술용역』, 2014.
14)　경남발전연구원 역사문화센터, 위의 책, 2014.

다. 동북-남서로 길게 뻗은 능선 상(길이 1.6km)에 위치하며, 남서단부에 밀집분포하는 점이 특징이다.

2013년 지표조사[15]에서 확인된 봉토분은 32기이며, 봉토가 대부분 삭평되어 매장주체부가 노출되어 있는 고분 11기 등 총 43기의 고분 분포를 확인하였다.

긴 능선의 곡부 및 도로로 구분되어 3개의 구역으로 나눌 수 있다. 가장 북동쪽에 위치한 1구역은 능선의 두 정상부에 1·2호분이 나란히 위치한다. 2구역은 3~6호분이 일정 간격을 두고 능선 상에 입지하며, 7호분은 6호분 주변 사면에 위치한다. 3구역은 주능선의 북서단부에 고분군 내 규모가 가장 큰 11호분이 위치한다. 길게 뻗은 주능선에는 능선상에 규모가 있는 13~16호분이, 사면부에 중소형분이 밀집 분포하고 있다.

본고에서는 입지 분류로 주능선 상 또는 가지능선 말단부에 입지하는 경우를 1형, 경사면에 입지하는 경우를 2형으로 구분한다.

또 주변 봉토분의 여부와 규모도 해당 고분의 위계를 설정하는데 있어 중요 요소로 볼 수 있는데, 충분한 묘역을 확보하여 단독으로 조성되거나 주변에 작은 봉토분이 위치하는 경우 1형, 주위에 비슷한 봉토분이 입지하는 경우 2형, 주위에 보다 큰 고분이 입지하는 경우를 3형으로 분류한다.

2. 묘역 정지

고분이 조성될 구역을 묘역이라 한다. 묘역 조성은 고분의 분형을 결정하고, 묘역 정지작업을 통해 고분 축조의 기초를 마련한다. 매장주체부 위치, 규모, 구조, 봉토 또는 분구의 규모 등 주요 속성은 이 단계에서 계획된다.

아라가야 봉토분의 묘역 정지는 대체로 구지표 및 암반면을 제거하고 그 위에 흙을 깔아 정지하는 형태이다. 대체로 어두운 색조의 점질토를 사용하였으며 남문외 6호분은 밝은 색조의 실트계 사질토를 깔아 차이가 있다. 남문외 1호분은 정지층이 4개층으로 구분될 정도로 흙을 쌓아 조성하였다(〈그림 2-1〉). 이 정지층 가장자리에는 5개의 목주흔이 확인되어 지반 강화 등의 용도로 추정된다. 말이산 25호분은 지형이 높은 곳은 구지

---

15) 경남발전연구원 역사문화센터, 『아라가야유적 정밀지표조사 학술용역 -함안 남문외고분군·전안라왕궁지 정밀지표조사-』, 2013.

표를 제거하지 않는 사례도 확인되었다.

한편 정지층과 묘광 굴착, 주구 설치, 또 아라가야 봉토분의 특징인 고암반대 조성 공정과 선후 관계를 발굴조사 자료로 파악하기는 쉽지 않다. 대체로 발굴보고서에서는 묘역정지와 고암반대·주구 조성을 한 공정으로, 다음 단계에 묘광 굴착을 설정하고 있다. 그러나 말이산 13·25·26호분은 묘광 어깨선에서 정지층을 굴착한 양상이 없이 자연스러운 경사를 가지는 점을 근거로 묘광 굴착 후 정지작업을 한 것으로 보고 있다.

하지만 말이산 13호분 조사자료 중 정지층을 파고 묘광을 굴착한 양상(〈그림 2-2〉)이 확인되며, 정지작업이 묘역의 범위와 형태를 결정하는 단계로 볼 때, 정지층 조성 후 묘광 굴착을 한 것으로 판단된다. 다만 묘광 굴착 구역의 정지토 성토를 의도적으로 하지 않았을 가능성도 배제할 수 없다. 한편 묘역정지 시 고암반대의 내측 가장자리 설정, 주구의 내측 가장자리 설정을 하면서 묘역의 형태와 규모를 결정하였을 것으로 판단되지만, 본격적인 고암반대와 주구의 설치는 시신과 부장품 안치 후 매장주체부 밀봉이 완료된 이후 이루어졌을 것으로 생각한다. 대부분의 말이산고분군 대형 봉토분에서 묘광 굴착토를 바로 토제 성토에 이용한 사례를 볼 때, 다량의 성토재를 확보할 수 있는 고암반대와 주구 설치 공정을 상부봉토 성토와 같은 공정으로 설정하는 것이 타당할 것으로 판단된다. 넓은 범위로 조성되는 고암반대, 주구(말이산 6호분), 상부봉토 성토 시 작업의 효율성, 좁은 능선 상의 성토재료 적재 장소의 협소, 시신과 부장품을 매장하고 의례를 할 때의 진입 동선 등을 고려해 볼 필요가 있다.

한편 말이산 25호분의 토제 기저면 정지층 상부에서는 목탄이 다량 확인되었다(〈그림 2-3〉). 제의의 흔적인지, 지반 강화 등의 목적인지 알 수 없지만, 묘역정지 단계가 중요한 공정으로 구분되는 증거가 된다.

〈그림 2〉 묘역정지(1: 남문외 1호분, 2: 말이산 13호분, 3: 말이산 25호분, 발굴보고서에서 전재)

묘역정지는 봉토분의 형태, 즉 분형을 결정하는 공정단계이다. 말이산고분군에서 정밀 봉토조사가 이루어지지 않은 4·5·8·15·22호분 등을 제외하면, 원형을 띠는 것은 25·26호분이며, 나머지는 모두 타원형을 띤다.

남문외 1호분은 매장주체부 바닥 중앙에 목주흔 2개가, 남문외 6호분은 장방형의 수혈이 확인되었다. 봉토의 범위 설정과 관계있는 흔적으로 추정된다.

3. 묘광 굴착 / 하부봉토 성토(1차)

묘광은 매장주체부의 위치와 규모를 결정하고, 묘광의 깊이에 따라 매장주체부와 봉토 축조 방식이 달라진다. 묘광과 주체부의 수직적 위치는 수혈식석곽묘를 1형, 횡혈식석실묘를 2형으로 설정한다. 수혈식석곽묘는 단면 사다리형으로 상부를 넓게 묘광을 굴착하는 점이 특징이며, 매장주체부 네 벽면이 모두 지하(묘광 상면 기준)에 위치하거나, 일부 벽면이 지상에 위치한다. 횡혈식석실묘는 대부분 지상식으로 추정되는데, 묘광의 굴착 여부와 깊이는 조사가 진행되지 않아 명확하게 알 수는 없다.

수혈식석곽묘의 경우 묘광을 굴착할 때 나온 흙은 매장주체부 주변으로 토제(土堤)를 조성하였다. 형태 상 주제(周堤), 성토기법 상 제방상성토(堤防狀盛土), 제상성토(堤狀盛土) 등으로 표현되기도 한다. 고대 무덤 조성 뿐만아니라 토성, 제방 등에 사용된 것으로 알려져 있다. 아라가야 봉토분에서는 하부봉토 2차 성토 또는 상부봉토 조성 시 성토되는 토제와 구분하여, 1차 토제로 명명할 수 있다. 말이산 13호분(〈그림 3-1〉), 100호분의 경우 매장주체부보다 먼저 조성된 점을 강조하여, '구축묘광'으로 표현하기도 하였다. 구축묘광은 영암 옥야리 방대형고분(〈그림 3-2〉), 나주 가흥리 신흥고분, 고흥 길두리 안동고분 등 마한권에서 주로 확인되며 형태 및 축조기법 상 차이가 있다. 말이산 25호

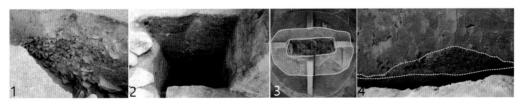

〈그림 3〉 1차 토제(1: 말이산 100호분, 3·4: 말이산 25호분) 및 구축묘광(2: 옥야리 고분)
(발굴조사보고서에서 전재)

분도 말이산 13호분, 100호분과 유사한 양상이 확인된다(〈사진 3-3·4〉). 13호분의 경우 토제의 외연을 확장하는 방식으로 2단계로 구분하였는데 특히 경사가 낮은 곳은 봉토 외연까지 넓게 확장한 점이 특징이다.

말이산 6·13호분의 원지반을 보면 함안계 지질층인 암반면과, 암반면이 부식이 된 풍화암반면이 혼재함을 알 수 있는데, 토제의 성토재는 묘광 굴착 시 확보된 적갈색계의 풍화암반면을 주로 이용하였다(〈그림 4-1〉). 반면 묘광 굴착 시 확보된 암반면은 암질과 색조 등을 근거로 매장주체부 벽석으로 이용된 것으로 보인다. 한편 암질과 색조, 규모에서 이질적인, 매장주체부 바닥에 깐 천석과, 화강암 등 개석은 다른 곳에서 별도로 가져온 것으로 볼 수 있다.[16]

말이산 13호분은 매장주체부의 북동쪽에 나란한 방향으로 조성된 방형 수혈유구(〈그림 4-2〉)가 확인되었다. 내부에 별도 시설이나 제사흔적, 유물 등이 확인되지 않아 매장 시 이용된 공간 또는 의례 공간으로 보기는 어렵다. 그 용도가 명확하지 않지만, 이 수혈 역시 묘광과 마찬가지로 단단한 암반면과 풍화암반면이 혼재하고 있어, 토제의 재료 및 매장주체부 벽석 재료를 공급하기 위한 '토석 채취장'일 가능성이 있다. 토층조사를 통해 묘광 굴착 단계에 함께 조성된 것으로 확인되었다.

〈그림 4〉 1: 말이산 13호분 정지-묘광굴착-토제성토 관계, 2: 방형 수혈유구 (발굴조사보고서에서 전재)

---

16)   말이산 26호분의 석재 분석을 통해 세일과 사암제 개석은 4km 떨어진 파수리, 화강암제 개석은 7km 떨어진 여항산 동쪽 사면 및 계곡부에, 바닥시설로 쓰인 천석은 고분군 서쪽 광정천에서, 벽석은 기반암에서 채취되었을 것으로 분석되었다. 류춘길 외, 「말이산고분군 제25·26호분의 축조기술에 대한 토목고고학적 연구」, 『함안 말이산고분군 제25·26호분』, 우리문화재연구원, 2018, 327쪽.

4. 매장주체부 축조 / 하부봉토 성토(2차) / 호석 조성

매장주체부는 고분의 가장 중요한 시설로 규모, 구조, 시신 및 부장품 매장방법 등은 피장자의 지위를 반영하며, 고분 축조기술과도 밀접한 관련이 있다. 아라가야 봉토분은 묘제로 수혈식석곽, 횡혈식석실이 사용되었다.

매장주체부 축조기법의 주요 속성으로는 매장주체부 규모, 면적, 평·단면형태, 벽석 축조기법, 바닥시설 형태와 부장공간 구성 등이 있다.

아라가야 봉토분은 봉토 내에 1개의 매장주체부가 있는 단독곽식으로 부곽이나 순장 곽이 없다. 가야권역에서 단독곽식은 고성 송학동고분군, 내산리고분군, 합천 삼가고분군, 창녕 영산고분군, 창녕 교동과 송현동고분군, 합천 반계제고분군, 합천 저포리고분군, 장수 삼봉리·동촌리고분군, 남원 월산리고분군 등이 있다.

반면 주·부곽식은 창녕 계성고분군, 고령 지산동고분군, 산청 생초고분군, 남원 유곡리와 두락리고분군, 합천 옥전고분군, 거창 석강리고분군 등이 있다. 봉토 내 순장곽을 갖춘 고분은 고령 지산동고분군, 창녕 교동과 송현동고분군, 합천 백천리고분군, 거창 석강리고분군 등이 있다.

한편 말이산 57호분에서는 주구 밖으로 토기만을 부장한 단독부장곽이 확인되었다. 주변 봉토분이 확인되지 않아 57호분과 관련된 유구로 판단된다.

1) 단면·평면형태

수혈식석곽묘(1형)와 횡혈식석실묘(2형)로 구분할 수 있다. 수혈식석곽묘는 평면형태 세장방형으로 장폭비는 3.7:1~6.7:1이다. 위계 Ⅰ유형일 경우 더욱 세장한 경향을 보인다. 네 벽면이 단면형태는 수직으로 쌓여져 단면 장방형을 띤다. 횡혈식석실묘는 현실의 평면형태는 세장방형으로 장폭비는 2.2:1~3.2:1이다. 현실 입구 중앙에 연도부와 묘도부를 가지며, 묘도는 나팔상으로 벌어지는 형태이다. 현실 벽면은 내경하면서 들여쌓은 단면 사다리형이다.

2) 벽면 축조기법

1형은 장·단벽 모두 점판암을 이용하여 대체로 종평적하였다. 2형은 점판암을 이용하여 장벽은 주로 종평적, 단벽은 주로 횡평적하였다. 3형은 횡혈식석실묘로 점판암을 이용하여 하단은 종평적하고, 상단으로 갈수록 종평적과 횡평적을 혼용하였다. 4형은 할석을 이용하여 장·단벽을 주로 횡평적하였다.

벽석 축조기법 외에도 매장주체부 벽면과 최상단에는 다양한 축조기법이 확인된다. 개석과 봉토가 매장주체부 내로 함몰되는 것을 방지하기 위한 보조시설로 목가구시설 또는 석가구시설(a)이 설치된다. 양 장벽에 각 2개, 양 단벽에 각 1개씩 벽면 상단에 홈을 내어 나무 또는 돌을 걸쳤다. 말이산고분군 수혈식석곽묘 대부분 확인되는데, 위계 Ⅲ유형의 5호분과 129호분은 설치되지 않았다.

말이산 1호분의 홈은 길이·폭이 30~40cm로 (장)방형을 띠는데, 깊이는 38.5~65cm로 편차가 커서 위치에 길이가 달랐음을 알 수 있다. 장벽 홈은 보공, 단벽 홈은 도리공으로 세분되기도 한다.[17] 기존에는 등불을 놓았던 감실로 보기도 하였다. 말이산 128호분에는 단벽부에 석가구시설이 확인되었다.

또 벽석과 벽석 사이에 점토를 채워 면을 고르게 한 점토 채움(b), 벽석 표면에 점토를 바른 점토 미장(c)이 있다. 벽석 사이에 소형 틈을 매운 양상(d)도 확인된다. 매장의례 또는 매장관념과 관련된 것으로 보이는 주칠(e)은, 벽석 표면 또는 점토 미장면에서 확인된다. 말이산 13호분의 분석 결과 산화철로 확인되었다. 매장주체부에 개석을 용이하게 놓기 위한 축조기법으로 벽석 최상단에 각재 흔적(f), 점토를 깐 형태(g)도 확인된다. 남문외 11호분 묘도 양 측벽에는 목주 흔적이 확인되었다.

횡혈식석실은 연도부 천정에 개석(문미석), 문지방석이 확인된다. 연도부 개석은 남문외 11·15호분이 2매가 설치되었고, 나머지 석실묘는 유실되어 알 수 없다. 말이산 6호분은 현실 입구에 문지방석을 시설하였다. 시신 부장과 관련된 유물로 말이산 (문)47호분에서는 관고리가 출토되었다.

3) 부장 공간 구성

1형은 '유물부장공간(토기류)-유물부장공간(금속류)-주피장자 안치공간-순장공간'의 4공간으로 구분된다. 2형은 '유물부장공간-주피장자 안치공간-순장공간'의 3공간으

---

17)   서영민·여창현, 앞의 글, 2012.

로 구분된다. 3형은 '유물부장공간–주피장자 안치공간–유물부장공간'의 3공간으로 구분되며, 말이산 129호분이 해당한다. 주피장자의 두향은 말이산고분군의 경우 대체로 북향 또는 북서향을 띠는데, 봉토와 매장주체부의 주축이 등고선과 직교 방향으로 조성된 21호분은 서향을 띤다. 보고서에는 말이산 15·22호분은 두향을 남쪽로 추정했으나 이에 명확한 근거가 없고, 부장양상을 볼 때 북향으로 판단된다.

남문외고분군은 두향을 판정할만한 자료가 없어 명확하지 않지만, 연도 위치를 볼 때 서향으로 추정된다. 꺾쇠나 관정의 배치를 볼 때 주피장자 공간에는 목곽이 있었을 것으로 추정되며, 목관의 여부는 분명하지 않다. 순장자는 주피장자 발치 순장공간에 주피장자의 두향과 평행, 사선, 직교 방향으로 안치되는데, 2명~5명까지 배치되는 것으로 추정된다.[18] 말이산 21호분은 조사결과, 순장공간에서 2명이 평행하게 안치되었는데, 주피장자 안치공간과 순장공간 사이 공지가 있는데 봉토와 매장주체부의 규모로 볼 때, 이 공간에 직교 또는 사선 배치된 순장자가 있었을 가능성도 있다.

4) 바닥시설

대체로 굴착한 묘광 바닥(암반면)에 점토를 깔고 그 위에 돌을 한 벌 깔았다. 공간에 따라 전면 또는 부분 조성으로 구분되며, 석재 종류에 따라 천석(a), 소형할석(b), 판석(c), 바닥 점토를 그대로 사용한 형태(d)로 구분된다. 말이산 (문)47호분의 동장벽 구간은 편평한 할석으로 공간을 구분하였는데, 추가장 시 바닥시설(또는 시상대)의 가능성이 있다.

5) 매장주체부 복개·밀봉

매장주체부 복개 및 밀봉은 매장주체부 축조공정을 완료하는 단계이며, 복개는 석재를 이용하였다. 주변에서 구할 수 있는 점판암계(함안층) 석재를 비롯, 다른 곳에서 가져와 사용해야 하는 셰일계 석재, 화강암제 석재도 일부 사용되었다. 대형분의 경우 13~15매로 다른 가야권 봉토분에 비해 많은 수의 개석을 이용하였다. 말이산 13호분은

18)　김수환은 함안 말이산고분군 순장을 3개 등급으로 구분하고, 1등급은 5세기에 주피장자의 족측으로, 5인이 직교되게 배치하다가(4·8·6호분), 6세기 전엽에는 4인이 평행+직교(25호분), 2명이 평행(35호분)으로 변화한다고 보았다. 김수환, 「말이산 25·26호분으로 본 아라가야의 순장」, 『함안 말이산고분군 제25·26호분』, 우리문화재연구원, 2018.

가운데 9번 개석을 중심으로 남쪽과 북쪽의 재질 차이가 있는데 남쪽은 점팜안계, 북쪽은 안산암계와 화강암계의 단단한 석재를 이용한 것이 특징이다. 또 주피장자공간과 순장공간 경계 부분의 6번 개석의 밑면(매장주체부 천정부)에서 별자리를 새긴 개석이 확인되었다.

복개 후 개석과 개석 사이를 할석이나 판석으로 막은 후 점토로 밀봉하는 형태(a)가 일반적이다. 말이산 13호분의 경우 토제와 벽석 상단 사이에 점판암을 넓게 채웠다. 말이산75호분은 개석 상부에 점토와 초본류를 교대로 깔아 밀봉한 양상(b)이 확인되었다. 말이산 25·26호분은 개석 틈을 할석으로 메운 뒤 별도의 점토 밀봉없이(c) 상부 봉토를 성토하였다.

6) 하부봉토 성토(2차)

말이산 25·26호분은 지형이 낮은 쪽에 매장주체부 벽석 상단을 축조와 동시에, 벽석 뒤쪽으로 외연까지 넓게 성토하였는데 토제 형태로 봉토의 반분을 성토하였다.

횡혈식석실묘는 매장주체부 벽석 축조와 함께 하부봉토 성토가 이루어지고 외연에는 호석이 설치 된다. 전면 해체조사가 이루어지지 않아 정확한 축조양상은 파악하기 어려우나 토층양상을 볼 때 외연에 호석을 설치하면서 수평성토 또는 외사향성토하는 것으로 판단된다. 남문외 6호분은 조사가 진행된 벽석 8~9단 정도 높이에서 방사상의 점판암을 이용한 석렬이 확인되었다. 조사구역 내 상하 구분이 되며 2차례에 걸쳐 조성한 양상이 보인다. 상단 석렬은 6개, 하단 석렬은 12개가 확인되었다. 이 석렬을 기준으로 성토재가 달라지기는 하지만, 적용되는 성토구간의 범위가 작아 구획 성토를 위한 것보다 내경하는 벽석의 구조적 안정을 위해 보강하는 석렬로 추정된다. 이는 벽석과 연결되어 있는 점에서 알 수 있으며, 상하 위치를 달리하면서 조성되는 점도 응집력을 높이기 위한 시설로 보인다. 이와 함께 매장주체부 북동 모서리부분, 벽석 뒤쪽에 보고서 상 '깍지공법'으로 명명한, 단면 교호 상의 적갈색 점토 또한 내경하는 벽석을 견고히 하기 위한 성토 기법으로 판단된다.

다만 매장주체부 주변의 석렬 주변으로 서쪽의 적갈색토 구간, 남동쪽의 암반편 다량 혼입 구간, 북쪽과 동쪽의 암회색·갈색 점토 구간 등 성토재가 각기 달라, 구획석렬의 기능도 하였음을 알 수 있다.

7) 호석 설치

말이산 (문)47호, 남문외 6·7·11호분 등 횡혈식석실묘에서만 확인된다. 남문외 6호분은 1~4단으로 점판암을 쌓아 다른 가야권에 비해 높이가 낮은 편이다. 2중으로 호석이 조성되어 있는데, 경사가 급한 서쪽으로는 바깥쪽의 호석을 별도로 조성하지 않았을 가능성도 있다. 외호석은 정지토와 함께 조성하였고, 내호석은 봉토, 석실과 함께 조성하였다고 보고서에 기술되어 있으나, 정지토와 호석 간 동시 축조를 증명할 수 있는 자료가 불분명하다. 필자는 공간적으로 구분되는 성토재의 범위, 묘도의 범위 등을 근거로 내호석과 석실, 하부봉토가 동일 공정으로 축조되었고, 외호석으로 분류되는 가장 외곽의 호석은 고암반대 조성 및 상부봉토 조성과 함께 축조된 것으로 상정한다. 또 남쪽에 위치한 제단이 외호석과 연접하여 조성되어, 제단과 외호석 외면은 노출되었을 것으로 추정된다.

5. 고암반대·주구 조성

주구와 호석은 묘역의 범위를 표시하고 고분 조성 시 또는 조성 이후에, 배수 역할 또는 봉분 유실을 막는 시설로 볼 수 있다. 주구 내에는 대호 등 대형 토기류가 다수 매납되어 있는 경우가 많아, 고분을 조성하고 난 뒤에 매장의례의 공간으로 사용되었다.

주구가 조성된 경우는 말이산 6·100·101호분 및 말이산 57·128·129호분이 있다. (〈그림 5〉) 모두 지형이 높은 곳에 눈썹형으로 둘렀다. 특히 말이산 6호분의 주구는 범위가 넓어 굴착 시 확보되는 많은 토·석재를 봉토 성토에 사용했을 것으로 볼 수 있다. 남문외 1호분은 성토부 주변으로 인공적으로 조성한 고암반대 또는 자연적으로 노출된

〈그림 5〉 말이산 6호분 주구·주혈군(1·2) 및 말이산 57호분 주구(3)(발굴조사보고서에서 전재)

암반대가 넓게 분포하고 있고, 그 외곽에 봉토와 나란한 방향으로 부정형의 단절된 수혈이 조성되어 있다.

말이산 6호분은 주구 내 토기가 매납되어 있어 매장의례 흔적으로 볼 수 있다. 말이산 6·8호분, 남문외 1호분은 고분 주변으로 주혈군이 확인되는데 제의와 관련된 시설이 있었을 가능성이 있다(〈그림 5-2〉).

아라가야 봉토분 출토의 특징인 고암반대는 봉토 고대화 효과와 더불어 성토재를 획득하는 토석 채취장으로 기능하였던 것으로 판단된다. 봉토가 잔존하지만 본격적인 성토 공정을 확인할 수 없는 말이산 45호분도 고암반대를 조성하고 있어, 말이산고분군에 봉토분이 조성되기 시작한 단계 또는 그 이전부터 고암반대를 조성하였던 것으로 보인다.

6. 상부봉토 성토

매장주체부 조성 완료 후 본격적인 봉토 성토를 하여 고분을 고대화하는 단계이다. 수혈식석곽묘의 상부봉토 성토는 토제와 구획석축렬을 이용한 1단계 성토에 이어, 중앙은 수평성토, 외연은 외사향 성토하여 봉분의 모양을 잡고 피복하여 완성한 것으로 보이는 2단계 성토로 구분된다. 횡혈식석실묘의 상부봉토 성토는 봉토가 일부만 잔존하고 있어 명확하지 않지만, 수평성토와 외사향 성토를 하여 외형을 완성하는 것으로 판단된다.

성토방법에 따라 토제는 a, 교호성토는 b로 분류한다. 구획의 경계에서 확인되는 구획재는 구획석축렬을 a, 구획석렬을 b, 구획표지석을 c로 구분한다. 또 매장주체부 밀봉 후 위치를 표시한 매장주체부 표시석도 성토의 기준이 되기 때문에 d로 구분한다.(〈그림 6〉)

〈그림 6〉 매장주체부 표시
(좌: 말이산 6호분, 우: 말이산 101호분)
(발굴조사보고서에서 전재)

구획재로 구분된 공간을 성토재로 쌓는데, 아라가야 봉토분은 묘광과 고암반대 등 굴착으로 생성된 암반편, 사질토와 저지대 습지 기원의 점토블록이 사용되었는데 시간성과 공간성을 가지는 재료로 추정된다. 암반편과 사질토가 주로 사용되는 유형을 a, 점토블록이 주로 사용되는 유형을 b, 암반편·사질토와 점토블록이 비슷하게 사용되는

유형을 c로 분류한다.[19]

이외에도 말이산 21호분에서는 성토층의 토질 강화를 목적으로 한 지정말목 흔적도 확인된다. 보고서 상 구획과 관련된 것으로 보았으나, 말목을 박은 면 상하로 성토재의 구분이 되지 않기 때문에 구획과 관련된 것으로 보기 어렵다. 남문외 1호분에서도 매장 주체부 주변에서 정지층에 목주 흔적이 확인되는데 역시 지정말목의 흔적으로 추정된다 (〈그림 7〉).

〈그림 7〉 말이산 21호분(좌) · 남문외 1호분(우, 붉은색 표시) 지정말목(발굴조사보고서에서 전재)

말이산 13호분의 1단계 성토는 외연에 토제를 먼저 조성하였는데, 'C'자형으로 북반부를 먼저 만든 후 남반부를 조성하였다(〈그림 9-1〉). 반부의 구분은 매장주체부 주축 방향을 직교하는 선이 기준이 된다.

이후 토제 내부 성토 시, 북반부를 먼저 쌓았는데 매장주체부를 직교하는 구획석축렬(〈그림 8-1〉)을 쌓아 올리면서 안에서 밖으로 성토하였다. 석재를 놓으면서 흙을 성토하여 내면이 비교적 정연하게 쌓여 있다. 높이 2.5m에 달하는 이 석축렬은 상단보다 하단에 큰 석재를 두어 무너지지 않게 하였고, 축조공정이 한번 나눠지는 구간(〈그림 8-2〉)도 확인된다. 이후 남분면에도 구획석축렬을 쌓아 올리면서 안에서 밖으로 성토하였다. 그 후 남북 석축렬 사이를 메워 상부봉토의 1단계 성토를 완료하였다. 이렇게 쌓아올린 석축렬과 성토구간의 단면을 관찰하면 수직선상으로 명확히 구분되는 양상이 확

---

19)   전면조사를 실시한 말이산 13호분은 구분 기준을 백분율로 구분하면 대략 70%로 볼 수 있으나, 전체 해체조사가 진행되지 않으면, 성토재의 구성 비율을 알 수 없으나, 조사된 토층도(주기), 사진을 통해 성토재의 비중 차이가 나타난다.

인된다. 일반적인 교호성토와는 전혀 다른 양상이다. 석축렬의 평면 노출 조사가 이루어

지지 않았지만 말이산 6·8호분에서도 토층 상 수직선상의 석재-토재 구분 양상(〈그림

8-3·5〉)이 보이고 있어 같은 성토기법이 사용되었음을 짐작할 수 있다. 다만 말이산 6호

분의 경우는 13호분처럼 2m 이상 높이로 동일한 라인에 쌓아 올리지 않고, 일정 높이를

쌓은 후 경계를 옮겨가며 쌓았을 것으로 보인다(〈그림 8-4〉).

〈그림 8〉 말이산고분군 구획석축렬(1 · 2: 13호분, 3 · 4: 6호분, 5: 8호분)

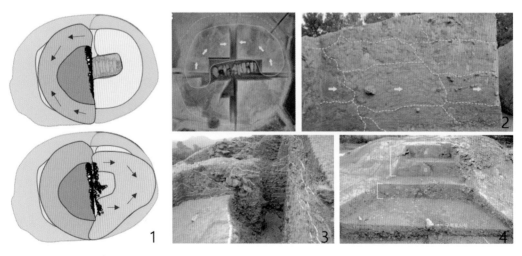

〈그림 9〉 말이산고분군 봉토 성토기법(1 · 3: 13호분, 2 · 3: 25호분, 4: 6호분) (발굴조사보고서 전재)

6세기 이후 말이산 25·26호분의 상부봉토 성토양상을 보면 구획석축렬은 조성되지 않고, 토제를 반부별로 별도 조성한 후, 구획석축렬은 조성하지 않고 양쪽 토제 안을 점토블록으로 채웠다(〈그림 9-2〉). 내부는 토제와 달리 얇은 점토블록 층이 확인되어 다짐 작업이 이루어졌을 가능성도 제기하였다. 토제는 말이산 13호분과 달리 매장주체부 주축 방향의 중앙선을 기준으로 구분하였는데, 경사진 지형을 고려하여 성토작업의 효율성을 높인 것으로 생각된다.

말이산 6·13호분에는 교호성토도 확인되는데, 토제의 양 쪽 성토작업이 만나는 곳에서 주로 확인되는 것으로 보인다(〈그림 9-3·4〉). 말이산 6호분에는 구획석렬과 함께 구획표지석과 그 상부로 교호성토가 이루어진 모습도 확인된다.

7. 피복 및 완성

아라가야 봉토분에서 봉토 표면을 마감한 양상은 확인되지 않았다. 점토블록이 다량 사용된 말이산 25·26호분은 보고서에서 성토재로 점토블록이 다량 사용되어 매장주체부 밀봉이나 피복을 하지 않았을 가능성도 제시하였다.

최근 조사된 창녕 교동과 송현동 Ⅱ군 63호분에서는 점토블록을 한 겹 덮어 피복한 양상이 뚜렷히 확인된 바 있다.

8. 매장의례

함안지역 봉토분 축조과정의 매장의례 및 축조 후 제사의례와 관련한 흔적이 다수 확인되었다. 묘역 정지 과정에서는 말이산 25호분의 토제 기저면 정지층 상부에서는 목탄이 다량 확인되었다. 지반강화 또는 의례의 흔적으로 추정된다.

매장 시점에서의 의례 흔적은 말이산 13호분에서 보이는데, 1매의 개석 밑면에 전갈자리, 궁수자리 등 별자리가 그려져 있어, 시신과 부장품 안치 시 이와 관련한 의례행위가 있었을 것으로 추정된다. 또 말이산 13호분에는 개석 설치 후 매장주체부를 밀봉토로 덮은 뒤 사슴의 사지골을 매납한 흔적이 확인된다.

말이산 57호분에서도 개석 상부 밀봉토에서 목탄 및 소결흔적이 80cm 범위로 확인되었다. 고분 매장의례에서 가장 중요한 시신과 부장품 안치 및 밀봉 직후 의례의 흔적으로 판단된다.

　한편 말이산 13호분은 상부봉토 축조 시 봉토를 석축렬 2개를 이용해서 반분하여 쌓았는데, 두 석축렬 사이 공간은 소형 석재로 채웠다. 이 공간 내부와 주변에서 의례의 흔적을 확인되지 않았지만, 성토의 일정 공정 완료 후 석축렬의 틈 사이로 매장주체부 밀봉부가 보이기 때문에 의례를 하기 좋은 조건으로 생각된다.

　고분 축조 완료 후 매장의례 또는 제사의례 양상은 다른 삼국시대 고분에서도 가장 많이 확인된다. 호석에 접해 제단이 설치된 봉토분은 남문외 6·11호분이다. 남문외 6호분은 매장주체부 장축과 나란하게 고분 남쪽에 할석을 2~3단 쌓은 평면 장방형의 시설이 확인되었다. 시설의 상면과 내부에 고배편이 출토되었다. 남문외 11호분도 역시 남쪽에 평면 장방형의 할석으로 2~3단 쌓은 시설이 확인되었다. 두 시설 모두 보고서 상에는 피장자 매장 후 봉토에 덮였다고 하였으나, 시설의 동쪽이 외호석에 접하고 있어, 호석 외면이 노출되었을 것을 감안하면 제단도 노출되어 있을 것으로 추정된다. 그렇다고 하면 고분 축조 이후 제사의례에도 사용되었을 것으로 보인다.

　남문외 11호분에는 고분 북쪽에 연접하여 적석군과 대호편이 확인되었다. 역시 고분 축조 후 의례가 행해진 곳으로 추전된다. 제단에서 동쪽으로 90cm 떨어진 곳에 수혈유구가 있고, 내부에서 통형기대, 대호, 개편이 출토되어 역시 제사와 관련된 시설로 보이나, 주변 고분도 인접하고 있어 11호분의 제사 유구인지 명확하지 않다. 고령 지산동 75호분 북서쪽에서도 가장자리를 석축으로 만든 제사지가 확인되었다.

　말이산 6·57·128호분 등 주구 내부에서 다량의 토기편이 확인되었다. 고분 조성 이후 주구가 노출된 공간이기 때문에 이곳에 출토되는 토기는 축조 직후 매장의례 또는 축조 이후 행해졌던 제사의례와 관련된 유물로 판단된다. 또 다른 지역 고분과 달리 고분 주변으로 주혈이 다수 확인되는 점이 특징이다. 말이산 6호분과 말이산 8호분, 남문외 1호분에서 주구 및 고분 주변으로 다수의 주혈이 확인되었다. 말이산 6호분은 주혈의 배치를 볼 때 고상건물지 2기가 있었음을 추정할 수 있다. 매장의례 또는 제사의례와 관련된 시설이 있었거나, 매장 전 장송의례 과정에서 '빈(殯)' 또는 '가묘(假墓)'와 관련된 시설이 있었을 가능성이 있다. 말이산 57호분에서는 묘역, 주구 외곽으로 단독부장곽이 확인된다. 함안에서 최초로 확인된 양상이지만, 어느 단계에서 조성되었는지 불분명하다. 따라서 유물을 부장하기 위한 매장과 시신 안치단계의 부곽의 역할인지, 고분 조성 이후 매장의례와 관련있는 것인지 검토가 필요하다.

〈표 2〉 아라가야 봉토분 축조기법별 속성 분류('?': 알 수 없는 것, ( ): 추정, '-': 없는 것)

축조시기	고분명	위계유형	봉토 장축(m)	봉토 단축(m)	장단비	규모 길이(m)	폭(m)	장폭비	면적(㎡)	복개(현실/연도)	두향
I기	말이산4	I	39.4	?	?	9.7	1.7	5.7:1	16.5	13	북
	말이산57	III	13	11.6	1.12:1	6	1.4	4.3:1	8.4	10	북
	말이산128	III	12	8.9	1.35:1	5.9	1.6	3.7:1	9.4	8	북
II기	말이산13	I	29	22	1.32:1	8.6	1.9	4.5:1	16.3	15	북
	말이산8	I	32	?	?	11	1.8	6.1:1	19.8	13	(북)
	말이산6	I	36.5	33	1.1:1	9.8	1.7	5.8:1	16.7	12	북
	말이산86	III	9	?	?	6.5	1.5	4.3:1	9.8	(5)	북
	말이산129	III	11.4	(8.5)	1.34:1	5.1	1.2	4.2:1	6.1	8	북
	말이산75	III	(24)	?	?	8.2	1.5	5.7:1	12.3	13	북
	말이산15	III	(22)	?	?	9.1	1.8	5:1	16.4	8	?
	말이산5	III	17.6	13.2	?	7.1	1.6	4.4:1	11.4	?	?
III기	말이산22	III	22	?	?	9	1.8	5:1	16.2	11	석
	말이산21	III	26	15	1.73:1	10	1.7	5.5:1	17.0	10	북
	말이산101	III	23.4	18.8	1.24:1	8.8	1.6	5.5:1	14.1	10	북
	말이산100	III	16.3	11.3	1.44:1	7.2	1.3	5.9:1	9.4	12	북서
	말이산25	I	25	25	1:1	10.6	1.8	6.7:1	19.1	12	북서
	말이산26	I	32.1	27.8	1.19:1	10.1	1.6	6.3:1	16.2	10	북서
	말이산35	III	20?	?	1:12	10.6	1.7	6.2:1	18.0	~13	?
IV기	남문외11	I	29.5	?	?	7	2	3.5:1	14.0	7~9/2	(서)
	남문외1	III	9	?	?	4.8	1.5	3.2:1	7.2	?	(서)
	말이산 문47	III	18	16	1.12:1	4.9	1.8	2.7:1	8.8	?	?
	남문외6	I	24.4	?	?	7.4	2.8	2.6:1	20.7	(2)	(서)
	남문외7	III	(15)	?	?	5.1	1.8	2.8:1	9.2	(5)	(서)
	남문외15	III	(25.5)	?	?	4	1.8	2.2:1	7.2	6	(서)

Ⅳ. 아라가야 봉토분 축조와 매장의례의 특징

1. 위계별 봉토분 축조기법 및 매장의례의 전개양상 (표2 참고)

1) 위계 Ⅰ유형

봉토 직경 24.4m 이상, 매장주체부 면적 16.3㎡ 이상이다. 부장공간 구성은 수혈식이 4공간, 횡혈식은 3공간이다. 순장자는 2~5명이 배치된다. 해당 고분과 시기를 보면 (Ⅰ기-5세기 중엽)말이산 4호분-(Ⅱ기-5세기 후엽) 말이산 13·8·6호분-(Ⅲ기-6세기 전엽) 말이산 21·25·26·35호분 및 남문외 11·6호분이 해당된다.

주능선과 가지능선 상에 입지하며, 특히 주능선 정부와 가지능선 말단부에 입지한다. 대체로 봉토분 주변에도 충분한 공간을 확보하며, 규모가 작은 봉토분 또는 고분이 위치한다. Ⅰ유형 봉토분의 조성 순서는 주능선 '북→남'으로 가지능선 '서→동'로 진행된다. 또 주능선 정부에 입지한 4호분-11호분-13호분-19호분-25호분-31호분-37호분은 220m 전후 간격으로 비교적 일정하며, 대형분이 입지한 북쪽 첫 번째 가자능선 4호분-6호분-8호분은 180m 전후, 두 번째 가지능선 11호분-75호분-12호분 및 세 번째 가지능선 13호분-15호분-16호분, 네 번째 가지능선 19호분-21·22호분-23호분,

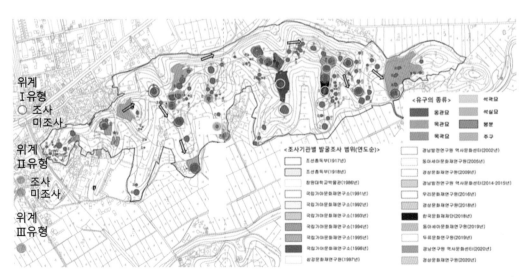

〈그림 10〉 말이산고분군 봉토분의 위계별 입지 변화 양상(위쪽이 동쪽, 경남연구원 2022 고분분포도 개변)

다섯 번째 가지능선 25호분-26호분은 등은 100m 전후로 비교적 일정한 간격을 가진다 (〈그림 10〉).

일정한 묘역을 가지고 간격을 유지하면서 시간적 순서에 따라 조성되는 규칙성은, 아라가야 최고 지배자 또는 지배계층의 고분 축조가 체계적으로 이루어지고, 최고 권력의 연속성·지속성을 나타내는 중요한 자료로 판단된다.

남문외고분군은 현재 32기의 봉토분이 잔존하며, 기존 신음리고분군으로 불렸던 남문외고분군 남쪽의 고분 밀집도가 높다. 경작, 도로 개설, 민가 등으로 인한 훼손을 감안하면 더 많은 봉토분이 분포하였을 것으로 추정된다.

말이산고분군과 마찬가지로 길게 뻗은 주능선과 가지능선 상에 대형 봉토분이 입지한다. 시간적 입지 변화양상을 일정하지 않다. 현재까지 가장 이른 Ⅰ유형 봉토분인 남문외 11호분은 가지능선 말단부에 단독으로 입지하고, 6호분과 남쪽 주능선 상에 주변에 작은 봉토분이 있다(〈그림 11〉).

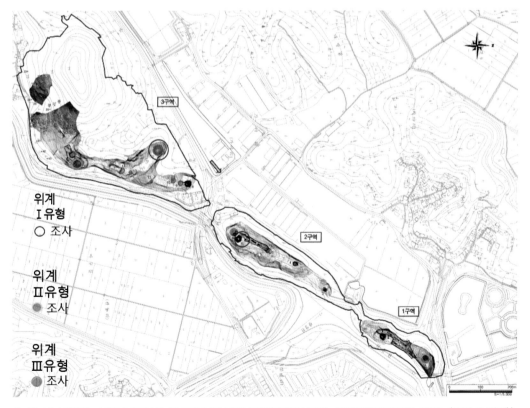

〈그림 11〉 남문외고분군 봉토분의 위계별 입지 변화 양상(위쪽이 동쪽, 삼강문화재연구원, 2021. 〈그림 11 개변〉)

고암반대를 조성한 것으로 확인된 말이산 13호분, 말이산 6호분, 말이산 25호분이 있고, 말이산 4호분, 말이산 8호분 및 최근 조사된 말이산 75호분도 지형이 낮은 쪽에 고암반대를 조성하였을 가능성이 있다. 남문외 1·6호분에서도 고암반대가 조성되고 있어, 말이산고분군 축조기술이 남문외고분군까지 연결되고 있다.

고암반대의 범위를 볼 때 Ⅱ기의 말이산 13호분은 타원형, 말이산 6호분은 주구를 기준으로 할 때 역타원형을 띠는 등 주변 지형에 맞게 불규칙적으로 조성되었다. 말이산 21호분도 봉토 장단비가 1.73:1로 말이산고분군 내에서 가장 긴 타원형을 띤다. 3기의 말이산 25·26·35호분은 원형에 가깝다. 남문외 6·11호분, 남문외 6호분도 원형에 가깝다. 말이산고분군에서는 타원형을 의도하면서 주변 지형의 영향을 받아 불규칙적으로 조성되다가, 점차 원형에 가깝게 변화하는 것으로 추정된다. 남문외 6호분 매장주체부 바닥에서 확인된 장방형의 수혈은 봉토분을 원형으로 설계하기 위한 시설이 있었을 가능성도 있다.

말이산고분군의 두향은 북향 또는 북서향, 남문외고분군의 두향은 서향이다. 바닥시설은 천석을 전면에 깔았다. 남문외 6호분은 입구부 부장공간에 판석을 깔았다. 말이산고분군의 수혈식석곽은 벽면을 수직으로 조성하였고, 목가구시설이 설치되었다. 말이산 13호분은 벽석 사이 점토채움과 벽석 표면에 주를 발랐다. 말이산 13·26호분은 벽석 최상단과 개석 사이에 각재를, 말이산 25호분은 점토를 놓았다. 개석은 12매~15매가 이용되고, 남문외 11호분은 7~9매, 연도부는 2매를 덮었다.

말이산고분군, 남문외고분군에서 조사된 횡혈식석실묘는 모두 중앙 연도부를 가진다. 남문외 6호분은 현실 입구에 문지방석을 설치하였다. 남문외 11호분 묘도부에 벽면을 따라 목주를 세운 흔적이 확인된다. 복개 후 밀봉은 개석 틈에 할석을 놓고 점토를 덮었는데, 말이산 25·26호분은 밀봉 점토를 덮지 않았다. 순장자는 직교 또는 사선으로 5명을 배치하다가 Ⅲ기가 되면 4명(21호분 제외)으로 바뀌고, 직교-평행하는 과도기적 형태(25호분)가 확인된다. 현재까지 말이산고분군에 조사된 가장 늦은 시기의 Ⅰ유형 봉토분인 35호분에서는 평행하게 2명을 배치하였다.

말이산 (문)47호분은 바닥시설을 볼 때 추가장을 했을 가능성이 있다. 남문외고분군의 횡혈식석실묘는 발굴조사에서는 추가장 여부가 확실치 않다.

토제에 의한 성토가 일반적이며 매장주체부 조성 이전 하부 봉토 성토 과정부터, 매장주체부 조성 후 상부봉토 성토에도 지속적으로 사용된다. 말이산 6·13호분에서는 토제 또는 구획석축렬 성토 시 구획된 성토 작업 종료 구간에 교호성토가 확인된다.

성토방법은 말이산 4·8호분이 봉토조사 자료가 남아 있지 않아 명확하지는 않지만, 말이산 13호분처럼 구획석축렬로 공간을 나누어 일정 높이까지 별도로 성토한 것으로 추정된다. 말이산 6호분 역시 석축렬의 평면조사가 진행되지 않았지만, 일부 토층에 석재와 흙으로 수직으로 구분된 구간이 확인되고 있어 구획석축렬이 이용된 것으로 판단된다. 다만 공정을 달리하면서 공간을 달리했던 것으로 추정된다. 성토재도 암반편, 석재, 사질토가 주로 이용되었다. 6호분에서는 구획표지석, 구획석렬과 함께 매장주체부 표시석도 확인된다.

Ⅲ기의 말이산 25·26호분은 구획방법과 성토재의 차이가 명확한데, 점토블록[20]을 다수 이용하고 구획석축렬도 사용하지 않았다.

남문외 6·11호분은 말이산 25·26호분 정도의 비중은 아니지만 사질토와 점토블록의 비중을 거의 비슷하게 하여 봉토를 축조하였다. 구획석렬이 일부 확인된다. 말이산 21호분은 봉토 성토 시 성토구간 강화를 위한 지정말목 흔적이 확인된다.

남문외의 횡혈식석실 단계가 되면 호석을 조성하였는데, 남문외 6호분은 2중으로 돌렸다.

매장의례의 흔적은 정지단계(말이산 25호분), 시신 부장단계(말이산 13호분 천문개석·수골), 고분 축조 완료 후(말이산 6호분, 남문외 6·11호분), 매장 이후 추정 제사의례(말이산 6·8호분, 남문외 1·6·11호분)가 있다.

2) 위계 Ⅱ유형

봉토 직경은 18~26m이고 주곽 면적은 수혈식석곽이 12.3~18㎡, 횡혈식석실이 7.8~8.28㎡이다. 부장공간은 3단 구성이다. 순장자는 3~4명이 직교하다가 점차 2명 평행으로 변화한다. 해당 고분과 시기를 보면 (Ⅱ기-5세기 후엽) 말이산 75·15호분 - (Ⅲ기-6세기 전엽) 말이산 22·101호분 - (Ⅳ기-6세기 중엽) 말이산 (문)47호분 및 남문외 7호분이 해당된다.

말이산 22호분과 말이산 101호분은 주변에 더 큰 봉토분이 위치한다. 말이산 75호분은

---

20)   말이산 25·26호분 점토블록 산지 분석 결과, 고분군 주변의 곡저평야 등의 하천 습지 기원의 퇴적층에서 채취되었을 것으로 판단되었다. 류춘길 외, 앞의 글, 2018.

고암반대를, 말이산 101호분은 고암반대와 눈썹형 주구가 함께 확인된다. 101호분은 묘광 양 단벽 중심을 초점으로 타원형을 그렸을 때 주구 내측과 비교적 일치하며, 특히 남동쪽과 북동쪽 곡률이 일부 일치한다. 매장주체부 규모와 분형, 묘역을 기획하였을 것으로 보인다. Ⅳ기의 말이산 (문)47호분, 남문외 7호분은 원형에 가깝게 변화한다. 횡혈식석실묘가 되면 봉토 외연에 호석이 설치된다.

바닥시설은 Ⅱ기는 천석, Ⅲ·Ⅳ기는 판석을 이용하였다. 말이산고분군 수혈식석곽묘의 개석은 10~13매이다.

말이산고분군 수혈식석곽묘는 기본적으로 토제에 의한 성토를 하였고, 101호분에서는 개석 상부에 매장주체부 표시석이 확인되었다. Ⅰ유형과 동일하게 '석재+사질토'로 성토재를 구성하다, Ⅲ기가 되면 점토블록의 비중이 증가한다.

3) 위계 Ⅲ유형

봉토 직경 9~17.6m이고, 면적은 11.4~6.1㎡이다. 부장 공간은 3공간으로 구성되었다. 129호분은 순장공간 없이 '유물부장공간 – 주피장자 안치공간 – 유물부장공간'으로 구성되어 위계가 낮은 양상을 보인다. 순장자는 2명을 사선 또는 평행하게 배치하였다. 해당 고분과 시기를 보면 (Ⅰ기-5세기 중엽) 말이산 57·128호분 – (Ⅱ기-5세기 후엽) 말이산 86·129호분 – (Ⅲ기-6세기 전엽) 말이산 100호분 및 남문외 1호분 – (Ⅳ기-6세기 중엽) 남문외 15호분이 해당된다.

말이산고분군의 경우 주변에 보다 큰 봉토분이 위치하며 경사면에 입지하는데, 남문외고분군은 능선 상에 입지하며, 특히 남문외 1호분은 봉토와 매장주체부 규모가 작아 위계가 낮음에도 불구하고, 능선 정부에 단독으로 조성되어 탁월한 입지를 보인다.

눈썹형 주구를 가진 것이 4기가 확인되는데 역시 타원형 작도 원리에 따라 묘역 조성 과정에서부터 기획된 것으로 추정된다. 양 장벽부의 주구 내측선 곡률이 타원형 곡률과 일부 일치한다. 말이산 100호분은 위계 Ⅰ유형의 말이산 6호분, 위계 Ⅱ유형의 말이산 101호분과 동일하게 지형이 높은 쪽은 주구를, 지형이 낮은 쪽은 고암반대를 함께 조성하였다.

바닥시설은 천석과 판석이 혼용되며, 대체로 1·2기는 주피장자 안치공간에만 시설되다가, 3기 이후 공간 전면에 시설한다. 말이산고분군 수혈식석곽묘의 개석 수는 10매 내외이다. 봉토가 많이 남아 있지 않지만, 위계 Ⅰ·Ⅱ유형과 동일하게 토제를 사용하며,

성토재는 '암반편·사질토 → 점토블록'으로 변화한다. 남문외 1호분은 두터운 정지층, 매장주체부 바닥을 정지층 그대로 사용, 고분 주변으로 단절형 수혈 배치 등 이질적인 축조기법 요소가 나타난다.

2. 타 가야권역 및 신라권역 봉토분과 비교 검토

1) 입지와 경관

말이산고분군은 현재까지 발굴조사를 통해 목관묘(기원전 1세기 전반~기원후 2세기 전반)부터 목곽묘(3세기 후반~5세기 중반), 수혈식석곽묘(5세기 중반~6세기 전반), 횡혈식석실묘(6세기 전반~6세기 중반) 등이 조성되었다. 또 청동기시대 지석묘도 고분군과 주변으로 분포하고 있다. 이를 볼 때 청동기시대부터 아라가야 멸망 전까지 약 1,000여 년에 이르는 오랜 기간동안 무덤이 만들어졌고, 피장자의 위계를 보이는 위세품이 출토되기 시작하는 목관묘 단계부터, 안야국-아라가야의 지배집단 묘역으로 이용된 사실이 확인되었다.

단 6세기대 횡혈식석실 단계에서는 최고 지배 계층의 묘역이 인근 남문외고분군으로 이동한다.

타 가야권 및 신라권과 비교해보면, 합천 삼가고분군은 4세기부터 7세기까지 목곽묘, 수혈식석곽묘, 횡혈식석실묘가 조성되었고 소가야권에서 가장 오랜 기간동안 가장 많은 봉토분이 조성되었다. 금관가야의 김해 대성동고분군은 3세기부터 5세기까지 목곽묘, 수혈식석곽묘를 조성하였고, 부산 복천동고분군은 4세기부터 6세기까지 목곽묘, 수혈식석곽묘를 조성하였다. 다라국의 고지로 알려진 합천 옥전고분군은 4세기부터 6세기 까지 조성된다. 목곽묘, 석곽묘, 횡구식석실묘, 횡혈식석실묘가 점진적으로 조성되었다.

또 대가야의 고령 지산동고분군, 비화가야권의 창녕 계성고분군 및 교동과 송현동고분군 및 부산의 연산동고분군 등은 5세기부터 봉토분이 갑작스럽게 조성되면서 6세기까지 조성되었다. 소가야권의 고성 송학동고분군도 6세기를 전후한 시점에 갑작스럽게 축조되었다. 신라의 중심 고분군인 경주 대릉원 일원은 4세기부터 6세기까지 목곽묘, 적석목곽묘, 횡혈식석실묘가 축조되었다. 이렇듯 말이산고분군은 고대 고분군 중 유래가 없을 정도로 하나의 구릉에서 오랜 기간 동안 고분군을 조성하였다.

앞서 살펴본 바와 같이 5세기 중엽 이후 말이산고분군의 주능선과 가지능선 상에 일정한 간격으로 대형분들이 축조되고 있어 강력한 지배자의 존재와 안정적인 권력 지속성을 보여주는 자료로, 고령 지산동고분군과 유사한 모습을 보인다.

특히 고암반대를 봉토분 축조에 적극 활용함으로써 보는 사람으로 하여금 권위감과 경외감을 주었을 것으로 보인다. 가야고분군 중 대표적인 고령 지산동고분군과 창녕 교동과 송현동고분군이 비교적 높은 고저차를 가진 산의 사면에 조성된 것과 달리, 4km 가량 길게 뻗은 나지막한 구릉 전체가 거대한 신전과 같은 느낌을 주었을 것으로 보여, 체감되는 웅장함은 훨씬 높았을 것으로 생각된다.

2) 분형과 외표시설

말이산고분군의 봉토분은 타원형에서 원형으로 변화하며, 남문외고분군의 봉토분은 원형에 가깝게 조성하였다. 2000년대 이전, 전면적인 봉토조사가 되지 않아 분형에 대한 인식이 없었지만, 2000년 이후 말이산 6호분 조사부터 시작되어, 21·100·101·13호분 등 조사를 통해 1·2기 중심으로 대형 봉토분이 타원형을 띠는 것이 확인되었다.

심현철은 경주 시내의 적석목곽묘를 분석하면서 30m 미만은 묘광의 양단벽 끝점을 초점으로 하여 기획하고, 30~60m 급은 적석부 가장자리를, 70m 이상은 적석부 범위를 벗어난 곳에 초점을 기획하여 조성하였다고 하였다(〈그림 12〉).[21]

이를 말이산고분군에 적용해보면 대형분과 중소형분에서 다르게 확인되는데, 대형분은 타원형 작도 시 범위가 일치하지 않는다. 다만 곡률의 형태가 비슷한 점은 확인된다.

반면 중소형분 중 눈썹형 주구를 가진 것은 타원형 작도 시 범위도 대체로 일치하며, 주구 양단부의 곡률도 비교적 일치하고 있다(〈그림 13〉).

이를 볼 때 말이산고분군에서도 경주 적석목곽묘처럼 묘광 기획 단계에서 목주, 끈 등을 이용해서 분형을 기획했을 가능성을 제시하고자 한다. 이에 대한 근거로 남문외 1·6호분에서 보이는 매장주체부 중앙에 목주(〈그림 14〉), 수혈(〈그림 15〉)의 존재이다.

남문외 1호분은 두터운 정지층을 바닥으로 이용하여 매장주체부를 조성하여 지상식이고, 남문외 6호분 역시 지상식이다. 따라서 매장주체부 축조 단계에서 고분 중심을 설

21)   심현철, 「신라 적석목곽묘의 분형과 봉분설계원리」, 『한국고고학보』 100, 2018.

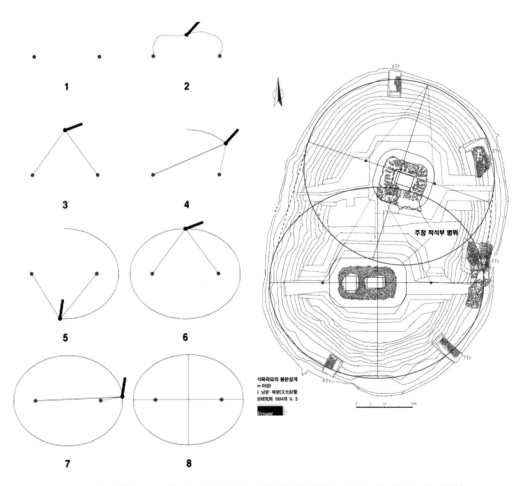

〈그림 12〉 타원형 작도 원리 및 황남대총 적용 사례(심현철, 2018, 〈그림 8·11 전재〉)

정하여 목주 등으로 표시하고 고분 범위를 기획한 흔적으로 판단된다. 따라서 이전 말이 산고분군 봉토분 축조에도 이러한 분형 기획과 설정이 있었을 가능성이 높다. 말이산고 분군에서 남문외 1·6호분과 같은 흔적이 확인되지 않는 것은 묘광이 지하식으로 굴착되 기 때문에 분형 설계 시 흔적이 묘광 굴착으로 인해 없어졌을 것으로 판단된다.

지형적 요인에 영향을 덜 받고, 비교적 분형 설계와 표시가 용이했을 것으로 보이는 중소형분에서과 달리 말이산고분군이 위치한 길고 좁게 형성된 구릉의 특성 상 대형분 에서는 분형 설계에 많은 장애가 있었을 것으로 생각된다. 그러나 중소형분의 눈썹형 주 구에서 보이듯, 말이산고분군의 봉토분 분형을 타원형으로 의도했을 가능성은 매우 높 다고 하겠다.

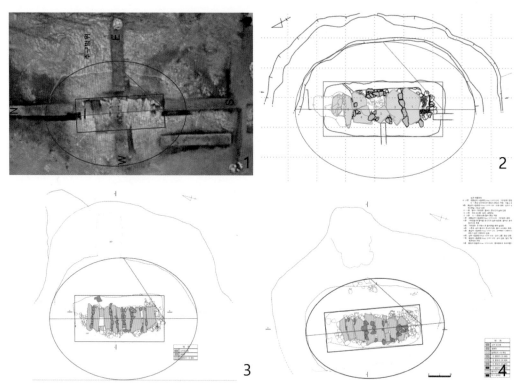

〈그림 13〉 말이산고분군 봉토분 타원형 작도 원리 적용
(1-100호분, 2-129호분, 3-57호분, 4-128호분)(발굴조사보고서 전재, 축척 무시)

〈그림 14〉 남문외 1호분 매장주체부 중앙 목주(발굴보고서에서 전제)

　　경주와 함안 이외에, 부산 연산동고분군에서도 타원형의 봉토분이 조성되는데 말이
산고분군의 대형 봉토분과 마찬가지로 지형적인 요인이 영향을 주었던 것으로 보이며,
타원형 작도 원리에서 벗어나고 있음이 확인된다.

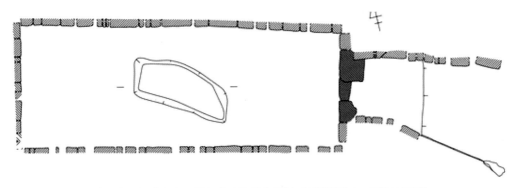

〈그림 15〉 남문외 6호분 매장주체부 중앙 수혈(발굴보고서에서 전제)

한편 남문외 1호분의 경우 고암반대 주변으로 여러 기의 수혈유구가 고분과 나란하게 조성되어 있다. 수혈유구는 단절되어 일주하는 양상을 보인다. 이와 비슷한 양상이 소가야권 봉토분에서 보이는데 통영 남평리 10호분과 고성 율대리 2호분은 한쪽을 튼 단절형 주구를, 고성 송학동고분군과 고성 내산리고분군은 3군데 이상 단절된 부분을 가지는 잠형주구를 가진다. 송학동 1호분, 기월리 1호분, 내산리 1호분에서 확인되었다. 잠형주구는 해남 용두리고분, 해남 장고봉고분, 함평 신덕고분, 함평 중랑고분, 나주 신촌리 9호분, 영암 자라봉고분 등에서는 영산강유역에서 다수 확인된다(〈그림 16〉).

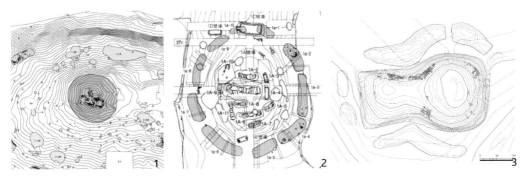

〈그림 16〉 아라가야 봉토분 주구 및 유사 사례
(1: 남문외 1호분, 2: 송학동 1A호분, 3: 용두리고분)(발굴보고서에서 전재, 축척 무시)

남문외 1호분의 수혈유구를 소가야권과 영산강유역의 주구와 연결시키기는 많은 무리가 있지만, 두터운 정지층을 쌓은 뒤 이를 되파고 매장주체부를 만드는 방식, 내부에 소가야계 유물이 출토되는 점을 볼 때 관련성이 있을 가능성도 없지 않다.

〈그림 17〉 고암반대 조성 양상(1~3: 말이산 13호분, 4~5: 말이산 25호분, 6: 지산동 518호분)

다음은 고암반대이다. 아라가야 고분 축조기법의 주요 특징으로 고분의 고대화가 가장 큰 기능이었다고 생각된다. 재료와 노동력이 많이 소요되는 성토 대신, 암반을 깎아 성토와 같은 효과를 낸 것으로 보여 가성비를 극대화한 효율적인 토목기술로 평가할 수 있다. 또 호석, 주구와 같이 봉토의 외표 역할을 하여, 봉토 유실 방지와 축조 후 관리에도 활용되었을 것이다. 이에 더해 고암반대를 조성하면서 채취된 석재를 상부봉토 축조에 이용했을 것으로 보여, 성토재료 확보에도 기여했던 것으로 보인다. 말이산 13호분(〈그림 17-1·2〉)의 경우 개석 밀봉 후 상부봉토 축조 시 길이 11.5m, 높이 2.5m의 북쪽 구획석축렬 및 길이 10.3m, 높이 2.3m의 남쪽 구획석축렬 등 많은 양의 석재가 봉토 성토에 이용된다. 실제 발굴조사에서 상부봉토에 사용된 석재를 별도로 적재(〈그림 17-3〉)하여 체적 계산을 해보니 북반부 성토량의 약 33%가 석재로 이루어진 것으로 밝혀졌다.[22] 앞서도 언급했지만 이렇게 많은 성토재의 적재공간, 작업효율, 시신 안치 시 매장의례 환경 등을 고려해보면 매장주체부 밀봉 이후 본격적인 고암반대를 조성한 것으로 보는 것이 타당하다. 말이산 6호분 주변에 조성된 넓은 주구 역시 같은 맥락으로 이해된다.

한편 말이산 25호분의 경우에는 고암반대가 조성되었지만, 봉토 성토 시 고암반대 조성 시 확보된 암반편을 사용하지 않았다.(〈그림 17-4·5〉) 이 경우, 고분 축조 마지막 공정에서 고암반대 조성이 이루어졌을 것으로 보여, 말이산 13호분과는 다른 양상으로 판단되지만, 본격적인 성토 공정 이후인 점은 동일하다. 가야권 및 신라에서 고암반대와 유

22)   동아시아문화재연구원, 『함안 말이산고분군 13호분과 주변 고분』(상), 2021, 75쪽.

사한 축조기법이 확인된 곳은 고령 지산동고분군으로 73호분, 518호분에서 호석 주변으로 일부 암반을 깎은 흔적(〈그림 17-6〉)이 나타났다. '삭토기법'으로 표현하기도 하였다.

3) 매장주체부 축조기법

말이산 13호분(〈그림 18-1〉)과 25호분(〈그림 18-3〉)의 벽석 최상단과 개석 사이 각재 흔적은 창녕 교동과 송현동 Ⅱ군 63호분, 부산 연산동 M3호분(〈그림 18 - 6〉)에서 확인된 바 있다. 말이산 13호분의 벽석 또는 벽석 간 채움토 표면에 있는 주(朱)의 흔적(〈그림 18-2〉)은 가야권에서 다수 확인된다. 삼가 가-24호분은 '주'는 아니지만, 이질적인 적갈색 점질토를 벽면과 최상단 상면에 발랐는데 말이산 13호분과 유사한 느낌을 준다.(〈그림 18-4·5〉)

〈그림 18〉 매장주체부 축조기법 (1·2: 말이산 13호분, 3: 말이산 25호분, 4·5: 삼가 가-24호분, 6: 연산동 M3호분) (발굴조사보고서에서 전재)

과거 감실, 들보시설로 불렸던 목가구시설은 무른 점판암계 개석의 붕괴를 방지하기 위한 아라가야인의 독특한 축조기법으로 볼 수 있다. 또 129호분에서 보이는 석가구시설은 축조기법을 보완·발전하면서 지속했음을 보여주는 자료이다. 함안 지역 외에 아라가야의 목가구시설이 확인된 곳은 합천 삼가 가-24호분이 현재로서는 유일하다(〈그림 19〉).

한편 용도와 기능, 계통이 달랐을 것으로 보이나, '보'와 '도리'의 기능이 적용된 횡혈식석실묘는 평안남도 순천 천왕지신총, 일본 와카야마현 이와세센즈카고분군에서 확인된다. 또 송학동 1B호분에서는 벽면에 목붕을 설치했던 흔적이 확인되었다(〈그림 20〉).

〈그림 19〉 매장주체부 목·석가구시설 (1: 말이산 13호분, 2: 말이산 86호분, 3: 말이산 57호분,
4·5: 말이산 128호분, 6: 삼가 가-24호분) (발굴조사보고서에서 전재)

〈그림 20〉 석가구시설 유사 사례(1: 천왕지신총, 2: 이와세센즈카 미야야마 A67호, 3: 송학동 1B호분)
(1·3: 발굴보고서·자료집에서 전재, 2: 필자 촬영)

4) 봉토 성토기법

가야 및 신라지역 봉토분은 매장주체부 조성 후 상부봉토 축조 시 대체로 공간을 나누어 성토하는데 그 경계에 석렬이나 점토블록을 놓고 양쪽을 함께 쌓아 올리는 것이 일반적이다. 그래서 봉토의 단면 조사 시 교호성토 양상이 확인된다.

말이산 13호분에서 확인된 성토기법은 이와 전혀 다른 개념으로, 봉토의 반분을 일정 높이까지 먼저 쌓고, 나머지 반분을 쌓는 기법이다. 작업의 시작점에 돌을 놓고 성토하여 시작점인 고분 중앙에는 마치 축대와 같은 석축열이 만들어지는 것이다. 그래서 단면 조사 시, 수직 또는 내경하게 쌓여있는 석축면이 확인되는 것이다. 말이산 6·8호분에서도 이 기법을 적용하여 성토했을 것으로 보이며, 말이산 25·26호분에서는 구획석축렬은 적용되지 않았지만 반부별로 분할해서 성토하는 기법은 동일하게 확인된다. 가야·신라권의 교호성토와 대비되는 자료이다.

축대와 같은 석축렬의 형태가 봉토 축조에 이용된 경우는 합천 삼가 가-24호분, 창녕 계성 5호분, 의성 대리리 2-B호분에서 확인된다(〈그림 21〉). 대리리 2-B호분은 정연하게 면을 맞춘 석축렬이 확인되는데, 이를 기준으로 성토하였을 것으로 보인다. 이 석축렬 외에 낮은 높이의 석렬 또는 석축렬도 함께 존재하고 있어 석축 안쪽으로 작업 시 공간 분할을 하여 함께 쌓아 올린 것으로 판단된다.

〈그림 21〉 봉토 성토기법(1: 말이산 13호분, 2: 대리리 2-B호분, 3: 삼가 가-24호분, 4: 계성 5호분)
(1·3·4: 발굴조사보고서에서 전재, 2: 경상북도문화재연구원, 2012, 51쪽 도면 8 개변)

계성 북5호분은 봉토 내 조잡하게 쌓여진 방사상 석축렬이 12기 확인된다. 면을 맞추거나 열이 정연하지 않아 말이산 13호분과 같이 축대처럼 유지하는 형태는 아닐 것으로 보이며, 성토와 동시 또는 먼저 골격처럼 만든 후 성토하였을 것으로 판단된다. 후자의 경우라면 성토방법과 관련된 것이기 보다는 봉토의 무너짐을 방지하기 위한 일종의 '철근' 역할을 수행했을 것으로 판단된다.

말이산 13호분과 가장 유사한 석축렬의 형태는 삼가 가–24호분에서 확인된다. 한쪽 반분은 13호분과 마찬가지로 석축렬로 구분하여 일정 높이까지 조성하였다. 평면조사가 되지 않아 명확하지는 않지만 나머지 반분은 점토블록렬을 일정 높이까지 조성하면서 성토한 것으로 보인다. 말이산 13호분과 마찬가지로 작은 석재편과 암반편으로 두 구획렬 내부를 채웠다.

반부 분할 성토와는 차이가 있지만 창녕 교동과 송현동 Ⅱ군 63호분에서는 상부봉토를 입구부 공간과 그 외 공간으로 'U'자상 구획하여 공정을 달리하여 쌓았는데, 역시 후축한 곳은 풍화암반편이 다량 혼입된 사질토를 채웠다. 1차 성토 후 열려진 공간이 매장 입구부와 일치하고 있어, 의례의 가능성이 있다. 봉토 토층도를 통해 교동과 송현동 Ⅱ군 1호분도 동일한 양상이 확인된다(〈그림 22〉).

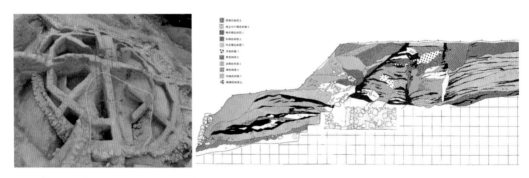

〈그림 22〉 봉토 분할 성토 사례(좌: 교동·송현동 Ⅱ군 63호분, 우: 교동·송현동 Ⅱ군 1호분)
(좌: 국립가야문화재연구소 2019 개변, 우: 발굴조사보고서에서 전재)

다음은 대부분의 봉토분에서 보이는 토제기법이다. 토제가 이용된 구조물은 풍납토성이 대표적이며, 가야권과 마한권에서도 확인되고 있다. 일본에서도 4세기부터 7세기까지 전방후원분 축조에 널리 활용되었다. 삼국시대 봉토분 축조에서 이용된 사례 중 말이산고분군처럼 대부분의 봉토분에서 확인되는 경우는 드물다. 또 말이산고분군에서는

2차례 이상에 걸쳐 토제를 반복적으로 사용하는 양상도 다른 권역 고분에서 잘 보이지 않는다(〈그림 23〉).

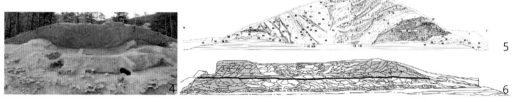

〈그림 23〉 토제 성토기법(1: 말이산 13호분, 2: 말이산 25호분, 3: 교동 · 송현동 1군 7호분, 4: 지산동 73호분,
5: 임당 E-1호분, 5: 오사카 모즈오츠카야마 1호분)(1~5: 발굴조사보고서에서 전재, 6: 靑木敬 2003 전재)

고령 지산동 73호분의 경우 묘광 굴착한 흙을 1차 토제로 조성하고, 그 위 상부성토의 기저부에 2차 토제를 조성하고 있어 말이산고분군과 유사하다. 창녕 교동과 송현동 Ⅰ군 12호분, 경주 쪽샘 44호분 등 적석목곽묘에서도 묘광 굴착토를 매장주체부 주변에 토제 형태로 조성한 양상이 확인되고 있어 주목된다(〈그림 24〉).[23]

〈그림 24〉 1차 토제 조성 사례(1 · 2: 지산동 73호분, 3: 교동 · 송현동 1군 12호분, 4: 쪽샘 44호분)
(1~3: 발굴조사보고서에서 전재, 4: 필자 촬영)

5) 매장의례

5~6세기 가야권 봉토분에서 제단이 확인되는 경우는 드문데, 남문외고분군에서는 6·11호부에서 확인되었다. 호석(또는 외호석) 외면과 함께 고분 축조 이후에도 노출되었

23)   정인태, 「대구·창녕 적석목곽묘 사례 검토」, 『적석목곽묘로 본 신라의 기원과 성장』(1권-유적발
표), 2021.

을 것으로 보이며 매장 이후 제사의례와 관련된 적극적인 자료로 판단된다. 고령 지산동 75호분에서도 호석에 접하여 제단으로 추정되는 석축시설이 확인된 바 있다.

또 말이산 6·8호분, 남문외 1호분에서 보이는 다수의 주혈군을 매장의례 또는 제사의 례와 관련한 고상식 또는 굴립주 건물 등의 존재 가능성을 높여 주며, 충의공원에서 확인 된 대형 굴립주 건물의 존재를 볼 때도 그 가능성을 높여준다고 할 수 있다(〈그림 25〉).

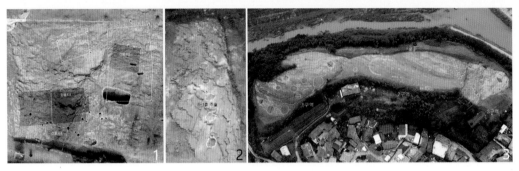

〈그림 25〉 아라가야 제의 관련 시설(1: 말이산 6호분, 2: 남문외 1호분, 3: 충의공원 부지 내 유적)

이렇듯 말이산고분군의 대형봉토분은 축조 과정과 축조 이후에도 다양한 의례를 통해, 최고 지배자의 강성한 권력을 집단 내·외 사람들에게 과시하고자 했던 것으로 이해할 수 있다.

한편 말이산 13호분의 천문개석은 시신과 부장품 안치 후 개석을 덮는 과정에서 천문과 관련된 매장의례의 모습을 엿볼 수 있는 자료이다. 아라가야 최고 통치자의 무덤일 가능성이 매우 높은 말이산 13호분은 한반도 고대 국가 또는 유력집단에서 '천문'이 가지는 의미를 보여주는 중요한 자료이다.

3. 아라가야 봉토분 축조기술의 우수성

최근 활발하게 조사가 이루어진 마산 현동유적과 일본 카시하라 신도유적에서는 4세기를 중심으로 하는 많은 양의 아라가야양식 토기가 출토되었다. 또 신라의 최고 지배집단의 묘역인 대릉원 일원의 월성로 가-6호, 쪽샘 L17호 목곽묘 및 4~5세기 걸쳐 남해안과 남원, 천안까지 아라가야양식 토기가 분포하고 있다. 최근 말이산 75호분에서 출

토된 중국제 청자 및 말이산 4·13호분 출토 직호문 녹각제장식, 말이산 13호분 출토 삼
각판혁철판갑 등 왜계 유물도 모두 5세기 후반으로 편년되고 있어. 이를 통해 많은 학자
들이 아라가야의 최전성기를 5세기 후반으로 보고 있다. 6세기 이후 고분에서 출토 토기
중 비중이 증가하는 소가야양식, 대가야양식을 근거로 세력이 점차 약해지면서 6세기
중반 이후 신라에 복속되는 것으로 논의되는 것이 일반적이다.

그렇다면 고분 축조기술로 보는 아라가야의 모습은 어떠할까?

함안 말이산고분군에서 5세기 전반에 조성된 마갑총과 45호분은 고대화된 성토 봉토
는 없지만, 고암반대 조성, 내부에 봉황문 금동관, 각종 상형토기가 출토되어 아라가야
최고 지배층의 권력이 강화되었음을 반증하고 있다. 이후 최고 지배자의 무덤으로 보이
는 봉토분이 일정 간격으로 시기차를 두고 조성되는 것으로 보아 강력한 권력이 안정적
으로 지속되는 것을 보여준다.

봉토분이 조성되는 시기는 앞서 살펴본 바와 같이 고암반대, 반부 분할 성토, 구획석
축렬, 목가구시설 등 다양하고 수준높은 아라가야만의 독특한 토목기술력을 보여주고
있다. 또 5~6세기 조성·운용된 인근 가야리토성, 안곡산성에서도 목주시설, 토석 혼용
축조기술 등 봉토분에서 적용된 토목기술이 광범위하게 확인되고 있어, 체계적인 토목
공사 시스템을 구축하고 있었던 것으로 이해할 수 있다.[24]

6세기 이후 말이산 25·26호분에서는 다량의 암반편과 석재를 이용하여 성토하는 기
법에서 나아가 다량의 점토블록으로 성토한 모습이 확인되었다(〈그림 26〉). 아라가야 봉
토분 축조 Ⅲ기에 해당하는 다수의 봉토분에서도 나타나고 있어, 봉토분 축조기술의 중

〈그림 26〉 말이산고분군 봉토 성토재(1: 4호분, 2: 21호분, 3: 35호분)

---

24) 최경규는 풍납토성에서 보이는 '토제'가 5세기 후반 함안의 고분, 성곽, 제방에서 보이는 점을 근
거로 선진토목기술을 받아들여 적용하고 가장 강력한 국가적 역량을 발휘하는 시기가 5세기 후반
으로 보고 있다. 최경규, 앞의 글, 2019.

요한 변화가 일어났음을 알 수 있다. 암반편에서 확보되는 사질제의 성토제와 달리, 점토
블록을 채취, 가공, 운반, 성토과정은 훨씬 복잡하고 고도화하였던 것으로 추정된다.

소가야권의 중심 고분군인 삼가고분군에서도 6세기 전엽경 최고 위계의 봉토분으로
알려진 합천 삼가 가-24호분(직경 26.8m)의 발굴조사가 2018~19년 걸쳐 실시되었다.
삼가 가-24호분에서는 토제 성토기법, 구획석축렬, 반부 분할 성토, 목가구시설, 최상
단벽석 주변 점토 채움 등 말이산고분군에서 보이는 아라가야 고분 축조기법이 다양하
게 적용되었다.[25] 단순히 위세품이나 토기가 교섭·교류를 통해 부장되는 것과는 다른 차
원으로, 아라가야가 주변 집단에 정치적으로 많은 영향을 준 사실을 반증하는 중요한 자
료이다. 6세기 대가야 묘제와 고분 축조기술이 남원, 장수지역까지 확대되는데, 아라가
야 역시 고도의 토목기술력으로 주변으로 그 세력을 확대해 나간 것으로 이해할 수 있다
(〈그림 27〉).

최고 지배계층의 무덤이 남문외고분군으로 옮겨간 6세기 전반 이후에도, 남문외 6호
분에서 보이듯 25m에 달하는 거대한 규모의 석실, 고암반대 조성 및 석재와 점토블록을
적절히 배합한 성토기법 등 재지적 성토기법을 계승하면서, 내경하는 석실 벽석을 조성
하기 위한 보강석렬, 점토접착기법 등 새로운 축조기술도 등장한다. 6세기 중엽경 봉토
분에서 고분 외연에 제단이 조성되는 현상도, 앞 시기 추정 굴립주 건물 등 의례와 관련
된 시설과도 연결되는 자료가 될 수 있어 주목된다.

이렇듯 아라가야의 봉토분 축조기술은 6세기 중엽까지도 발전하면서 주변 고분 축조
에도 영향을 주고 있음을 알 수 있어, 정치적으로 쇠퇴한다는 의견은 동의하기 어렵다.

한편 6세기 전엽, 아직 말이산고분군에 대형 봉토분이 조성되는 시기에, 남문외 1호
분이 탁월한 입지에 조성되는데, 분구묘적 축조방식, 단절형 수혈의 존재와 함께 소가야
계 유물이 출토되고 있어 주목된다. 매장주체부에서 출토된 수평구연호는 형태상 송학
동 1B호분, 저부 정면기법은 내산리 63호분 5곽과 유사하다.

---

25)   필자의 졸고에서, 삼가 가-24호분이 아라가야 축조기법의 영향을 받았을 가능성을 언급한 바 있
    다. 상기 축조기술과 함께 삼가고분군 축조Ⅱ기에 해당하는 Ⅱ지구 M4-3호 석곽, Ⅱ지구 M8-2호
    석곽에서 아라가야 유개고배가, Ⅱ지구 M7-2호분의 소환두대도와 Ⅰ지구 M2-1호 석곽, Ⅰ지구
    M4-1호 석곽에서 출토된 유자이기가 아라가야 출토품과 유사한 점도 근거로 하였다(정인태, 「고
    분 축조기법과 매장의례를 통해 본 소가야권 고분군 축조집단의 성격 -대형 봉토분과 분구묘를
    중심으로-」, 『문물연구』 38, 2020). 또 여창현은 삼가고분군 출토 유자이기(조형장철판의기)가 아
    라가야 최고집단과의 직접적인 교류나 친연성의 상징물로 볼 수 있다고 지적하였다(여창현, 「부장
    유물로 본 4~6세기 합천 삼가고분군 축조집단의 특징과 변천」, 『영남고고학』 87, 2020).

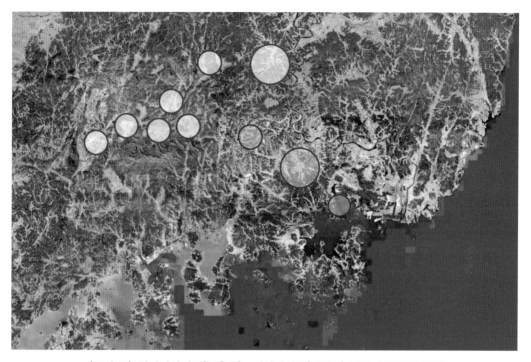

〈그림 27〉 아라가야양식(붉은색) · 대가야양식(파란색) 고분 축조기법 범위

함안의 중심부에 다른 지역의 고분의 영향을 받은 양상이 확인되는 것은 남문외 1호분이 최초이다. 5~6세기 함안 주변으로 마산 대평리 M1호분, 거제 장목고분, 의령 중동리 1호분, 의령 경산리 1호분 등 왜계고분이 조성되는 것과 대조적이다. 하지만 남문외 1호분에서 고암반대 조성, 점토블록을 이용한 성토 등 아라가야의 재지적 축조기술도 함께 보이고 있어, 남문외 1호분의 피장자와 축조기술에 대해 단언하기 어렵다. 분명한 점은 함안 남문외고분군이 6세기 복잡한 가야의 정세를 규명할 수 있는 열쇠라는 점이다.

V. 맺음말

그동안 소위 '후기가야'로 일컬어지는 5~6세기의 가야 고분은 대가야 중심으로 논의되어 온 것이 사실이다. 최근 가야고분 세계유산 등재에 발맞추어 활발한 조사와 연구가 진행되고 있는 아라가야 고분은 기존에 알지 못했던 수준 높은 축조기법과, 다양한 매장 의례의 모습이 확인되고 있다.

특히 소가야권의 중심 고분군인 삼가고분군 내에서 최고 위계를 가진 봉토분 중 하나인 합천 삼가 가-24호분이 아라가야의 고분 축조기술로 조성되었다는 점은 당시 아라가야의 위상을 보여주는 중요한 자료이다.

남문외고분군에서는 6세기 중엽 이후 아라가야의 멸망 직전까지도 가야권에서도 월등한 위계를 보여주는 횡혈식석실이 조성되고 새로운 고분 축조기술도 보이는 점에서, 아라가야가 한국 고대사에서 차지한 비중이 높았음을 반증하는 자료라고 할 수 있다. 앞으로 남문외고분군의 조사 자료 증가를 기대한다.

끝으로 말이산 13·25·26호분은 삼국시대 봉토분 조사에 있어 최고의 수준을 보여준 조사이다. 특히 2열 이상 횡둑 설정, 축조공정의 역순으로 봉토의 전면 해체 평면조사 등이 실시되었고, 발굴보고서에는 횡둑의 토층 전개도를 수록하고, 모든 둑에 대한 사진 자료를 수록함으로써, 봉토 축조공정과 공정별 축조기법에 대한 2차원적 해석에서 3차원적 해석을 가능하게 하였다.

【참고문헌】

경남발전연구원 역사문화센터, 『아라가야유적 정밀지표조사 학술용역 −함안 남문외고분군·전 안라왕궁지 정밀지표조사−』, 2013.

경남발전연구원 역사문화센터, 『함안 남문외고분군 11호분』, 2017b.

경남발전연구원 역사문화센터, 『함안 말이산 100·101호분』, 2016.

경남발전연구원 역사문화센터, 『함안 말이산 21호분』, 2017a.

경남발전연구원 역사문화센터, 『함안 말이산고분군 정밀 지표조사 학술용역』, 2014.

경남연구원 역사문화센터, 「창녕 계성 5호분」, 2019b.

경남연구원 역사문화센터, 「함안 말이산고분군 75호분 발굴조사 약보고서」, 2022.

경남연구원 역사문화센터, 「함안 말이산고분군 75호분 발굴조사 현장공개회 자료」, 2021.

경남연구원 역사문화센터, 「합천 삼가고분군 24호분 문화재 발굴(정밀)조사 약식보고서」, 2019a.

경상문화재연구원, 『함안 말이산 고분군 57·128호분, 석1호묘』, 2020.

경상북도문화재연구원, 『의성대리리2호분Ⅰ−A봉토−』, 2012.

국립가야문화재연구소, 「2019년 창녕 교동과 송현동고분군 발굴조사 현장설명회 자료집」, 2019.

국립가야문화재연구소, 『고령 지산동고분군 −518호분 발굴조사보고서−』, 2016.

국립가야문화재연구소, 『창녕 송현동고분군Ⅰ −6·7호분 발굴조사보고−』, 2011.

국립광주박물관, 『해남 용두리고분』, 2011.

국립김해박물관, 『함안 말이산 4호분(구 34호분)』, 2017.

국립나주문화재연구소, 『영남 옥야리 방대형고분Ⅱ −제1호분 발굴조사보고서[분구]』, 2014.

국립창원문화재연구소, 『함안 도항리고분군Ⅲ』, 2000.

국립창원문화재연구소, 『함안 도항리고분군Ⅳ』, 2001.

국립창원문화재연구소, 『함안 도항리고분군Ⅴ』, 2004.

국립창원문화재연구소, 『함안 암각화고분』, 1996.

권오영, 「고대 성토구조물의 성토방식과 재료에 대한 시론」, 『한강고고』 5, 2011.

김수환, 「말이산 25·26호분으로 본 아라가야의 순장」, 『함안 말이산고분군 제25·26호분』, 우리 문화재연구원, 2018.

김정완, 「함안권역 도질토기의 편년과 분포변화」, 『가야고고학논총3』, 가락국사적개발연구원, 2000.

대동문화재연구원, 『고령 지산동 제73~75호분』, 2012.

동아대학교박물관, 『고성송학동고분군』, 2005.

동아대학교박물관, 『창녕교동고분군』, 1992.

동아세아문화재연구원, 『함안 도항리 6호분』, 2008.

동아세아문화재연구원, 『함안 말이산고분군 13호분과 주변 고분』(상)·(하), 2021.

동아세아문화재연구원, 『함안 충의공원 조성부지내 문화유적 발굴조사 보고서』, 2006.

류춘길 외, 「말이산고분군 제25·26호분의 축조기술에 대한 토목고고학적 연구」, 『함안 말이산
    고분군 제25·26호분』, 우리문화재연구원, 2018.

류춘길, 「함안 도항리 6호분 축조기술에 대한 지질공학적 연구」, 『함안 도항리 6호분』, 동아세아
    문화재연구원, 2008.

박미정, 「Ⅴ.고찰 - 도항리·말산리고분군 봉토고분 축조방법 시론」, 『함안 도항리 6호분』, 동아
    세아문화재연구원, 2008.

박승규, 「가야토기 양식 연구」, 동의대학교 대학원 박사학위논문, 2010.

부산박물관, 『연산동 M3호분 - 연산동 고총고분군 2차 조사-』, 2014.

삼강문화재연구원, 「함안 남문외고분군 정비사업부지(1구역) 내 매장문화재 시·발굴조사 약식
    보고서」, 2021a.

삼강문화재연구원, 『함안 남문외고분군 - 6·7·15호분 및 2구역 시·발굴조사 보고서-』,
    2021b.

서영민·여창현, 「함안 말이산고분군 목가구 설치분묘 재검토」, 『고고광장』 10, 2012.

심현철, 「신라 적석목곽묘의 분형과 봉분설계원리」, 『한국고고학보』 100, 2018.

여창현, 「부장유물로 본 4~6세기 합천 삼가고분군 축조집단의 특징과 변천」, 『영남고고학』 87,
    2020.

영남대학교박물관, 『경산 임당지역 고분군 Ⅴ-조영 EⅠ호분』, 2000.

우리문화재연구원, 「함안 말이산고분군 5호분 주변부 일대 일대 문화재 입회조사결과서」, 2017.

우리문화재연구원, 『창녕 교동과 송현동 고분군 제1군 7호분 및 주변 고분』, 2014.

우리문화재연구원, 『함안 말이산고분군 제25·26호분』, 2018.

우지남, 「함안지역 출토 도질토기」, 『함안 남문외 고분군 - 6·7·15호분 및 2구역 시·발굴조사
    보고서』, 2021.

이주헌, 「아라가야에 대한 고고학적 검토」, 『가야각국사의 재구성』, 혜안, 2000.

정인태, 「고분 축조기법과 매장의례를 통해 본 소가야권 고분군 축조집단의 성격 - 대형 봉토분
    과 분구묘를 중심으로-」, 『문물연구』 38, 2020.

정인태, 「대구·창녕 적석목곽묘 사례 검토」, 『적석목곽묘로 본 신라의 기원과 성장』(1권-유적 발표), 2021.

중앙문화재연구원, 『고구려의 고분 문화 1 -한반도-』, 진인진, 2013.

靑木敬, 『古墳築造の硏究』, 六一書房, 2003.

최경규, 「아라가야 토목구조물의 기술적 특징과 그 의미」, 『문물연구』 36, 2019.

하승철, 「유물을 통해 본 아라가야와 왜의 교섭」, 『중앙고고연구』 25, 2018.

5-6세기 호남 동부지역 가야세력의 정치적 향방

박천수 | 경북대학교 고고인류학과 교수

Ⅰ. 머리말

호남 동부지역은 호남정맥에 의해 자연지형상 영산강유역에 형성된 서쪽 해안의 평야지대와는 뚜렷하게 구분되는 산악지대로서 전라좌도로 불린 곳이다.

이 지역은 험준한 산간분지에 위치하고 있으나, 섬진강수계와 금강수계를 통하여 바다와 내륙을 남북으로 연결하는 교통의 요충지이다.

1982년 남원 월산리고분군 발굴에 의해 이 지역이 가야권역에 속하였음이 밝혀졌다(〈그림 1〉). 더욱이 2005년 순천 운평리고분군의 발굴조사에 의해 호남 동부지역 전역이 5세기 이후 가야권역에 속하는 것으로 확인되었다.

근래 이 지역의 독자성을 강조하는 전북가야론이 제기되었으며, 종래 고령의 가야(加羅)로 보아온 반파(伴跛)를 장수지역에 비정하고 가야의 중심세력이 이곳을 중심으로 할거(割據)한 것으로 주장하고 있다.

본고에서는 먼저 고고자료를 통하여 전북가야론에 대해 검토하고자 한다.

나아가 시기별 호남 동부지역 세력과 영남지방 가야세력과의 관계망 변화와 그 정치적 향방에 대하여 논하고자 한다.

〈그림 1〉 남원 월산리고분군과 1호분(상)과 월산리고분군 좌부터 6, 4, 5호분(하)

Ⅱ. 호남 동부지역 가야세력에 대한 諸 논의

『일본서기(日本書紀)』계체(繼體)기에 보이는 소위 임나사현(任那四縣)에 대해 스에마쓰 야스카즈[末松保和](1949)는 그 위치를 영산강유역 등으로 비정하였으나, 전영래[1]는 순천, 광양, 여수지역을 임나사현의 사타(娑陀), 모루(牟婁), 다리(哆唎)로 비정하였으며, 이 설에 의해 임나사현과 기문(己汶), 대사(帶沙)지역이 가야지역에 속한 것으로 밝혀졌다.

임나사현과 기문, 대사에 대해 백제와 대가야의 분쟁지역인 점에서 그 위치는 양자간의 국경에 해당하는 지역으로 본다. 그래서 임나사현은 영산강유역에 위치한 것으로 보기 어렵다. 왜냐하면 백제가 임나사현에 대한 공략을 개시하는 시기가 512년, 기문, 대사에 진출을 시도하는 시기가 513년인 점에서, 양자는 일련의 사건으로 상호 근접한 지역으로 파악되기 때문이다. 따라서 문헌비정시 이론(異論)이 거의 없는 대사 즉 하동을 중심으로 양자가 비정되어야 할 것이다. 또 임나사현의 영유기사에는 대가야의 관련이 보이지 않으나, 백제가 대가야의 영역인 기문, 대사지역을 공략하는 것에서 이와 연계된 임나사현은 전자와 같이 원래 대가야의 권역이었던 지역으로 추정된다. 왜냐하면 임나라는 명칭은 왜(倭)가 가야지역을 지칭할 때 사용된 점에서도 그러하다. 특히 임나사현의 다리와 기문이 대가야의 권역을 나타내는 우륵12곡의 달이(達己)와 상(上), 하기물(下奇物)로 각각 비정[2]되는 것도 이를 방증한다.

더욱이 한성기 후반에 조영된 백제산 위신재를 부장한 고흥군 안동고분이 확인됨으로서 백제의 영향력이 이 지역에까지 미친 것으로 파악되어, 그때까지 백제영역에 속하지 않았던 임나사현은 고흥반도의 이동(以東)에 위치한 것이 분명해졌다. 따라서 6세기 전엽을 전후한 시기 백제의 남동쪽 국경은 노령산맥으로 볼 수 없고 고락산성이 조영되는 여수, 검단산성이 조영되는 순천, 마로산성이 조영되는 광양지역으로 파악된다.

己汶의 위치에 대해서는 남원동부-운봉고원[3], 남원서부-임실[4], 김재홍은 상기문(장

---

1) 全榮來, 「百濟南方境域의 變遷」, 『千寬宇先生還曆記念한국사학논총』, 정음문화사, 1985, 146쪽.

2) 김태식, 『미완의 문명 7백년 가야사』 1·2·3, 푸른역사, 2002, 262~263쪽.

3) 곽장근, 「호남동부지역의 석곽묘연구」, 전북대학교 박사학위논문, 전북대학교, 1999.

4) 김태식, 『가야연맹사』, 일조각, 1993; 김태식, 『미완의 문명 7백년 가야사』 1·2·3, 푸른역사, 2002; 박천수 외, 『高靈池山洞44號墳-大伽耶王陵-』, 慶北大學校考古人類學科·慶北大學校博物館·大加耶博物館, 2009.

수), 중기문(임실), 하기문(운봉)으로 비정하였다.[5]

　곽장근은 기문의 위치를 섬진강수계에 속한 것으로 보지 않았는데, 그 이유로는 섬진강 수계권에서 가야계 중대형 고총이 발견되지 않은 것을 들며 기문이 남강수계에 위치한다고 보았다. 또한 기문에 대하여 남원 월산리와 두락리고분군을 중심으로 장수 삼봉리·동촌리고분군, 함양 상백리고분군·백천리고분군, 산청 중촌리고분군, 합천 봉계리고분군의 중대형 고총에서 봉토 호석시설이 보이지 않는 점, 고령양식과 소가야양식이 혼재된 토기 부장양상을 보이는 점, 임천강을 중심으로 하나의 분포권을 형성하는 점을 들어 남원 월산리·두락리를 중심으로 남강 중류역을 포괄하는 영역 국가로 파악하였다.[6]

　고원지대에 위치하는 남원 아영지역은 호남북부지역 최대의 고총군인 월산리와 두락리고분군이 위치한다. 한편 인접한 운봉분지에는 매요리고분군, 임리고분군, 권포리고분군, 신기리고분군, 장교리고분군 등이 분포하지만 모두 소규모 고분군이다. 그래서 아영분지의 세력이 두 분지를 통합한 것으로 판단한다.[7]

　기문의 위치를 남강수계권으로 본 것은 고고자료로 볼 때 타당한 의견이라고 생각한다. 그러나 남원 월산리와 두락리고분군과 주변의 고총은 공통점도 보이지만 차이점도 많다는 점에 주목할 필요가 있다.

　먼저 이 고분군들은 같은 수계에 속하지만 지형상으로 독립된 단위일 가능성이 크다고 생각된다. 즉 남원 월산리와 두락리고분군이 위치한 아영분지, 함양 백천리고분군이 위치한 함양분지, 산청 생초고분군이 위치한 생초분지는 지형상으로 뚜렷하게 구분된다. 아영지역에서 제작된 대가야양식의 평저 유개장경호와 같은 토기가 유통되지 않고, 각 지역에서 독자적으로 대가야양식 토기가 제작된 것에서 그러하다. 그리고 고령양식과 소가야양식이 혼재된 토기 부장양상은 5세기 중엽 전후의 시기적 지역적인 특징으로 보고자한다. 또 함양 백천리고분군과 산청 생초고분군에서는 남원 월산리고분군에서 보이지 않는 부곽이 확인되는 점에서도 차이를 보인다. 또한 함양 백천리고분군과 장수 삼봉리고분군에서는 남원 월산리와 두락리고분군에서 보이지 않는 순장이 확인되었다. 또 고분군의 규모에서는 남원 두락리고분군의 탁월성은 인정되나, 산청 생초고분군의 규모

5) 김재홍, 「전북동부지역 백제, 신라의 지역지배」, 『한국상고사학보』 78, 한국상고사학회, 2012.
6) 곽장근, 「호남동부지역의 가야세력과 그 성장과정」, 『호남고고학보』 20, 호남고고학회, 2004.
7) 박천수, 「정치체의 상호관계로 본 대가야왕권」, 『加耶諸国의 王権』, 인제대학교가야문화연구소, 1995.

와 장대한 수혈식석곽으로 볼 때 양자간 상하관계를 설정하기 어렵다.

따라서 남강중유역의 제(諸)정치체는 남원 두락리고분군 조영세력을 중심으로 여러 분지의 정치체가 하나의 단위로서 결집된 것으로 볼 수 없고, 대가야와 각각 개별적인 상하 관계하에 놓여있었던 것으로 상정할 수 있다. 그리고 아영지역의 중심이 월산리고분군 주변에서 두락리고분군 주변으로 변화하는 과정에서 대가야의 정치적 개입이 상정되는 것에서, 두락리고분군의 규모의 탁월성은 역시 이곳이 가진 전략적 위치에 대한 대가야의 관심과 후원을 반영하는 것으로 본다.

최근 호남동부 전북지역의 가야고분이 활발하게 조사되고 조명되면서, 이 지역의 고총, 산성과 봉수, 철생산에 주목하여 전북가야론이 대두되었다. 전북가야론은 기존의 대가야권역으로 보아온 이 지역[8]의 정치체를 백제와 대가야 사이에 위치한 독자적인 가야인 장수가야, 운봉가야로 설정하였다.[9]

더욱이 곽장근은 양직공도(梁職貢圖)와 『일본서기』 계체기(繼體紀) 7, 8, 9년조에 보이는 즉 종래 대가야(加羅)로 보아온 반파(伴跛)를 장수지역에 비정하고 이를 '장수가야'라 칭하고 다음과 같이 주장하였다. 즉 『일본서기』에 반파는 봉후를 이용하여 백제와 3년 전쟁을 치른 가야국으로 등장한다. 전북 동부지역은 고려 말의 봉수선로가 계승하여 조선 초기에 정비된 5봉수로의 직봉과 간봉이 통과하지 않는다. 그럼에도 불구하고 현재까지 전북 동부지역에서 110여 개소의 봉화가 확인된다. 모두 여덟 갈래 봉화로가 복원됐는데, 모든 봉화로의 최종 종착지가 장수군 장계분지이다. 임실 봉화산과 장수 봉화봉 발굴에서 반파국 분묘유적 출토품과 동일한 반파국에서 제작한 가야토기가 출토되었다. 장수군 장계면 삼봉리에 추정 왕궁터와 장수군 일원에 240여 기의 가야 중대형 고총이 밀집 분포되어 있다. 반파국 봉후제와 관련하여 문헌에서 요구하는 필수 조건을 장수군에 지역적인 기반을 둔 가야세력이 대부분 충족시켰다고 주장한다.

그리고 강력한 가야국으로 등장하는 반파국의 정체성은 봉후이며, 가야 봉화는 반파국의 아이콘이다. 1990년대 가야 봉화가 발견되지 않은 상황에서 경북 고령군에 도읍을 둔 대가야를 반파국으로 비정한 견해가 정설이나, 그럼에도 불구하고, 백두대간 산줄기 동쪽 영남지방에서는 가야 봉화가 발견되지 않아 그 위치에 대한 논의가 필요하다고 주

---

8)　박천수, 위의 논문, 인제대학교가야문화연구소, 1995.
9)　곽장근, 「전북동부지역 가야와 백제의 역학관계」, 『호남동부지역의 가야와 백제』, 호남고고학회, 2010.

장하였다.

전북 가야의 영역 설정은 가야 봉화망에 그 근거를 두었으며, 봉수에 대하여 산봉우리의 정상부에는 대체로 할석으로 장방형의 단을 만들고 돌로 쌓은 석성을 한 바퀴 둘렀는데, 돌로 연대를 쌓고 그 위에 연조를 설치했던 조선시대 봉수와는 큰 차이를 보인다. 유물은 적갈색 연질토기편과 거친 승석문이 시문된 회청색경질토기 편만 출토되며, 토기류는 장수 삼봉리·동촌리 등 가야계 고총의 출토품과 상통한다고 보았다. 또한 장수 가야의 실체에 대해서는 200여 기의 가야계 중대형 고총이 장수군에 밀집 분포된 점과 더불어 제철유적을 강조하며, 봉수의 역할도 장수군 제철유적을 방어하는 데 목적을 두고 배치된 것으로 주장하였다.[10]

이도학도 반파는 가라와는 별개의 나라로 보아야 하며 전북 장수지역의 고고학적 자료와 『일본서기』 계체기의 '봉후저각(烽候邸閣)' 기사를 연계시켜 반파를 장수지역으로 다음과 같이 비정하였다. 즉 전북가야의 존재를 보여주는 것은 봉화대이며 110여 곳에 이르는 봉화체계는 동으로 함양과 연결되는 육십령과 치재 이남, 서로는 금남정맥과 호남정맥, 남으로는 임실을 넘어 순창 방면과 백두대간 운봉 이남 구례, 북으로는 충청남도 금산과 논산 이남 및 익산 동쪽까지 미치고 있다. 봉화의 종착지는 정치적 중심지인 동시에 봉화를 운영하는 주체이기도 하며, 이를 장수지역으로 보았다.

한편 가야의 거점인 고령에도 망산성(망산 봉수)·의봉산성(이부로산 봉수)·봉화산성(말웅덕산 봉수)·미숭산성(미숭산 봉수) 안에서 봉수지가 확인되었으나, 이러한 봉수지는 모두 조선시대인 점에서 반파 고령설은 거론할 가치가 없다고 주장하였다. 오히려 전라북도 지역 봉화 체계 내의 세력은 단일한 정치 세력에 속했음을 반증한다. 이와 관련하여 봉화를 조밀하게 배치하여 침탈을 막고자 한 실체는 제철(製鐵)이었다. 기문의 땅'에서 반파국은 신라와 더불어 끊임없이 다투어 전쟁을 벌였으며, 이는 반파국과 신라, 兩大 제철왕국 간의 패권 경쟁이었다. 그리고 장수 장계분지에 소재한 반파국은 경제 수로이기도 한 섬진강 하구의 다사진 항구에 대한 지배권을 놓고 백제=왜와 대립하였다. 결국 무력 충돌로 번진 이 전쟁에서 반파국의 존재는 『일본서기』에 존재를 드러냈다. 즉 『일본서기』 계체기의 반파가 자탄(子呑)·대사(帶沙)에 성을 쌓아 만해(滿奚)에 연결하고 봉후(烽候)와 저각(邸閣)을 두어 일본에 대비했다. 또 이열비(爾列比)·마수비(麻須比)에

10)   곽장근, 「삼국시대 가야 봉화망과 반파국 비정」, 『전북학연구』 2, 전북연구원, 2020.

성을 쌓고, 마차해(麻且奚)·추봉(推封)에 연결하였다는 기사에 대해, 대사(帶沙)는 섬진강 하구인 하동이며, 자탄은 반파국이 왜군의 침공 예상로에 축성한 것이므로 종래 내륙의 거창이나 진주로 본 견해는 타당하지 않다고 보았다. 이곳은 섬진강 하구를 비롯한 그 연변 지역으로 전야산군(轉也山郡)이라 불리었던 남해도(南海島)로 보고 반파국의 영향력이 섬진강 수계 전체를 넘어 남해안 수로까지 미쳤다고 주장하였다.

그러나 이 전쟁에서 반파는 궁극적으로 백제에 패하였다. 반파의 지배층 일부는 가야로 넘어간 후 이제는 가야의 입장에서 다사진에 대한 지배권을 탈환하고자 했다. 이로 인해 반파를 가야와 동일시하는 착오가 생겼다고 주장하였다.[11]

그러나 장수지역을 다음과 같은 이유로 반파로 볼 수 없다.

첫째, 그 중심지에 해당하는 장수군 장계면 삼봉리고분군은 규모와 부장품으로 볼 때, 가야 수장묘 가운데 최하위 위계의 고분인 점에서 가야후기의 대국인 반파로 볼 수 없다.

둘째, 장수지역의 대부분의 산성을 축조기법과 출토 유물로 볼 때 가야시기로 볼 수 없다.

셋째, 봉수 역시 축조기법과 출토 유물로 볼 때 가야시기로 볼 수 없으며, 봉수로의 경우 반파가 각축전을 펼친 섬진강 하구로부터 연결되지 않았기 때문이다.

넷째, 장수지역을 문헌사료에서 반파로 볼 수 있는 논거가 없다

III. 호남 동부지역 가야 유적 유물

1. 남원

섬진강 수계의 고원지대에 위치하는 남원 아영지역은 호남 동부지역 최대의 고총군인 청계리, 월산리와 두락리고분군이 위치한다. 한편 인접한 운봉분지에는 매요리고분군, 임리고분군, 권포리고분군, 신기리고분군, 장교리고분군 등이 분포하지만 모두 소규모 고분군이다. 그래서 아영분지의 세력이 두 분지를 통합한 것으로 판단한다.[12]

---

11)   이도학, 「가야사 연구의 쟁점과 반파국」, 『전북학연구』 2, 전북연구원, 2020.
12)   박천수, 「정치체의 상호관계로 본 대가야왕권」, 『加耶諸国의 王権』, 인제대학교가야문화연구소, 1995.

〈그림 2〉 남원 청계리고분군 출토 유물

1) 청계리고분군

청계리고분군은 아영분지 중앙의 풍천을 경계로 서쪽에는 월산리고분군이 분포하고, 동쪽에는 유곡리와 두락리고분군이 위치한다.

청계리1~3호석곽은 길이 31m, 폭 20m 타원형의 분구내에 축조되었다. 2호는 중앙에 위치하는 주곽이며 길이 5.4m, 폭 1.6m, 높이 1.3m이다. 3호는 그에 직교하여 북쪽에 T자형으로 설치된 부곽이다. 1호는 2호분 남쪽에 추가로 축조되었으며, 길이 5.7m, 폭 1.15m, 높이 1.65m이다.

2호석 출토 수레바퀴장식 각배는 함안 말이산4호분 출토품과 유사하며, 원형 투공이 있는 통형기대도 아라가야양식이다. 발형기대는 김해지역에 유례가 보이며, 무개식고배와 열쇄구멍형 투창이 있는 통형기대는 창녕 동리고분군과 계남리고분군에 유례가 있어 비화가야양식으로 파악된다. 3호석곽의 개(盖)는 무문으로 소가야양식으로 보인다.

1호석곽에서는 3점의 발형기대 가운데 아치형투창의 발형기대와 유개식장경호는 대가야양식으로 고령지역에서 제작된 것이다. 2호석곽은 무개식고배와 원형 투공이 있는 통형기대로 볼 때 5세기 전엽, 1호석곽은 아치형투창의 발형기대로 볼 때 5세기 중엽으로 편년된다.

따라서 청계리고분군 축조 집단은 월산리고분군 축조 이전 시기의 아영지역 수장층으로 5세기 전엽 아라가야, 비화가야, 소가야와 교섭하였으며, 5세기 중엽부터 대가야와 교섭을 개시한 것으로 볼 수 있다.

2) 월산리고분군

월산리고분군은 구릉 정상부에 위치한 봉토분 10여 기와 주위 경사면에 소형묘 100여 기로 구성되어 있었다.

5세기 중엽에 조영된 M1호분은 직경 19m이며, 잔존 높이는 약 3.2m이다. 매장주체부는 석곽 1기를 중심으로 6기의 중소형 석곽이 순차적으로 조성되어 다곽분으로 판단된다. 고분에서 유개장경호, 광구호, 개, 발형기대, 고배, 금은상감 환두대도, 철모, 갑주 등의 철기류, 등자, 재갈 등의 마구류 등이 확인되었다. 이는 소가야양식 발형기대가 유존하는 가운데 대가야 양식 발형기대가 출현하고, 내만타원형경판비를 비롯한 대가야산 마구와 종장판주, 축소모형철기와 같은 대가야와 관련된 부장품이 출토되어 이 시기

〈그림 3〉 남원 월산리M5호분 출토 유물

대가야의 진출을 보여준다.

　5세기 후엽에 조영된 월산리 M5호분은 직경 20m 내외, 높이 5m 내외이며, 매장주체부는 세장방형의 석곽 1기이다. 부장품은 북단벽쪽에서 청자계수호, 초두, 발형기대, 유개장경호, 대부호, 단경호, 개 등이 출토되었으며, 남단벽 쪽에서는 단경호, 발형기대, 소형기대, 기꽂이, 갑주, 등자, 재갈 등이 출토되었다.

　월산리 M5호분에서 출토된 금제 수식부이식과 토기류와 복발부주, 찰갑편 등의 갑주류는 고령지역산으로, 이 지역 수장층과 대가야 간의 관계를 살펴볼 수 있다. 또 고분에서 출토된 청자계수호와 초두는 고분이 5세기 후엽으로 편년되고 있는 점에서 479년 대가야의 남제 견사 기록과 관련해서 주목되며, 견사 직후 대가야 왕권에 의해 월산리 수장층에게 사여되었을 가능성이 높다.

　남원군 월산리M1-A곽의 복발부주에서 보이는 복발을 종장지판(縱長地板)과 결합하는 타원형의 중간금구는 복발과 종장지판을 그대로 연접해서 엮었던 복발부주에서는 볼수 없는 것이다. 같은 형식이 월산리M5호분에서도 출토되었다.

　이 금구는 관모계주(冠帽系冑)의 관모상복발(冠帽狀伏鉢)과 소찰(小札) 또는 종장지판을 연결하는 중간 금구로 발전한다. 오구라[小倉] 반출의 전(傳) 경상남도 출토품은 폭이 넓은 종장지판에 이 중간금구를 가진 복발부주로 전형적인 대가야형 주로 본다. 그리고 관모계 주와 그 계열의 것으로 생각되는 돌기부주(突起附冑)는 복발부주를 개량한 것이다. 합천군 옥전M3호분·반계제가A호분 출토 소찰과 폭이 넓은 방형지판을 가진 관모계주는 같은 형식의 금동제 주가 고성군 송학동1호분A-호묘에서 출토되었다. 돌기부주는 오구라 반출의 전(傳) 창녕 출토품이 있다.

　폭이 넓은 종장지판을 가진 복발부주와 관모계주는 신라와 백제의 형식과 분명하게 구분되고 고령군 지산동518호분에서 출토된 점, 대가야양식의 토기 금공품과 공반되는 점에서 고령지역에서 제작된 대가야형 주로 설정할 수 있다.

　남원군 월산리고분군 출토 복발부주는 고령에서 제작되어 이입된 것으로 보이며, 공반한 경갑(頸甲)도 지판의 형태가 주와 동일한 점에서 같이 제작된 것으로 볼 수 있다.

　월산리M5, 6호분 출토 4점의 금제 수식부이식은 사슬형 연결금구와 공구체형 중간식을 가지며 수하식이 삼익형인 전형적인 대가야형 이식으로 고령지역에서 제작된 것이다. 장수 봉서리고분군 출토품도 6세기의 대가야 이식이다.

3) 두락리고분군

두락리고분군은 연비산에서 아영분지의 중심부까지 뻗어 내린 능선의 정상부를 중심으로 분구 직경 20m 내외 40여 기의 고총으로 구성된 호남동부지역 최대의 고분이다.

5세기 말에 조영된 대형분인 남원 두락리32호분은 직경 21m의 봉토분으로 주곽과 부곽이 좌우로 병렬되게 배치되었으며, 길이는 주곽 7.5m, 부곽 5.1m의 규모이다. 주곽에서는 중국산 의자손수대경(宜子孫獸帶鏡)과 백제산 금동제 식리(飾履)가 부장되었으며, 부곽에서는 고령지역산 발형기대가 13점 출토되었다. 이 고분은 규모와 부장품으로 볼 때 두락리고분군의 최고 위계의 수장묘로 판단된다.

6세기 전엽에 조영된 두락리30호분은 직경 24m, 잔존 높이 4m 의 봉토분으로 주곽과 부곽이 좌우로 병렬되게 배치되었다. 부장품은 초미금구를 포함하여 관정, 꺾쇠, 철부, 철촉, 사행상철기 등의 철기류와 유개장경호, 유개단경호, 발형기대, 통형기대 등의 토기류가 확인되었다. 부장품은 대가야 양식의 발형기대와 장경호 등이며 단경호에서 남해안에서 이입된 우럭조개와 피뿔고둥이 출토되었다.

6세기 중엽에 조영된 두락리36호분은 직경 20.8m, 남북 3m 동서 2.4m 높이 2.8m의 석실과 길이 2.1m 폭 1m에 좌편재식 연도를 갖추고 있다. 현실의 천장은 내경하여 1매의 판석으로 덮었으며 판석으로 입구를 폐쇄하였다. 두락리36호분은 고아동 벽화고분과 합천 저포리 D지구 1-1호 석실에서 확인되는 횡혈식석실묘와 축조 기법 및 구조에서 공통점이 보인다(〈그림 4〉).

고령 고아동벽화고분　　　　　남원 두락리36호분　　　　　합천 저포리D1-1호분

〈그림 4〉 남원 두락리2호분 석실의 계통

2.장수

금강수계의 장수지역은 장수분지와 장계분지로 구성되며 전자에는 동촌리고분군, 후자에는 삼봉리고분군이 위치한다.

1) 삼봉리고분군

삼봉리고분군은 해발 850.9m 백화산에서 북서쪽으로 내려와 장계천에 접하는 능선 정상부에 입지한다. 현재 40여 기의 고총이 분포하고 있으며, 구릉의 정상부와 돌출부에 직경 20m 내외의 대형분이 3기 확인되고, 정상부를 따라 직경 10~15m의 중형분 18기, 그 주변으로 소형분이 자리한다.

6세기 초에 조영된 삼봉리3호분은 직경 26.0m, 높이 5.0m 분구에 주곽을 중심으로 주변에 2기의 수혈식석곽묘가 배치된 구조이다. 고분에서는 장경호, 단경호, 기대, 배 등의 토기류와 꺾쇠, 재갈, 철촉, 금제이식 등이 출토되었다. 삼봉리3호분은 장수지역 고총가운데 분구와 주곽의 규모가 가장 크다.

6세기 전엽에 조영된 삼봉리1호분은 직경 21m의 분구에 길이 4.6, 폭 0.9m의 주곽을 중심으로 2기의 석곽묘가 배치된 구조이다. 대가야양식 장경호와 철모, 철도 등이 출토되었다.

삼봉리2호분은 직경 19.8m, 높이는 약 3.4m의 분구에 매장주체부는 수혈식석곽인 주곽을 중심으로 2기의 석곽묘와 2기의 목곽묘가 배치된 구조이다. 부장품은 유개장경호, 단경호, 심발형토기 등의 토기류와 등자, 재갈 등의 마구류, 대도, 철촉, 철모, 철부 등의 무기류 등이 출토되었다.

2) 동촌리고분군

동촌리고분군은 금강 상류 지역인 장수분지의 동남쪽에 위치하며, 마봉산에서 북서쪽으로 내려오는 지맥을 따라 형성된 해발 500m 내외의 구릉 정상부에 80여 기의 고분이 입지한다. 직경 20m의 대형분 2기와 10~15m 내외의 중형분이 정상부를 따라 일정 간격을 두고 축조되었다.

5세기 말에 조영된 동촌리28호분은 이 고분군 내에서 22기의 고분이 밀집한 2번째 구릉의 중심 고분이다. 분구의 규모는 남북 20m, 동서 15m, 잔존높이 4m이다.

매장주체부는 봉분 중앙부의 주곽과 그 동쪽에 병렬하는 2호 석곽이 확인되었다. 1호석곽은 길이 5m, 폭 1m, 높이 1.7m이다. 2호석곽은 길이 2.2m, 폭 0.66m, 높이 0.84m이다.

1호석곽의 부장품은 장경호 등의 토기류와 금제 소환이식, 대도, 금동제 시통(矢筒)과 내만타원형경판비, 철모, 철겸, 철부 등 철기류가 출토되었다. 2호석곽에서는 은제 수식부이식 1쌍과 도자 1점, 철촉, 단경호 등이 출토되었다. 2호석곽은 배치, 규모와 동시에 축조된 것으로 볼 때 순장곽으로 판단된다.

이 고분에서는 위신재인 고령지역산 금제 은제 이식과 금동제 시통, 마구, 토기가 부장되어 이 지역에 미친 대가야의 영향력을 알 수 있다. 이 고분은 규모와 부장품으로 볼 때 동촌리고분군의 최고 위계의 수장묘로 판단된다.

6세기 전엽에 조영된 동촌리1호분은 2번째 구릉의 동쪽에 인접하여 자리하고 있다. 봉분의 규모는 동서 16.7m, 남북 7.4m, 잔존 높이 2.1m이며 매장주체부는 주곽을 중심으로 주변에 2기의 수혈식석곽이 배치되었다. 부장품은 고령지역산 발형기대, 백제계 단경호, 대가야계 개(蓋) 등의 토기류와 말뼈, 편자가 출토되었다.

6세기 중엽에 조영된 동촌리1호분은 4번째 구릉의 동쪽에 인접하여 자리하고 있다. 봉분의 규모는 길이 14.0, 폭 12.0m, 잔존 높이 1.8m 내외이며 주석곽을 중심으로 3기의 석곽이 나란히 배치되었다. 부장품은 주곽과 주변 석곽에서 대가야계의 장경호, 파수부완, 개배. 백제산과 백제계 병 등의 토기류와 대도, 철도자, 금동제 이식이 출토되었다.

3. 순천

운평리고분군은 순천시 서면 운평리의 북동쪽 해발 271m의 매봉산에서 내려오는 능선상에 직경 10~20m, 높이 1~3m의 7기의 봉토분이 간격을 두고 축조되었다.

5세기 후엽에 조영된 운평리M1호분은 북쪽의 주능선에서 남쪽으로 뻗은 가지 능선상에 위치하고 있다. 봉분의 규모는 직경 약 9m, 높이 1m로 비교적 소형분이다. 매장주체부는 1기의 주곽을 포함하여 4기의 석곽묘가 확인되었으며 봉토를 굴착하고 석곽묘를 조성한 것으로 보아 추가장으로 파악된다. 봉분을 둘러싼 주구에서는 대호편들이 확인되고 있으며 주곽에서 단경호, 유개장경호, 기대, 고배 등의 토기류와 철기류가 출토되었다.

부장품은 5세기 후엽 전형적인 고령산 대가야양식 토기 또는 이를 모방한 현지 제작품으로, 대가야의 섬진강 수계 진출을 보여주는 중요한 자료이다. 또 인접한 M2호분과 비교하였을 때 봉분의 규모와 순장곽의 유무, 재지산 토기의 비율이 높은 점에서 M2호분 보다 하위 계급의 무덤으로 보이며 같은 고분군 내에서 위계차를 보여주는 자료라고 할 수 있다.

6세기 초에 조영된 운평리 M2호분은 M1호분의 북동쪽으로 약 4m 떨어진 지점에 위치한다. 분구의 규모는 직경 약 19m, 잔존 높이 1.48m이며 매장주체부는 장방형의 소가야계 횡혈식석실 1기와 순장 및 배장묘로 추정되는 석곽묘 12기가 확인되었다. 부장품

M1 주곽 후

M2 출토유물

M4 출토유물

운평리고분군 전경

〈그림 5〉 순천 운평리고분군

은 금제 수식부이식, 유자이기 등이 출토되었다.

운평리M2호분에서는 분구상에서 대가야 통형기대가 출토되었는데, 이는 고령 지산동 30호분, 32호분, 44호분, 합천 옥전M4호분, 반계제 다A, 가B호분, 남원 두락리1호분, 의령 경산리1호분 등에서도 출토되고 있어 대가야권과 동일한 제의행위를 공유하였음을 알 수 있다. 또 고분에서 출토된 금제이식은 남원 월산리 고분군, 장수 봉서리고분군과 곡성 방송리고분군 출토 금제 이식과 함께 대가야산 위신재가 섬진강 수계를 따라 남해안 일대까지 이입되었음을 보여준다. 또한 분구의 규모와 탁월한 입지조건, 순장 및 배장묘로 추정되는 12기의 석곽묘와 종합하였을 때 M2호분의 피장자는 대가야 중심 집단과 밀접한 관계의 운평리 일대 최고 수장층으로 판단된다(〈그림 5〉).

Ⅳ. 호남 동부지역 가야세력의 정치적 향방

1. 전북가야론에 대한 검토

앞에서 언급한 남원, 장수, 순천지역의 수장묘의 분석을 통하여 근래 제기된 전북가야론에 대하여 접근하고자 한다.

대가야권 고분은 순장자의 수, 석실의 규모, 분구의 규모, 장신구, 부장품(마구, 무기, 동완 등을 기준으로 5세기 말을 전후한 시기에 조영된 봉토분을 5등급으로 분류한다.[13]

제1등급 고분은 고령 지산동44호분을 표지로 한다. 이 등급은 지산동44호분유형(30인 내외, 1~4등급 순장자)의 순장자를 가진 것이 가장 큰 특징이다. 부장품 수납용 2기의 부곽(副槨)을 설치하고, 장신구나 부장품은 장식성이 높은 금동제 마구, 용·봉문대도, 장신구 조합, 금동제의 금속용기 등을 갖추고 있다. 또, 지산동44호분의 일본열도산 패제품이나 지산동45호분 왜경과 같은 외래의 위신재를 가진 것도 이 등급의 특징이다(〈그림 6〉).

제2등급 고분은 고령 지산동45호분을 표지로 한다. 이 등급은 순장자의 수가 줄어들고 신분이 낮은 지산동45유형의 순장자(10인 내외, 1~4등급 순장자)를 가진다. 1기의 부곽을 갖추며 부장품은 옥전M3호분 출토품을 볼 때 제1등급과 큰 차이를 보이지 않으

13)   박천수, 「고고학을 통해 본 대가야」, 『고고학을 통해 본 가야』, 한국고고학회, 2000.

〈그림 6〉 대가야 고분의 위계
상: 지산동 44호분(1등급), 중: 지산동518호분(3등급), 하: 본관동34호분(4등급)

나 외래의 위신재가 결락된 것이 다르다.

제3등급 고분은 고령 지산동518호분을 표지로 하며 1기의 부곽을 가진다. 이 등급은 분구의 상대적 규모와 산청 생초M13호분, 진주 수정봉2호분과 옥봉7호분의 장신구나 부장품의 조합을 참고해서 설정한다. 이 등급은 순장자의 수가 줄어들고 신분이 낮은 지산동518유형의 순장자(5인 내외, 3~4등급 순장자)를 가진다. 이 등급의 장신구나 부장품의 조합은 제4등급과 같지만 금동제 용·봉문대도와 동완이 포함된 점이 다르다. 또 분구의 규모도 제4등급보다 탁월하다.

제4등급 고분은 합천 반계제가A호분과 고령 본관동34호분을 표지로 한다. 이 등급은 북곽과 외래의 위신재를 가지지 않고 반계제유형(1인, 4등급 순장자)의 순장자를 가진 점이 특징이다. 장신구는 주로 장식이 있는 금제 수식부이식이 부장한다. 부장품에는 금동제 용·봉문대도와 동완이 결락되고 대신 은장환두대도 또는 금은상감환두대도를 가진다.

제5등급 고분은 합천 반계제가B호분을 표지로 한다. 이 등급에서는 순장이 행해지지 않는 점이 무엇보다도 가장 큰 특징이다. 부장품은 소환두대도와 장신구도 장식이 없는 금제의 소환이식만을 부장한다. 제4등급의 고분과 함께 조영된 경우 능선 정상부가 아닌 사면에 입지한다.

가야의 고분에서는 순장의 유무, 입지의 차이, 분구의 유무를 계층성 구분의 큰 기준으로 생각할 수 있다. 그래서 먼저, 지배와 예속관계를 나타내고 수장의 격절성을 상징하는 순장을 수장묘의 가장 중요한 조건으로 설정한다. 이와 같은 조건을 갖춘 것은 여기에서 설정한 위계 가운데 합천 봉산지역에서 확인된 바와 같이 순장이 행해진 제4등급까지의 고분이다. 그래서 능선의 정부에 중대형 분구를 가지고 입지하며 순장이 행해진 고분은 각 고분군이나 지역 고분군 중에서 가장 등급이 높은 수장묘로 파악된다.

따라서 여기에서는 임의로 제1등급을 최고수장, 제2등급을 대수장, 제3등급은 상위수장, 제4등급을 하위수장, 또 제5등급 이하는 중간층과 일반 성원층으로 각각 분류하고자 한다.

고령 지산동고분군에서는 제1등급의 최고수장묘를 비롯하여 제2-4등급의 수장묘가 존재한다.

합천 옥전고분군에서는 제2등급의 대수장묘를 비롯하여 제3-4등급의 수장묘가 존재한다.

산청 생초고분군에서는 제3등급의 상위수장묘를 비롯하여 제4등급의 수장묘가 존재한다.

〈그림 7〉 장수 동촌리고분군과 28호분

합천 반계제고분군에서는 제4등급의 하위수장묘만 존재한다.

먼저 반파로 비정하고 있는 장수지역의 고분군에 대해 논하고자 한다.

5세기 말에 조영된 동촌리28호분은 22기의 고분이 밀집한 2번째 구릉의 중심 고분으로 이 입지와 규모, 금동제 시통(矢筒) 등의 부장품으로 볼 때 이 지역의 최고 수장묘이다. 분구의 규모는 직경 20m, 주곽인 1호석곽은 길이 5m, 순장곽인 2호석곽은 길이 2.2m이다. 이 고분은 분구의 규모는 20m이나 자연 구릉을 가공하여 분구를 축조한 반지상식인 점과 1기의 순장곽만이 조영된 점이 주목된다. 더욱이 도굴되지 않은 1호석곽의 부장품의 구성이 위신재라고 보기 어려운 금제 소환이식과 위신재인 금동제 시통에 불과하다(〈그림 7〉).

그런데 5세기 말에 조영된 남원지역의 최고 수장묘인 두락리32호분은 분구의 규모가 직경 21m인 점은 유사하나 분구의 전체를 성토한 지하식인 점과 주부곽 구조인 점, 주곽의 길이 7.5m, 부곽 5.1m의 규모인 점에서 동촌리28호분과 차이를 보인다. 더욱이 이 고분은 도굴되었음에도 불구하고 주곽에서 중국산 의자손수대경(宜子孫獸帶鏡)과 백제산 금동제 식리(飾履)가 부장되었으며, 부곽에서 고령산 발형기대가 13점 출토되었다. 두락리32호분은 분구 성토 방식, 주부곽식 구조, 석곽의 규모, 부장품에서 동촌리28호분을 능가한다(〈그림 8〉).

그래서 동촌리28호분은 대가야권역의 수장묘가운데 제4등급의 고분에 해당한다. 그 외 조사된 동촌리와 삼봉리고분군에서도 두락리고분군을 능가하는 고분군은 존재하지 않는다.

반파의 최성기(最盛期)는 백제와 왜 나아가 신라와도 대립하여 전쟁을 치렀던 513년 ~515년까지였으며, 513년에 반파는 백제 영역이었던 기문을 습취하였다고 주장한다.[14] 그런데 이시기 반파의 중심지로 본 장수지역의 최고 수장묘는 대가야권 최하위인 4등급에 불과하며, 기문지역의 최고 수장묘인 두락리고분군의 수장묘는 이를 능가하는 3등급에 해당한다.

남원 두락리32호분은 주곽과 부곽이 좌우로 병렬되게 배치된 구조이며, 같은 시기에 축조된 고령 본관동36호분과 산청 생초M13호분과 동일한 축조 기획인 점이 주목된다.

고령 본관동36호분은 직경 20m 전후의 봉토분으로 주곽과 부곽이 좌우로 병렬되게 배치되었으며, 길이는 주곽 10m, 부곽 5.1m의 규모이다. 주곽은 대부분 도굴되었으며,

---

14)   이도학, 「가야사 연구의 쟁점과 반파국」, 『전북학연구』 2, 전북연구원, 2020.

〈그림 8〉 남원 두락리32호분과 출토 유물

부곽에서는 고령산 금제 수식부이식이 출토되었다.

　산청군 생초M13호분은 직경23m의 봉토분으로 주곽과 부곽이 좌우로 병렬되게 배치되었으며, 길이는 주곽 6.8m, 부곽 4.5m의 규모이다. 주곽에서는 대가야산 용봉문환두대도가 부장되었으며, 부곽에서는 고령산 발형기대가 16점 출토되었다.

　이 3기의 고분은 서로 상당한 거리를 두고 떨어진 다른 지역에 축조되었음에도 불구하고 봉토, 주 부곽의 규모와 배치가 매우 유사하다. 특히 고령 본관동36호분과 규모와 구조가 유사한 점은 두락리32호분과 생초M13호분이 대가야 묘제의 축조 기획에 따라 조영된 것을 알 수 있다. 이는 두 고분에서 고령지역에서 제작·이입되어 부장된 발형기대의 개수도 흡사한 점에서도 방증된다. 생초M13호분은 중국제와 백제산 위신재는 보이지 않지만 대가야산 금동제 용봉문대도가 부장되었다.

생초M13호분과 본관동36호분은 대가야권역의 제3등급인 상위수장묘에 해당하므로, 따라서 두락리32호분도 같은 등급으로 분류된다.

더욱이 6세기 초 조영된 순천 운평리M2호분은 분구 직경 약 19m이며 장방형의 소가야계 횡혈식석실 1기와 순장 및 배장묘인 석곽묘 12기가 확인되었다. 부장품은 금제 수식부이식, 유자이기 등이 출토되었다. 이 고분은 5인 이상의 순장이 실시된 점에서 대가야권 수장묘 가운데 3등급에 해당한다. 이 고분의 매장주체부는 소가야형 석실이나, 분구에서 대가야산 통형기대가 출토되어 대가야권과 동일한 제의행위를 공유하였음을 알 수 있다. 또 고분에서 출토된 금제 수식부이식은 남원 월산리, 장수 봉서리, 곡성 방송리 고분군 출토품과 함께 대가야산 위신재가 섬진강 수계를 따라 남해안 일대까지 이입되었음을 보여준다. 즉 이 시기 호남 동부지역에서는 북쪽의 두락리고분군에 필적하는 수장묘가 남쪽에 조영된 것을 알 수 있다.

그리고 6세기 중엽 횡혈식석실분인 두락리36호분은 평면 형태와 규격이 합천군 저포리D지구1-1호석실분과 유사하다. 이 두 고분도 대가야권의 제3등급인 상위수장에 해당한다(〈그림 9〉).

이상으로 볼 때 호남 동부지역은 중심지가 존재하지 않고, 대가야왕권이 개별적으로 각 지역의 수장을 편제하고 통제한 것으로 판단된다.

다음은 호남 동부지역의 봉수에 대해 논하고자 한다. 반파를 장수지역으로 비정한 근거는 봉수이다. 장수지역의 산성을 가야시기로 보고 그 내부의 봉수대를 『일본서기』 계체기의 '봉후저각(烽候邸閣)' 기사를 연계시켜 반파를 이 지역에 비정하였다. 더욱이 110여 곳에 이르는 봉화체계가 형성되었으며 봉화의 운영주체를 장수지역으로 보았다.

이와 함께 가야의 거점인 고령의 망산성·의봉산성·봉화산성·미숭산성의 봉수지는 모두 조선시대인 점에서 반파 고령설은 거론할 가치가 없다고 주장하였다. 봉화를 조밀하게 배치하여 침탈을 막고자 한 실체는 제철(製鐵)인 것으로 보았다.

필자는 다음과 같은 점에서 전북가야론의 토대가 된 호남 동부지역의 장수지역 중심

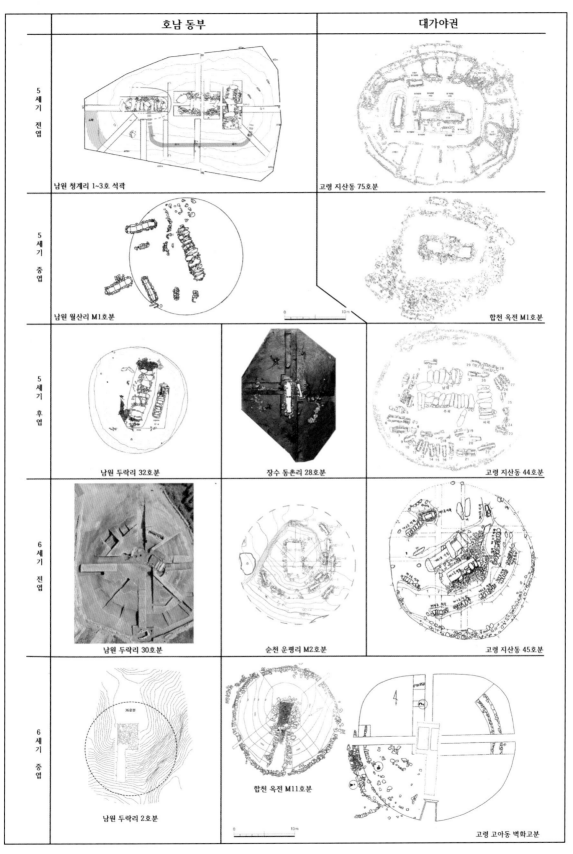

	호남 동부	대가야권
5세기 전엽	남원 청계리 1~3호 석곽	고령 지산동 75호분
5세기 중엽	남원 월산리 M1호분	합천 옥전 M1호분
5세기 후엽	남원 두락리 32호분 / 장수 동촌리 28호분	고령 지산동 44호분
6세기 전엽	남원 두락리 30호분 / 순천 운평리 M2호분	고령 지산동 45호분
6세기 중엽	남원 두락리 2호분 / 합천 옥전 M11호분	고령 고아동 벽화고분

〈그림 9〉 대가야와 호남동부지역 고분의 위계 비교

의 봉수체계설은 타당하지 않다고 본다.

첫째: 110기의 봉수가 위치하는 지점 즉 산성이 가야시기에 축조된 것인가 하는 의문이다. 즉 장수 삼봉리산성는 가야시기로 볼 수 없다. 이 산성은 8세기 전후한 시기의 화장묘, 창녕 화왕산성, 문경 고모산성, 부여 부소산성 출토품과 유사한 철제 약연(藥碾)은 이 산성이 가야시기에 축조된 것으로 볼 수 없음을 보여준다. 산성내 출토품 가운데 대부장경호는 6세기 중엽의 대가야양식 모방품이나, 산성이 위치하는 곳은 고지성 취락이 존재한 곳이 예가 다수 보여 이를 바로 산성 축조시기와 연결시키기 어렵다. 이는 여수 고락산성내 4세기 주거지와 합천 대야성내 4세기대 토기가 출토되는 것에서 그러하다. 필자는 장수지역을 중심으로 하는 110여 기의 산성을 가야시기에 축조된 것으로 주장하기 위해서는 석축기법과 거주를 보여주는 토기에 대한 자료의 제시가 필요하다고

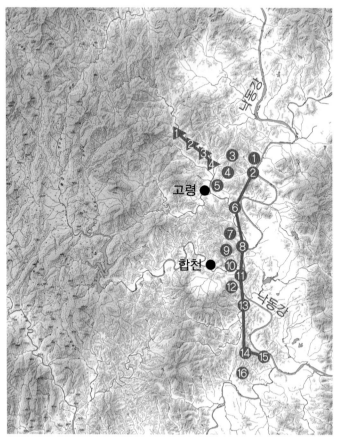

〈그림 10-1〉 고령지역 대가야산성과 낙동강중류역 방어체계(조효식·장주탁, 2016)

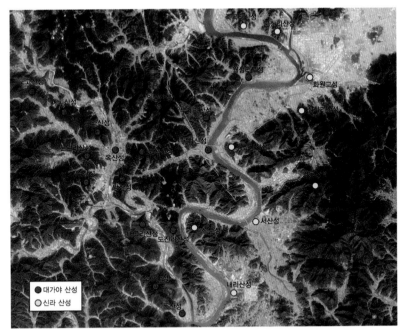

〈그림 10-2〉 고령지역 대가야도성과 낙동강중류역 방어체계

본다. 더욱이 만일 장수지역이 반파라면 그 봉수망은『일본서기』계체7년 반파가 자탄(子呑) 대사(帶沙)에 축성하여 만해(滿奚)에 연결하고, 봉후(烽堠)와 저각(邸閣)을 두어 일본(日本)에 대비했다 라는 기사에 보이는 바와 같이 하동인 대사와 연결하는 것이 되어야 한다. 그런데 전북가야론에서는 장수를 둘러싸는 봉수체계만을 제시하고 있어, 타당하지 않다.

둘째: 가야의 거점인 고령의 망산성·의봉산성·봉화산성·미숭산성의 봉수지는 모두 조선시대인 점에서 반파 고령설은 거론할 가치가 없다고 주장하였다. 그런데 발굴조사된 주산성을 포함하여 확실하게 가야시기 석축산성으로 확인된 고령지역의 산성에 봉수대가 과연 존재하지 않았을까 의문이다. 일본의 세토 내해[瀨戸內海]연안에 열을 지어 분포하는 야요이[彌生]시대 고지성취락에 봉수대로 보이는 수혈이 존재한다. 봉수체계로 연결되지 않은 산성은 존재할 수 없다. 현재 명확한 가야의 방어체계가 확인되는 곳은 대가야의 왕도인 고령지역과 주변의 낙동강중류역이다(〈그림 10〉). 그런데 오히려 가야시기에 축조가 분명한 고령지역의 산성에서 지상의 구조물로 확인되는 봉수대가 확인되지 않는 것은, 이 시기의 봉수가 수혈과 같은 단순한 구조일 가능성을 보여준다. 더욱이 5~6세기

신라 백제의 산성에서 지상의 구조물인 봉수대가 확인되지 않는 점에서 그러하다. 따라서 장수지역과 그 주변의 봉수대는 가야시기의 것으로 볼 수 없고 삼국시대 이후에 축조된 것이다.

셋째: 봉수대 주변 출토로 봉수를 조밀하게 배치하여 침탈을 막고자 한 실체는 제철인 것으로 주장하고 있으나, 장수지역의 철기 부장은 매우 소량에 불과하고 철생산의 상징인 철정이 보이지 않는다. 더욱이 제철유적의 운영시기를 삼국시대로 볼 수 있는 자료의 제시가 필요하다.

이상 살펴본바와 같이 반파의 중심지로 주장되고 있는 장수지역 수장묘의 위계는 당시 가야 고분 가운데 최하위에 불과하고, 그 논거가 된 봉수체계는 가야시기의 것으로 볼 수 없다. 따라서 반파를 이 지역으로 비정하는 논거를 찾기 어렵다.

김태식은 반파와 가야가 각각 등장하는 『일본서기』 계체7, 8, 9년조와 23년조의 기사를 백제가 기문 대사를 차지하는 유래를 설명하는 같은 내용을 기록한 것으로 반파를 가라(加羅)로 보았다. 그 논거는 반파와 백제의 영역 분쟁에 왜가 개입하여 백제가 승리한다는 사건의 구조, 호즈미노오미오시야마[穗積臣押山]과 모노노베노 무라지[物部連] 등 등장인물, 기문과 대사를 백제에게 할양한다는 사건의 결말이 동일한 점 등을 들고 있다. 이는 같은 내용을 전하는 것이지만 사료의 계통이 다르기 때문에 별도로 채록한 것으로 보았다.[15]

고고자료로 볼 때 반파는 6세기 전엽 가야지역 내에서 최고 위계의 왕묘역이 존재하고 주산성을 중심으로 이 시기 다수의 산성을 축조한 고령지역의 가라 즉 대가야임이 분명하며 재론의 여지가 없다.

2. 호남 동부지역 가야세력의 정치적 향방

4세기 호남 동부지역에 최초로 이입된 가야토기는 아라가야 토기로서 전북대학교 박물관 소장 아영지역 출토 승석문호와 노형기대 등이 있다. 이 시기 남원지역의 아라가야 양식 토기는 남강을 통해 이입된 것으로 보이며, 영남지방의 분포권의 성립과 궤를 같이하고 있기 때문에 이 지역이 아라가야 세력의 관계망에 연계되었음을 알 수 있다.

---

15)   김태식, 『가야연맹사』, 일조각, 1993, 97~104쪽.

이 지역이 아라가야와의 관계망과 연계된 것은 공주시 남산리고분군 출토 승석문호에서 알 수 있는 바와 같이, 남강과 금강을 연결하는 중계 역할을 담당한 것에 기인한다고 볼 수 있다. 4세기 아라가야와 남원지역의 관계는 낙동강, 남강수계의 집단과 같이 교역을 매개로 한 병렬적인 것으로 본다. 이 시기 가야의 정치적 발전 수준은 김해 대성동세력과 부산 복천동세력과의 관계로 볼 때 소국 연합단계로 볼 수 있다.

5세기 전엽 남강상류역의 남원 광평리고분군, 청계리고분군 출토 삼각투창고배와 수평구연호, 발형기대는 전형적인 소가야양식 토기로서 영남지방의 소가야토기 분포권 성립과 궤를 같이한다.

더욱이 근래 조사된 남원 청계리 청계고분군 2호석곽의 수레바퀴장식 각배는 함안 말이산4호분 출토품과 유사하며, 원형 투공이 있는 통형기대도 아라가야양식이다. 발형기대는 김해지역에 유례가 보이며, 무개식고배와 열쇄구멍형 투창이 있는 통형기대는 창녕 동리고분군과 계남리고분군에 유례가 있어 비화가야양식으로 파악된다. 1호석곽의 일본열도산 수즐(竪櫛), 3점의 발형기대 가운데 아치형투창의 발형기대와 유개식장경호는 대가야양식으로 고령지역에서 제작된 것이다. 따라서 청계리고분군 축조 집단은 월산리고분군 축조 이전 시기의 아영지역 수장층으로 5세기 전엽 아라가야, 비화가야, 소가야와 교섭하였으며, 5세기 중엽부터 대가야와 교섭을 개시한 것으로 볼 수 있다.

5세기 중엽 월산리M1호분의 묘제도 소가야와 관련되어 주목된다. 이 고분의 매장주체부는 꺽쇠와 관정으로 결합한 목관을 안치한 세장방형석곽과 같은 대가야형 묘제이지만, M1-A호곽을 중심으로 동쪽에 6기의 중소형의 B-G호곽이 연차적으로 축조된 다곽분인 점이 주목된다. 아직 전시기 이 지역 수장묘가 조사되지 않아 분명하지 않지만 5세기 중엽 고성지역과 같은 소가야식 묘제가 남원지역에 도입되었을 가능성이 크다. 이처럼 남원지역도 소가야의 묘제와 토기 양식이 도입된 것으로 볼 때 포상팔국과 같은 소가야연합의 일원으로 볼 수 있다.

그런데 주곽인 M1-A호곽에서는 대가야형 묘제와 함께 고령지역산의 토기, 갑주, 무기가 확인되었으며, 월산리M5, 6호분에서는 고령지역산의 금제 수식부이식이 출토되었다. 고령지역산 이식은 5세기 후반 함양군 백천리고분군, 장수군 봉서리고분군, 고성군 방송리고분군, 순천시 운평리고분군 출토품으로 볼 때 대가야양식의 토기와 묘제와 함께 대가야권역에 분포하는 위신재라 볼 수 있다.

　5세기 후엽 월산리M5호분 출토 중국 남조산의 청자 계수호가 출토되었다 계수호는 이제까지 천안시 용원리9호분, 공주시 수촌리4호분과 같이 백제지역에서 확인된 바가 있으나, 가야지역인 월산리M5호분에서 출토되어 주목된다.

　월산리M5호분 출토 계수호는 절강성(浙江省) 서안(瑞安) 융산(隆山) 송(宋) 대명(大明)5년(461년)묘 출토품과 형식이 유사한 것으로 보고 있다.[16]

　그런데 문제는 계수호의 이입 과정과 그 배경이다. 박순발은 묘제와 토기양식이 대가야 계통임을 인정하면서도 고령지역에서의 출토 예가 없기 때문에 공반된 철제 초두와 함께 백제를 통해 입수한 것으로 보았다. 그리고 백제 중앙정권이 대가야의 정치적 영향 하에 있었던 남원지역의 수장에게 사여한 것으로 보았다.[17]

　그런데 백제지역 출토 계수호의 부장 시기가 천안시 용원리9호분은 4세기 후엽, 공주시 수촌리 5세기 전엽이지만, 월산리 M5호분 출토품은 5세기 후엽인 점이 주목된다. 이와 함께 중국 남조산 도자기가 출토된 지역이 모두 백제 영역내에 속하지만, 이 지역만이 대가야 권역에 포함된다는 점이 흥미롭다.

　그러나 필자는 백제지역 출토 계수호의 연대가 4세기 후엽–5세기 전엽인 점, 중국 남조산 도자기가 출토된 지역이 모두 백제 영역내에 속하나, 이 지역만이 대가야 권역에 포함된 점에서 대가야 왕권에 의해 남원지역 수장에게 사여된 것으로 본다. 이는 부장 시점이 479년 대가야의 남제(南齊) 견사(遣使)가 이루어진 직후인 점에서 더욱 그러하다. 또한 475년 한성(漢城)이 함락에 의해 일시기 멸망에 빠진 백제가 과연 이 시기 남원지역 수장에게 이를 사여할 수 있는 여력이 있었는지 의문이다.

　왜냐하면 이 시기는 백제와 남조와의 교섭이 단절되는 시기이기 때문이다. 이는 이하의 기록에서 확인된다. 즉『삼국사기』문주왕 2년(476년), 사신을 송에 보내어 조공하려 했으나 고구려가 길을 막아 가지 못하고 돌아왔으며,『삼국사기』동성왕 6년(484년), 추 7월 남제에 조공하려하였으나 서해 가운데에서 고구려병을 만나 가지 못하였다.

　백제와 남조의 교섭이 재개되는 것은 490년대에 이르러 비로소 가능하였다. 이는 백제 중앙정권에서 지방으로 중국산 도자기가 사여되는 것은 해남군 용두리전방후원분,

---

16)　박순발,「계수호와 초두를 통해 본 남원 월산리 고분군」,『운봉고원에 묻힌 가야 무사』, 국립전주박물관·전북문화재연구원, 2012, 119쪽.

17)　위의 책, 120쪽.

〈그림 11〉 함안 말이산75호분과 출토유물

함평군 표산전방후원분에서 확인되는 바와 같이 6세기 이후인 것에서도 증명된다.

　　이와 관련하여 최근 발굴조사된 5세기 후엽의 함안 말이산75호분에서 강소성(江蘇省) 홍주요(洪州窯)에서 제작된 것으로 연판문청자가 출토되어 주목된다(〈그림 11〉). 왜냐하면 이 청자의 입수 경로가 국경을 접하지 않는 백제가 아니라 대가야일 가능성이 크기 때문이다. 이는 5세기 후엽부터 이전 시기 이입되던 신라산 대신 대가야 문물이 아라가야에 이입된 점에서 그러하다.

　　남원지역의 백제계 문물의 이입 과정을 알 수 있는 것은 두락리36호분이다. 이 고분은 백제의 송산리형석실의 영향에 의해 성립된 횡혈식석실이며, 고령군 고아동벽화고분, 합천군 저포리 D지구 1-1호석실분과 평면 형태와 규격이 일치한다. 축조 순서는 구조와 출토 유물로 볼 때 고아동벽화고분 → 저포리 D지구1-1호분 → 두락리2호분으로 볼 수 있다. 이는 백제 문물이 그 지역에 가까운 곳으로 직접 이입되지 않고 대가야 중앙에 이입된 후 지방으로 사여된 것을 알 수 있게 한다.

필자는 월산리M5호분 출토 중국 남조산의 청자 계수호는 대가야의 남제 견사 또는 직전의 남조와의 교섭에 이입된 것으로, 동아시아세계에 대가야가 등장했음을 웅변하는 문물로 본다.

5세기 말 두락리32호분에서는 문양과 형태로 볼 때 고령지역에서 제작·이입된 13점의 발형기대가 부장되었다. 그런데 이 고분에서는 무령왕릉에서 출토된 의자손수대경(宜子孫獸帶鏡)과 익산 입점리1호분과 나주 신촌리9호분에서 출토된 금동제 식리가 확인되었다. 중국산 의자손수대경과 백제산 금동제 식리(飾履)는 두락리32호분이 주부곽이 좌우로 나란히 배치된 고령 본관동36호분, 산청 생초M12호분과 같은 구조이고 내부에 관정과 꺽쇠로 결합된 대가야식 목관이 사용된 점과 그 외 대부분의 부장품이 대가야양식인 점에서 대가야 중앙정권을 통해 사여되었을 가능성도 있다.

왜냐하면 크게 보면 송산리형 횡혈식석실분인 6세기 중엽 두락리36호분은 평면 형태와 규격이 합천군 저포리D지구 1-1호석실분과 일치하고 있어 백제로 직접 도입된 것으로 볼 수 없고, 고령 고아동형 석실의 영향에 의해 축조된 것으로 생각되기 때문이다.

그래서 월산리M5호분과 두락리32호분의 중국제와 백제산 문물은 이 지역 세력이 직접 백제와 통교하여 입수한 것으로 보기 어렵다. 이는 기문이 대가야의 통

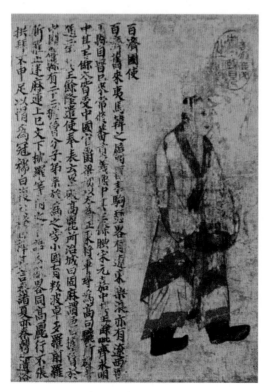

〈그림 12〉 梁職貢圖

제아래 있었으나 섬진강 수계를 통하여 남해안으로 나아갈 수 있고 금강수계를 통하여 백제와 연결되는 교통의 요충에 위치한 점에서 대가야 왕권의 특별한 배려를 상징하는 것으로 본다.

남원지역은 『일본서기』에 기문(己汶)으로, 대가야의 권역을 나타내는 우륵12곡의 상기물(上奇物), 하기물(下奇物)로 각각 비정된다.[18] 『일본서기』 계체7년(513)에는 대가야와 백제가 기문을 두고 다투는 기록이 보인다. 그 내용은 원래 대가야권역인 이 지역을 백제가 공략하는 것으로 보고 있다.[19]

필자는 양직공도(梁職貢圖)(〈그림 12〉)가 제작된 530년대에는 상기문만이 보이는 점에서 기문은 크게 상하로 구분하고자 한다. 왜냐하면 이 시기에는 하기문인 남원분지는 이미 백제에 병합되었기 때문에 상기문만이 남아있었다고 생각되기 때문이다. 그래서 기문은 남강수계의 월산리, 두락리고분군이 고분군이 위치하는 남원 아영지역을 중심으로, 금강수계의 장수 동촌리고분군이 위치하는 장수지역, 섬진강수계의 임실 금성리고분군을 중심으로 하는 남원분지일대를 포함하는 지역이다. 이는 남원분지가 6세기 전엽 백제에 병합된 것을 의미한다.

그러나 월산리, 두락리고분군이 위치한 남원 아영지역은 건지리고분군과 두락리2호분으로 볼 때 562년 대가야 멸망까지 대가야권역에 속했을 가능성이 매우 크다. 필자는 백제가 병합한 기문은 이 지역 전체가 아닌 섬진강 수계에 속한 하기문에 해당하는 남원분지로 본다. 왜냐하면 이 시기에 이르러 남원분지에는 백제 고분군인 초촌리고분군이 출현하며, 이와 함께 척문리토성이 축조되기 때문이다. 한편, 아영, 운봉지역에서는 대가야 멸망기까지 섬진강 수계와 남해안 일대에 집중 축조되는 백제식 산성이 확인되지 않는 점에서도 그러하다.

그래서 6세기 전엽 백제에 함락된 곳은 하기문 즉 남원분지 일대로 판단된다(〈그림 13〉). 백제가 하기문에 해당하는 섬진강수계의 남원분지를 공략한 것은 교통의 결절점인 점도 있으나 원래 이 지역에 고총의 존재가 현저하지 않는 점 즉 비교적 지역세력의 기반이 미미했던 점을 들 수 있다.

『일본서기』 흠명(欽明) 23년 562년 대가야 멸망시 다리와 거증산(居曾山)에서 왜군이

---

18)   김태식, 『미완의 문명 7백년 가야사』 1·2·3, 푸른역사, 2002, 262~263쪽.

19)   김태식, 「호남동부지역의 가야사」, 『전남동부지역의 가야문화』, 한국상고사학회, 2008, 14쪽.

〈그림 13〉 남원 분지의 유적 초촌리고분군과 척문리산성 - 초촌리고분군(좌)과 척문리산성(우)

출병하여 신라를 공격하였다는 기사는 다리와 기문의 비정에 단서를 제공한다. 이 기사에 따르면 구 대가야영역에 진주한 신라에 대한 공격의 효율성을 생각한다면, 다리의 위치는 대가야에 근접한 백제영역으로 보는 것이 합리적이며, 영산강유역으로 보기 어렵다. 또한 거증산은 남원의 동북쪽에 위치한 거사물현(居斯勿縣)으로 비정되고 있기 때문이다. 그래서 이 기사는 임나사현과 기문이 상호 연계되고 대가야에 인접한 곳임을 방증하는 것이다.

기문이 대가야와 관련된 것은 그 멸망 시기인 562년을 전후하여 신라에 병합되기 때문이다. 이는 대가야의 고아동유형 석실인 두락리36호분에 6세기 후엽 이후 추가장되면서 신라형 대장식구가 부장된 점에서 그러하다. 이처럼 기문은 대가야권역의 일원으로 대가야와 성쇠를 같이하였다.

Ⅴ. 맺음말

본고에서는 남원, 장수, 순천지역의 수장묘와 봉수에 대한 검토를 통하여 전북가야론에 대하여 논하였다.

반파로 비정하고 있는 5세기 말 장수지역의 중심고분군인 삼봉리 동촌리고분군의 수장묘는 남원 두락리고분군을 능가하는 고분은 확인되지 않는다.

　　호남동부지역의 중심지는 두락리고분군이 조영된 남원 아영지역이다. 이 지역의 두락리고분군은 최고 위계의 고령의 지산동고분군, 그 다음의 합천 옥전고분군의 하위 위계이다.

　　즉 호남 동부지역은 근래 반파로 주장하고 있는 장수지역은 그 중심지로 볼 수 없고, 남원 아영지역이 중심지이다. 더욱이 두락리고분군 축조세력이 호남 동부지역을 장악한 것으로 볼 수 없고 아영분지, 장수분지, 장계분지, 순천분지의 세력은 각각 대가야왕권의 통제하에 편재된 것으로 판단된다.

　　나아가 반파를 장수지역으로 비정한 근거인 봉수에 대하여 110기의 봉수와 그것이 위치하는 지점 즉 산성이 가야 시기에 축조된 것으로 볼 수 없음을 분명히 하였다.

　　호남 동부지역은 4세기 아라가야, 5세기 전반 소가야의 교역망에 포함되어온 지역이었으며, 이는 낙동강, 남강수계의 집단과 같이 교역을 매개로 한 병렬적인 경제적인 관계였다. 5세기 후반부터 반파 즉 가야가 일본열도와의 교역을 위한 외항(外港)을 확보하기 위해 이 지역 세력과의 관계망을 형성한다. 이 시기에는 종래 보이지 않던 수장묘의 묘제와 대가야산 위신재를 공유하는 것에서, 대가야와 호남 동부의 각 지역 세력간에는 정치 경제적인 관계가 형성된 것으로 판단된다.

　　필자는 그간 이 지역을 백제 신라의 중앙과 지방과 같은 개념으로 파악한 것은 문제가 있다고 보지만, 고고자료뿐만 아니라 문헌사료에서도 이 지역에 대한 영유를 다투고 있는 주체가 어디까지나 반파 즉 대가야와 백제인 점에서 백제와 대가야 사이에 위치한 독자적인 가야인 장수가야, 운봉가야로 보지않는다.

　　특히 그 고고학적 증거인 산성과 봉수, 철생산의 연대를 삼국시대로 볼 수 있는 적극적인 증거를 찾을 수 없고, 그 운영 주체를 이 지역 세력으로 볼 수 없기 때문이다.

　　나아가 호남동부지역 가야에 대한 연구는 북부에 치중하고 있으나, 순천 운평리고분군의 존재에서 알 수 있듯이 북부와 남부를 종합하는 연구가 기대된다.

【참고문헌】

곽장근,「호남동부지역의 석곽묘연구」, 전북대학교 박사학위논문, 전북대학교, 1999.

곽장근,「호남동부지역의 가야세력과 그 성장과정」,『호남고고학보』20, 호남고고학회, 2004.

곽장근,「웅진기 백제와 가야의 역학관계 연구」,『百濟의 邊境』, 2005년도 백제연구 국내학술회의, 충남대학교 백제연구소, 2005.

곽장근,「전북동부지역 가야와 백제의 역학관계」,『호남동부지역의 가야와 백제』, 호남고고학회, 2010.

곽장근,「삼국시대 가야 봉화망과 반파국 비정」,『전북학연구』2, 전북연구원, 2020.

김규정 외,「고찰3)토기」,『남원 월산리고분군-M4·M5·M6호분-』, 전북문화재연구원, 2012.

김도영,「삼국시대 용봉문환두대도의 계보와 기술 전파」,『중앙고고연구』제14호, 중앙문화재연구원, 2014.

김재홍,「전북동부지역 백제, 신라의 지역지배」,『한국상고사학보』78, 한국상고사학회, 2012.

김재홍,「위세품으로 본 전북가야의 위상과 성격」,『전북가야를 선언하다』, 호남고고학회, 2017.

김태식,『가야연맹사』, 일조각, 1993.

김태식,『미완의 문명 7백년 가야사』1·2·3, 푸른역사, 2002.

김태식,「호남동부지역의 가야사」,『전남동부지역의 가야문화』, 한국상고사학회, 2008.

김태식,『사국시대의 가야사 연구』, 서경문화사, 2014.

박순발,「계수호와 초두를 통해 본 남원 월산리 고분군」,『운봉고원에 묻힌 가야 무사』, 국립전주박물관·전북문화재연구원, 2012.

박천수,「정치체의 상호관계로 본 대가야왕권」,『加耶諸国의 王權』, 인제대학교가야문화연구소, 1995.

박천수,「고고학을 통해 본 대가야」,『고고학을 통해 본 가야』, 한국고고학회, 2000.

박천수,「호남동부지역을 둘려싼 대가야와 백제-임나사현과 기문, 대사를 중심으로- 」,『한국상고사학보』제65호, 한국상고사학회, 2008.

박천수,『가야토기-가야의 역사와 문화-』, 진인진, 2010.

박천수,『가야문명사』, 진인진, 2017.

박천수 외,『高靈池山洞44號墳-大伽耶王陵-』, 慶北大學校考古人類學科·慶北大學校博物館·大加耶博物館, 2009.

박천수·정선운·신동호,『가야, 영호남을 넘다』, 경북대학교출판부, 2021.

서영수,「남북조와의 관계」,『百濟의 對外交涉』, 충청남도역사문화원, 2005.

이도학, 「가야사 연구의 쟁점과 반파국」, 『전북학연구』 2, 전북연구원, 2020.

李東熙, 「全南東部地域 複合社會 形成過程의 考古學的 硏究」, 成均館大學校 大學院 文學博士 學位論文, 2005.

全榮來, 「百濟南方境域의 變遷」, 『千寬宇先生還曆記念한국사학논총』, 정음문화사, 1985.

가야의 금동관과 왕권

이한상 | 대전대학교 역사문화학전공 교수

I. 머리말

가야 여러 나라의 중심지에서는 다수의 왕릉급 무덤이 발굴되었고 가야인의 삶과 역사를 복원해볼 수 있는 중요 유물이 다량 출토되었다. 그 가운데 금동관은 같은 시기 고구려, 백제, 신라의 그것과 구별되는 가야적 디자인과 기술로 제작된 것이며[1], 그 속에 높은 수준의 기술력과 미감이 구현되어 있음을 확인할 수 있다.

가야 금동관은 출토 수량이 매우 적고, 일부 시기에만 한정적으로 존재한다. 공간적으로는 고령과 합천 등 대가야권역에 주로 분포하며, 김해와 함안에서 금동관 조각들이 출토된 바 있다. 삼국시대 각국의 사례에서 볼 수 있듯이 고대의 금동관 제작 및 소유에는 국왕의 권력, 국가의 지배력이 강하게 개재되어 있었다. 가야에서도 금동관은 지배층의 위세품이자 신분을 표상하는 물품이었을 것이다.

이 글에서는 가야 금동관의 출토 사례를 모아보고 그것의 출토 맥락과 양식적 특징을 우선적으로 살펴보고자 한다. 이어 가야 금동관의 제작지와 소유방식을 검토하면서 그

---

1) 박보현, 「가야관의 속성과 양식」, 『고대연구』 5, 고대연구회, 1997; 함순섭, 「신라와 가야의 관에 대한 서설」, 『대가야와 주변제국』, 한국상고사학회 외, 2002.

것에 투영된 가야의 왕권에 대해 언급하고자 한다.

Ⅱ. 금동관 출토 사례

1. 고령 지역

금동관은 지산동고총군에서 주로 출토되었다. 지산동 32호분 주곽, 518호분 주곽, 30호분 2곽, 73호분 서순장곽 출토품 등 4점이다. 이 가운데 32호분 주곽과 30호분 2곽 출토품은 대륜(臺輪)을 갖추었고, 나머지는 대륜이 없는 모관(帽冠)[2]에 해당한다. 그밖에 구 39호분에서는 은제 관식, 75호분 봉토 내 1호 순장곽에서는 철제 관식이 출토된 바 있다. 고령 지역 금속제 관의 출토 현황을 정리하면 〈표 1〉과 같다.[3]

〈표 1〉 고령 지역 금속제 관 출토 사례

유구명	종류	재질	착장 여부	특징		
				형태	문양	영락
지산동32호분 주곽	대관	금동	×	광배형(보주형)입식	파상점열 외	○
지산동30호분 2곽	대관	금동	○	보주형입식	파상점열	○
지산동 구39호분 주곽	모관	은	△	전립식	△	△
지산동518호분 주곽	모관	금동	도굴갱	조우+가삽부	능형,점열	○
지산동73호분 서순장곽	모관	금동	○	조우+가삽부	점열,볼록장식	×
지산동75호분 봉토내 1순장곽	모관	철	○	가삽부	돌대	×

---

2) 毛利光俊彦,「朝鮮古代の冠・新羅」,『西谷眞治先生古稀記念論文集』, 西谷眞治先生の古稀をお祝いする會, 1995; 함순섭,「고대 관의 분류체계에 대한 고찰」,『고대연구』8, 고대연구회, 2001.

3) 지산동고총군 정비부지 내 A-2호 석실에서 금동제 모관 편이 출토된 바 있다. 매장주체부는 횡구식석실이며 내부에서 삼엽대도, 당식대금구, 단각고배, 부가구연장경호 등이 출토되었다. 보고자는 금동제 모관은 6세기 초·전엽, 토기류는 6세기 말~7세기 초, 당식대금구는 통일신라로 편년하였다. 특히 모관을 한성기 백제 금동관과 유사한 것으로 보면서 백제와의 교류를 보여주는 자료로 해석하였다. 그러나 이 모관은 대가야 멸망 이후 제작된 신라 관일 가능성이 높으므로 이 글에서는 다루지 않는다. 대동문화재연구원,『고령 지산동 대가야고분군 I』2020, 54~60쪽.

1) 지산동 32호분 주곽 출토품

지산동 32호분의 매장주체부는 세장방형 평면을 가진 수혈식석곽이다. 관은 주곽 내 피장자의 발치에 해당하는 남쪽 단벽 가까이에서 갑주, 철모, 철촉, 등자, 재갈 등과 함께 출토되었다. 세부적으로는 병렬된 2점의 유개고배 위에 놓여 있었다(〈그림 1-2〉).

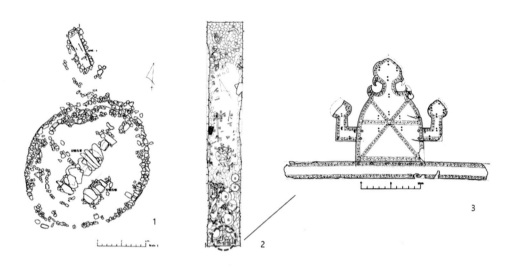

〈그림 1〉 지산동 32호분과 금동관(1. 유구 평면도, 2. 출토 위치, 3. 금동관 전개도)

이 금동관의 주요 특징은 대륜의 중간 부위에 큼지막한 불상 광배형 입식이 부착된 점이다. 입식의 꼭대기는 보주형(寶珠形)을 띠며 작은 곁가지가 좌우에 부착되어 있다. 이 입식은 6개의 원두정으로 대륜에 고정되고, 대륜에는 상하 가장자리를 따라 파상점 열문(波狀點列文)이 시문되어 있다. 입식 중상위에 영락이 달렸지만 대륜에는 없다. 입식에는 횡선·X선 교차 문양이 베풀어져 있다. 전체 높이 19.6cm, 대륜 너비 2.7cm이다(〈그림 1-3〉).[4]

2) 지산동 30호분 2곽 출토품

지산동 30호분의 매장주체부는 부곽 갖춘 수혈식석곽이다. 부곽은 주곽과 T자상으로 배치되었고 봉토 내에 3기의 석곽묘가 축조되었다. 금동관은 주곽 남동쪽에 위치한 2호

---

4)　계명대학교박물관, 『고령 지산동고분군 32~35호분·주변석곽묘』, 1981, 26~27쪽.

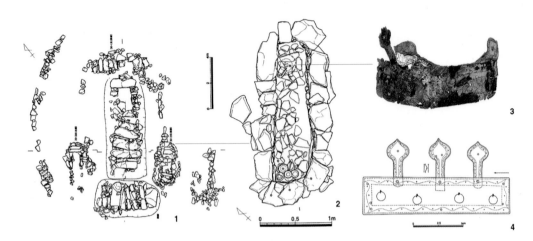

〈그림 2〉 지산동 30호분 2곽과 금동관(1. 유구 평면도, 2. 출토 위치, 3. 금동관, 4. 금동관 전개도)

〈그림 3〉 지산동 30호분 2곽 금동관 뒷면 세부

석곽에서 출토되었다. 석곽의 동단벽 쪽에 치우쳐 두개골편이 함께 출토된 것으로 보아 착장품임을 알 수 있다. 인골 전문가들이 두개골을 감정한 결과 유아 또는 소아의 것이라는 결과가 나왔다.

이 금동관은 대륜에 3개의 입식이 부착된 형식이다. 대륜은 길이가 14.7cm에 불과하나 너비는 3.6cm로 넓다. 대륜에는 같은 간격으로 원형 영락 4개가 달려 있고 가장자리를 따라가면서 파상점열문이 축조(蹴彫)기법으로 시문되어 있다. 대륜의 표면, 입식의 앞면과 뒷면은 아말감기법으로 도금되어 있다. 전체 높이는 7.5cm로 작은 편이다(〈그림 2·3〉).[5]

3) 지산동 518호분 주곽 출토품

고령 지산동 518호분의 매장주체부는 주곽과 부곽이 병렬로 배치된 수혈식석곽이다. 그 주변으로 5기의 순장곽, 3기의 배장묘가 위치한다. 발굴 이전에 이미 도굴의 피해를 입었음에도 불구하고 금동제 관식, 금은제 이식 등의 금속장신구와 함께 각종 마구류, 토기류가 출토되었다. 금동제 관식은 주곽 도굴갱에서 수습되었다.

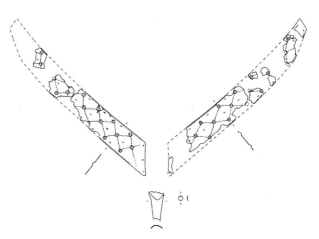

〈그림 4〉 지산동518호분 주곽 금동제 관식

이 관식은 고구려와 신라에서 유행한 조우관(鳥羽冠)의 부품이다. 날개모양 장식은 좌우 각 1개씩이며 왼쪽 장식은 가삽부에 결합하는 쪽이 남아 있고 오른쪽 장식은 상부 끝부분이 남아 있어 전체 형태를 그려볼 수 있다. 날개모양 장식 가운데 전립식에 결합하는 부분은 조금 내만하며 3개의 못 구멍이 남아 있고 위쪽 끝은 외연이 신라의 관식과 달리 각진 면으로 마무리되었다. 지름 0.9cm의 원형 영락 1점이 함께 수습되었다. 주요 문양은 점열문인데 가장자리에는 선문, 내측에는 연속 능형문이 시문되었다. 능형문의 꼭지점마다 이면 타출의 볼록무늬가 표현되었다. 날개부의 길이는 약 42.1cm로 복원된다(〈그림 4〉).[6]

---

5)   영남매장문화재연구원 외, 『고령 지산동30호분』, 1998, 30·96쪽; 대가야박물관, 『고령 지산동 대가야고분군』, 2015, 128~129쪽.
6)   국립가야문화재연구소, 『고령 지산동고분군 518호분 발굴조사보고서』, 2016, 55~58쪽.

4) 지산동 73호분 서순장곽 출토품

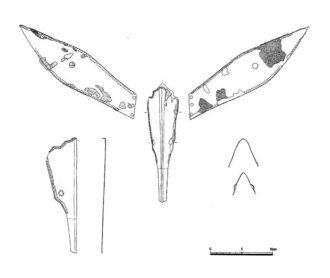

〈그림 5〉 지산동 73호분 서순장곽 금동제 관식

지산동 73호분은 하나의 묘광 내에 주곽과 부곽이 T자상으로 배치된 목곽묘이다. 묘광 내 서, 남, 북쪽에 각 1기씩의 순장곽이 배치되어 있다. 부곽 주변에 배치된 서순장곽의 중앙부에서 30대 남성의 인골이 검출되었고 남동쪽 단벽 가까이에서 피장자의 머리에 착장하였던 것으로 보이는 금동제 조우형 관식 1점이 출토되었다(〈그림 6-좌〉).

이 관식은 전립식과 좌우의 새날개모양 장식까지 함께 갖춘 것이다. 전립식은 하부가 좁은 점으로 보아 유기질제 관의 앞부분에 끼웠던 것 같고, 새날개모양 장식에는 3개씩의 못이 있는 점으로 보아 어디엔가 부착되었던 것임을 알 수 있다. 전립식의 위쪽에는 원래 7개의 돌출부가 있었으나 일부 파손되었다. 새날개모양 장식에는 안쪽에서 타출한 볼록장식이 좌우에 1개씩 있고 전립식의 위쪽 약 2/3 지점에는 가장자리를 따라가며 2줄의 점열문이 베풀어져 있다. 전립식의 높이는 18cm, 새날개모양 장식의 길이는 22.2cm이다(〈그림 5〉).[7]

그밖에 지산동 구 39호분 주곽과 75호분 봉토 내 1호 순장곽에서 각각 은제와 철제 관식이 출토되었다.

지산동 구 39호분은 대가야의 왕릉일 가능성이 높다. 매장주체부는 수혈식석곽이며 서단에서 이식과 관모전립식이 출토되었고, 동단에서 이식·경식·천이 출토된 점으로 미루어 복수의 인물이 묻혔음을 알 수 있다. 관모전립식의 도면과 사진이 없어 어떤 형태

---

7)   대동문화재연구원 외, 『고령 지산동 제73~75호분(본문)』, 2012, 85~88쪽.

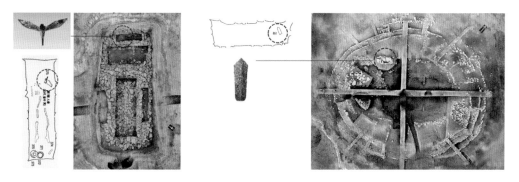

〈그림 6〉 지산동 73호분 순장곽(좌)과 75호분 순장곽(우) 관 출토 위치

인지 알 수 없다. 관모전립식이라는 표현[8]으로 보면 위 73호분 서순장곽 출토품과 유사한 형태였을 것 같다.

75호분은 주곽과 부곽이 T자상으로 배치된 수혈식석곽묘이다. 도굴 때문인지 주곽에서는 관이 출토되지 않았다. 주광(主壙) 내에 7기의 순장곽, 봉토 내에 3기의 순장곽이 마련되었다. 그 가운데 봉토 내 1호 순장곽의 북동 단벽 가까이에서 철제 관식 1점이 출토되었다(〈그림 6-우〉).

이 관식은 착장품으로 보이며 좌우 날개가 없는 간소한 형식이다. 가삽부와 상부 장식의 경계에 미미한 돌대가 있다. 상단에는 뾰족한 장식 5개가 있고 하단 가장자리는 둥글다. 횡단면은 '∧' 모양이며 관식의 표면과 이면에 직물이 눌어붙어 있다. 높이는 17cm이다.[9]

2. 김해, 함안, 합천 지역

금관가야, 아라가야, 다라(多羅)의 고지인 김해, 함안, 합천에서도 금동관 혹은 금동관 편으로 추정되는 유물이 출토된 바 있다. 해당 유물의 현황을 정리해보면 〈표 2〉와 같다.

---

8) 有光敎一・藤井和夫,「附篇 高靈 主山第39號墳發掘調査槪報」,『朝鮮古蹟研究會遺稿Ⅱ 公州宋山里第29號墳 高靈主山第39號墳發掘調査報告 1933, 1939』, 유네스코 東아시아문화연구센터・財團法人 東洋文庫, 2003, 58쪽.

9) 대동문화재연구원 외, 앞의 책, 2012, 337~339쪽.

〈표 2〉 김해, 함안, 합천 지역 금속제 관 출토 사례

지역	유구명	종류	재질	착장여부	특징		
					형태	문양	영락
김해	대성동29호묘	대관	금동	도굴갱	입식(상세 불명)	점열	○
함안	말이산45호분	대관	금동	×	쌍조(봉황)	방형 투공	×(孔)
합천	옥전23호묘	모관	금동	△	고깔형+조우형	삼엽문	○
합천	옥전M6호분	대관	금동	×	출자형+녹각형	점열,거치	○
합천	옥전M6호분	대관	금동	×	출자형	점열	○
합천	옥전M6호분	대관	은	×	입식×	점열	○

1) 대성동 29호묘 출토품

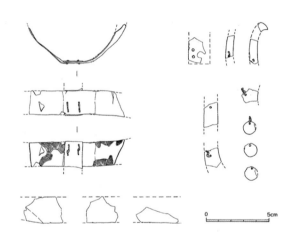

〈그림 7〉 대성동 29호묘 금동관 편

김해 대성동 29호묘에서 금동관의 일부로 추정되는 조각들이 수습된 바 있다. 이 무덤은 대성동고총군에서 발굴된 무덤 가운데 가장 이른 단계에 속하는 대형 목곽묘이다. 묘광의 복원 길이는 9.6m, 너비는 5.6m이다. 출토 토기는 와질토기가 대부분이지만 도질토기 1점이 포함되어 있고 다량의 철기와 함께 북방에서 전해진 동복(銅鍑)이 출토되었다.

금동관의 일부로 추정되는 조각은 도굴갱에서 수습되었고 일부만이 잔존하기 때문에 원형을 복원하기 어렵다. 대륜으로 추정되는 조각은 너비가 1.9cm여서 지산동고총군 출토품에 비해 좁은 편이다. 잔존 길이는 9.8cm이다. 금속판의 접합부는 금동사로 결합되어 있다. 입식으로 추정되는 조각은 외형이 곡선적이며 원형 영락이 달려 있다. 둥근 영락의 지름은 0.84cm이다(〈그림 7〉).[10]

대성동 29호묘는 35호묘, 39호묘, 기와 가마 등과 중복되었고 상부가 전반적으로 교란되어 있었으므로 이 금동 조각들이 대성동 29호묘에 부장된 것으로 단정하는데 어려

---

10) 경성대학교박물관, 『김해 대성동고분군Ⅱ』, 2000, 115~118쪽.

움이 있다. 대성동 29호묘가 3세기 후반에 축조된 것으로 보는 견해[11]를 수용한다면 그 시점에 한반도에서 금동관이 제작된 사례가 아직 확인된 바 없다.

2) 말이산 45호분 출토품

말이산 45호분의 매장주체부는 목곽묘이다. 묘광의 길이가 9.7m, 너비가 4.53m에 달한다. 금동관 편은 목곽 내 서쪽에 해당하는 마갑과 그 남쪽 마구류 사이에서 출토되었다.[12] 발굴 당시 9조각으로 부서진 채 드러났지만 보존처리 과정에서 접합작업이 진행되어 현재는 3조각으로 분리되어 있다. 이 금동관에서 30cm 가량 떨어진 채 발견된 마구류에는 안교, 등자, 행엽, 운주가 포함되어 있다. 대부분 철제품이며 행엽 가운데 일부에서 도금 흔적이 확인된다.

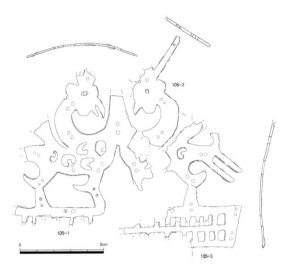

〈그림 8〉 말이산 45호분 금동관 편

금동관의 주요 문양은 대향의 쌍조문이다. 두 마리의 새는 날개부가 서로 연접되어 있다. 크기나 굴곡 등으로 보면 지산동 30호분 2곽 금동관처럼 유기질 관의 전면에 부착한 금동제 대관(帶冠)의 일부로 보인다. 다른 금동관들과 달리 하나의 동판에

〈그림 9〉 말이산 45호분 금동관 복원안(날개 일부 미복원)

대륜과 입식의 윤곽을 그린 다음 여백부를 투조하여 기본형을 만든 것이다. 2개가 1조를 이루는 소공(小孔)이 많이 뚫려 있다. 그 가운데 일부는 유기질제 장식을 매달기 위한 것

---

11) 경성대학교박물관, 앞의 책, 2000, 120~121쪽.
12) 두류문화재연구원, 『함안 말이산고분군: 함안 말이산고분군 정비사업부지내 유적』, 2021, 68쪽.

이고 또 일부는 유기물에 부착하기 위한 용도로 보인다. 표면과 이면 모두에 아말감기법으로 도금이 이루어졌다.[13] 대륜의 횡단면은 내측을 향해 호선(弧線)을 이루며 가장자리는 위쪽이 조금 더 넓어 끝부분이 사선을 이룬다. 대륜의 투조 문양대는 상하 2열이고 단위 문양은 종장방형이며, 투조가 정교하지 않아 크기가 일정하지 않다(〈그림 8·9〉).[14]

3) 옥전고총군 출토품

옥전고총군에서는 4점의 관이 출토되었다. 모두 지산동고총군이나 말이산 45호분 출토품과 외형이 다르다.

옥전 23호분은 길이 6.85m, 너비 4.5m의 대형 목곽묘이다. 도굴의 피해를 입었지만 유물이 꽤나 잘 남아 있었다. 금동관, 금제 이식, 갑주류, 마구류가 출토되었다. 금동관은 무덤 주인공의 머리 부위에서 발견되었지만 관의 상부가 유해의 하부 쪽을 향한 모습이어서 착장품으로 단정하기 어렵다. 이 관은 모관에 해당하며 고깔모양 몸체 좌우에 새날개모양 장식 부착되었고 내부에 삼엽문이 투조로 표현되어 있다. 정수리 부분에는 대롱모양 장식이 부착되어 있으나 꼭대기에 반구형 장식은 없다(〈그림 10-1·2〉).[15] 외형, 부품의 구성, 제작기법 등으로 보면 한성기 백제로부터 전해진 것으로 볼 수 있다. 함께 출토된 금제 이식 1쌍도 백제산일 가능성이 있다.

옥전 M6호분의 매장주체부는 수혈식석곽이다. 석곽의 길이는 7.4m, 너비는 5.3m이다. 용봉문대도, 팔찌, 장식마구, 유자이기 등과 함께 금동관 2점, 은관 1점이 출토되었다. 관은 피장자의 머리 쪽에서 출토되었지만 이식 등 공반 유물로 보면 머리에서 조금 이격되어 있고 모두 정치된 양상을 보이고 있어 착장품으로 보기 어렵다.[16]

은관은 입식 없이 대륜만 갖춘 것이다. 주연부에 점열문이 시문되어 있다(〈그림 10-4〉). 2점의 금동관 가운데 1점은 부식이 극심해 세부적인 특징을 파악하기 어려우나 출자형 입식과 녹각형 입식으로 볼 수 있는 부품이 남아 있다. 신라로부터 전해진 완제품인지

---

13)   필자는 이 유물을 사진으로 처음 접하였을 때 안교의 일부분일 가능성을 고려하였다. 그러나 실견한 결과 그러한 생각이 틀렸음을 알게 되었다. 유물의 크기와 형태, 그리고 이면과 측면에도 도금이 이루어진 점 등을 통해 안교일 가능성을 배제하였다.

14)   두류문화재연구원, 앞의 책, 2021, 138~139쪽.

15)   경상대학교박물관, 『합천옥전고분군Ⅵ : 23·28호분』, 1997, 74~76, 186~187쪽.

16)   경상대학교박물관, 『합천옥전고분군Ⅳ : M4·M6·M7호분』, 1993, 83~89쪽.

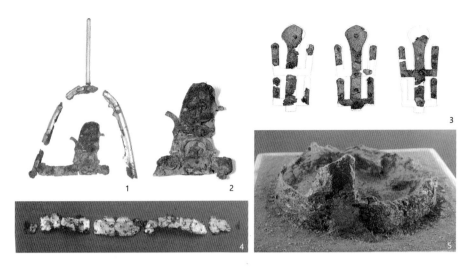

〈그림 10〉 옥전 23호분(1·2)과 옥전 M6호분 출토 금속제 관(3-5)

현지에서 모방해 제작한 물품인지 분명하지 않다. 다른 1점의 금동관(〈그림 10-3·5〉)
은 입식이 신라에서 유행한 출자형이지만 세부형태에서 차이가 있어 신라 관의 모방품
인 것 같다.

Ⅲ. 금동관에 투영된 왕권

1. 금동관의 제작지

　가야 금동관은 어디서 제작된 것일까. 아직 가야의 금 공방이 발굴된 바 없어 유물
에 대한 양식론과 기술론의 입장에서 접근할 수 밖에 없다. 가야 여러나라의 금공품에
서 '양식'을 설정할 수 있는 사례는 많지 않다. 그나마 비교적 실체가 뚜렷한 것은 대가
야 금공품이다. 초화형 입식을 갖춘 대관, 공구체와 사슬 중심의 세환이식, 용봉문대도
에서 전형을 볼 수 있다. 그밖에 아직 자료가 부족하지만 아라가야의 금동관과 이식에서
도 '아라가야양식'을 설정할 수 있다.

　첫째, 대가야양식 금공품이다.[17] 대가야의 장신구는 주변국 자료에 비하여 심플하다.

---

17)　이한상, 「가야 금속공예품의 특색과 변화양상」, 『퇴계학과 유교문화』 46, 경북대학교 퇴계학연구

즉, 신라의 장신구가 지극한 화려함을 추구한 것이라면 대가야의 장신구는 간결하면서
도 세련된 모습을 보인다. 지산동 30호분과 32호분 금동관은 풀 혹은 꽃모양의 장식을
갖추고 있어 주변국 관과 차이가 있다. 발굴품은 아니지만 Leeum[18)]이나 도쿄국립박물
관 소장 금관[19)]으로 보면 주변국과는 다른 대가야적 색채가 뚜렷한 금관도 제작되었음을
알 수 있다. 지산동과 옥전고총군에서 많이 출토된 금제 이식은 속이 빈 구체와 나무열
매 모양 장식을 주요 모티브로 삼고 있어 특색이 있다. 대가야의 장식대도는 옥전 M3호
분[20)]이나 지산동 구39호분 대도[21)]의 사례에서 보듯 환 내측 장식을 별도로 제작하여 끼
워 넣었다는 점, 환의 속이 비어 있다는 점 등이 특징이다.

〈그림 11〉 대가야양식 관(1. 지산동32호분, 2. 삼성미술관 리움 소장, 3. 도쿄국립박물관 소장)

둘째, 아라가야양식 금공품이다.[22)] 말이산 45호분 금동관은 횡으로 길쭉한 대륜 위에
쌍조가 대향하는 도상을 갖추었다. 대륜과 쌍조가 같은 판에 투조로 표현되었고 표면과
이면 모두 아말감기법으로 도금되었다.[23)] 이 관은 도안 및 제작기법이 주변국 금공품과

소, 2010.
18)　삼성미술관 Leeum, 『삼성미술관 Leeum 소장품 선집, 고미술』, 2011, 279쪽.
19)　小倉武之助, 『小倉コレクション目錄』, 1964, 55쪽; 東京國立博物館, 『寄贈 小倉コレクション目錄』, 1982, 58쪽-사진139; 함순섭, 「小倉Collection 금제대관의 제작기법과 그 계통」, 『고대연구』 5, 고대연구회, 1997.
20)　이한상, 「합천 옥전 M3호분 용봉문대도의 환부제작공정」, 『고고학탐구』 14, 고고학탐구회, 2013, 17~18쪽.
21)　이한상, 「지산동고총군 금속장신구와 장식대도 검토」, 『고고학탐구』 17, 고고학탐구회, 2015, 59~60쪽.
22)　이한상, 「함안 남문외 6-2호 석곽묘 이식에 대한 검토」, 『함안 남문외고분군: 6·7·15호분 및 2구역 시·발굴조사보고서』, 삼강문화재연구원, 2021, 338~344쪽.
23)　입식의 경우 앞뒷면 전체가 도금되었지만, 대륜은 앞면 전체와 뒷면 극히 일부가 도금되었다.

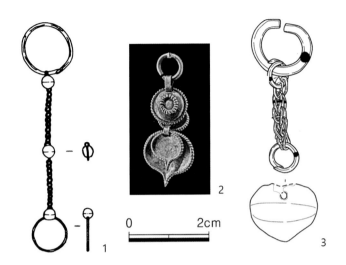

〈그림 12〉 아라가야적인 이식의 사례
(1. 도항리11호석곽묘, 2. 도항리4-가호묘, 3. 남문외6-2호 석곽묘)

현격히 달라 아라가야 공방에서 제작되었을 가능성이 크다.[24] 대금구 가운데도 아라가야
적 색채가 짙은 사례가 있다. 말이산 13호분 교란토 수습 금동제 과판 1점은 진식대금구
의 특징을 일부 갖춘 것이지만 간소하고 주변국 과판과 차이가 있어 아라가야산일 가능성
이 있다. 아라가야적인 이식도 몇 점 출토되었다. 함안-여상간 도로 확포장공사구간 내
유적 도항리 11호 석곽묘(〈그림 12-1〉)[25], 도항리 4-가호묘(〈그림12-2〉)[26], 남문외 6-2호
석곽묘 이식[27]은 주변국 이식과 차이가 있어 이 역시 아라가야산일 가능성이 있다.

　　이처럼 삼국시대 금공품에서 특정 양식이라 규정할 정도의 특색이 보일 경우 그것의
제작지를 해당 금공품의 분포권 안으로 좁혀볼 수 있다. 그렇다면 지산동고총군의 금동관
일부, 말이산 45호분 금동관의 제작지를 각각 고령과 함안으로 추정해도 좋을 것 같다.

　　가야를 비롯한 삼국시대 여러나라에서 금동관은 복식품이었다. 그 시기의 복식품은
색복제의 일부였는데, 왕이나 귀족들은 자신들의 우월한 지위를 가시적으로 드러내려고

---

24)　이한상, 「함안 말이산 45호분 출토 금동관」, 『함안 말이산고분군: 함안 말이산고분군 정비사업부지
　　　내 유적』, 두류문화재연구원, 2021, 429~434쪽.

25)　경남고고학연구소, 『함안 도항리·말산리유적(본문)』, 2000, 21쪽; 경남고고학연구소, 『함안 도항
　　　리·말산리유적(도면)』, 2000, 22쪽.

26)　국립창원문화재연구소, 『함안 도항리고분군Ⅱ』, 1999.

27)　삼강문화재연구원, 『함안 남문외고분군: 6·7·15호분 및 2구역 시·발굴조사보고서』, 2021,
　　　137~138쪽.

그러한 장치를 만들었다. 기록에 따르면 신라와 백제에는 엄격한 색복제가 존재하였으나 가야에는 관련 기록이 남아 있지 않아 실상을 알기 어렵다. 다만 금동관이나 금제 이식 등을 통해 가야 색복제 혹은 복식문화의 일단을 추정할 수 있다.

금동관은 삼국시대 여러나라 가운데 백제와 신라에서 전형을 볼 수 있다. 백제는 한성 및 웅진기, 신라는 마립간기에 금동관의 제작과 소유가 활발했다. 금동관의 수요는 많았겠지만 그것을 누구나 만들 수도 가질 수도 없었다. 그것을 만들기 위한 귀금속, 제작기술 등은 엄격히 통제된 것 같다. 모든 금동관을 왕실 공방에서 만들지는 않았겠으나 그것의 제작과 유통에는 왕권이 개재되었을 공산이 크다.

금동관을 만들려면 두 가지 전제가 필요하다. 하나는 금을 확보해야 하고, 다른 하나는 그것을 다루어 원하는 형태의 금동관을 만들어낼 수 있는 장인이 있어야 한다. 양자가 전제되지 않는다면 원하는 모양의 금동관을 만들 수 없다.

〈그림 13〉 순금 획득 공정

금은 흔히 순도에 따라 24K에서 10K까지로 구분한다. 금에 어느 정도의 불순물이 섞여 있느냐에 따라 그렇게 나눈다. 22K 이하에는 은·동·니켈·바라듐 등이 섞여 있다. 순금을 만들려면 금광상(金鑛床)이 있어야 하고 그것에서 순금을 추출할 수 있는 기술력이 필요하다. 노두가 거의 없으므로 채광에서 정련까지의 공정을 유지하려면 체계적인 조직이 필요하다. 따라서 모든 나라에서 금을 생산할 수 있는 것은 아니다. 가야 금동관에 쓰인 금은 어디에서 산출된 것일까. 가야에서 금이 산출된다는 기록이 없고 금의 채광이나 정련 관련 고고학적 증거도 없다. 따라서 가야 금동관의 제작에 쓰인 금은 주변국에서 들여온 것으로 보아 무리가 없다.

　가야와 병립한 주변국 가운데 신라의 황금은 유명하다. 기년상의 논란은 있으나 『삼국사기』 일성니사금 조의 "민간에서 금은과 주옥의 사용을 금한다."는 기록[28]과 『일본서기』 중애기와 신공기의 기록[29]으로 보면 신라에서는 금의 산출이 많았던 것 같다. 다만 어디서 금을 산출했는지 알기 어렵다. 백제에 비하여 신라의 황금 산출이 월등했던 것으로 보이므로 가야 금동관의 제작에 쓰인 금은 신라에서 수입되었을 공산이 크다.

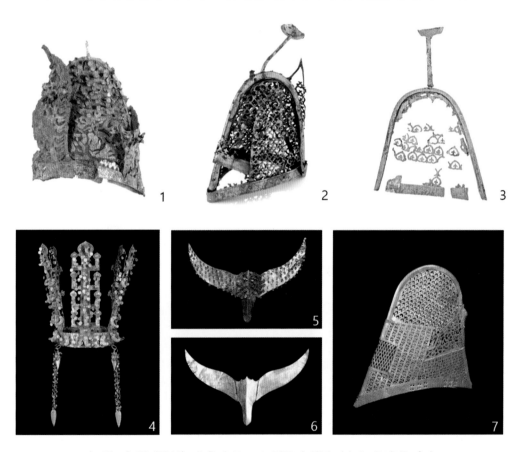

〈그림 14〉 백제양식(1. 수촌리1호묘, 2. 길두리 안동고분, 3. 요리1호묘)과
신라양식(4 · 7.천마총, 5 · 6.황남대총 남분) 관

28)　『三國史記』 新羅本紀 逸聖尼師今 11년, '又下令 禁民間用金銀珠玉'
29)　『日本書紀』 권8 仲哀天皇 8년, '有向津國 眼炎之金銀彩色 多在其國 是謂栲衾新羅國焉'
　　『日本書紀』 권9 神功皇后, '初承神敎 將授金銀之國 又號令三軍曰 勿殺自服 今旣獲其國 亦人自降服 殺之不祥'

이처럼 금은 매우 귀한 소재이므로 장인들은 최소한의 금을 들여 최대의 효과를 내고자 시도했을 것이다. 금동관을 비롯한 금공품은 토기나 기와처럼 여러 번의 시행착오를 통해 시제품을 완성할 여유가 없으며 최고의 장인이 직접 만들거나 제작에 밀접히 관여하였을 것이다. 이는 6세기 이후 일본열도 내에 귀금속 공방이 유지되었음에도 불구하고 목탑의 노반(鑪盤) 제작을 위한 기술자를 백제에 요청한 일이나, 수십 년이 지난 다음에 안작부(鞍作部) 출신 도리[止利]가 호류지[法隆寺] 석가삼존불 등의 정교한 공예품을 비로소 제작하는 모습[30]에서 유추할 수 있다.

대가야와 아라가야적 특색을 갖춘 금동관에 주목하면 금은 외부에서 들여왔더라도 두 나라에 금공 장인과 공방이 존재했음을 분명해 보인다. 가야 장인들은 각종 도구와 재료를 갖춘 공방에서 지배층의 요구사항을 반영해 금동관을 만들었을 것이다.

지금까지 발굴된 가야 금동관 가운데는 백제와 신라에서 들여온 완제품과 그것을 모방하여 제작한 것이 포함되어 있다. 가야적 특색이 현저한 자료로는 지산동 32호분 주곽과 30호분 2곽, 말이산 45호분 출토품에 불과하다. 옥전 23호묘 관은 백제 양식을 띠며 제작 의장으로 보면 백제산 완제품이 전해진 것으로 볼 수 있다. 신라 양식 관의 범주에 넣을 수 있는 사례는 지산동 518호분, 지산동 73호분 순장곽, 옥전 M6호분 금동관 2점 등이다. 이 가운데 다수는 신라 관과 세차를 보이므로 대가야 공방에서 신라 관을 모방하여 제작한 것 같다.

이처럼 대가야와 아라가야에서는 그 나라만의 금동관이 제작되었고 그것을 지배층이 주로 소유하였다. 이를 통해 두 나라에 색복제가 존재하였을 가능성을 상정할 수 있다. 그 정점에는 물론 대가야와 아라가야의 왕이 자리했을 것이다. 그러나 백제나 신라에 비해 발굴 자료가 많지 않고 출토품 사이의 양식적 유사도가 높지 않은 점을 아울러 고려한다면 금동관의 소유 여부가 두 나라에서 사회적 지위를 구별하는 결정적 요소는 아니었던 것 같다.

2. 금동관의 소유방식

가야의 금동관 가운데 역연대(曆年代)를 알 수 있는 자료는 거의 없다. 공반 유물의

---

30)   『日本書紀』권22 推古天皇13년, '以始造銅繡丈六佛像各一軀 乃命鞍作鳥爲造佛之工'

선후관계를 따져서 무덤 혹은 금동관의 연대를 추정할 따름이다.

선행 연구에 따르면 지산동고총군에서 금동관이 출토된 무덤은 73호분 → 30호분 → 32호분 → 구 39호분 순으로 축조된 것으로 보아 무리가 없다. 다만 역연대에서는 편차가 상당하다. 73호분을 5세기 2/4분기, 30호분을 5세기 3/4분기, 32호분을 5세기 4/4분기, 구 39호분을 6세기 1/4분기로 보는 연구가 있다.[31] 이와 달리 32호분을 5세기 2/4분기로 보고 그에 선행하는 30호분을 5세기 1/4분기의 늦은 단계로 파악하기도 하고[32] 32호분을 5세기 중엽, 30호분을 5세기 2/4분기로 보기도 한다.[33] 구 39호분의 연대에 대해서는 6세기 2/4분기로 늦추어보기도 하고[34] 520년대로 보면서 피장자를 이뇌왕(異腦王)으로 특정하기도 한다.[35]

옥전고총군의 경우 유구 사이의 선후관계를 알 수 있는 자료가 많고 특히 토기가 다량 출토되었다. 발굴자는 중복관계와 토기에 대한 검토를 통해 각 무덤에 연대를 부여했다. 역연대에 대해 발굴자보다 조금 빠르게 보는 견해도 있지만 상대연대에 대한 이론은 적은 편이다. 보고자는 관이 출토된 옥전 23호묘를 5세기 전반[36], M6호분을 6세기 2/4분기로 편년하였다.[37] 이와 달리 옥전 23호묘를 4세기말, M6호분을 6세기 1/4분기로 보는 견해도 있다.[38]

함안 말이산 45호분의 연대에 대해 보고자는 화염형투창고배에 기준하여 마갑총에 선행하는 것으로 보면서 역연대를 4세기 후반 혹은 5세기 전반의 이른 시점으로 추정했다.[39] 그와 달리 45호분 출토 토기의 여러 기종을 종합적으로 검토하여 이 무덤의 연대를 마갑총과 평행하는 5세기 2/4분기의 이른 단계로 비정한 연구가 있다.[40]

선행 연구를 참고하면 가야에서 금동관은 빠르게 볼 경우 4세기 말, 조금 늦추더라도 5세기 초에는 등장하며 멸망기까지 존재함을 알 수 있다. 그 가운데 대가야양식을 발현한

---

31) 우지남, 「함안지역의 도질토기」, 『함안 남문외고분군: 6·7·15호분 및 2구역 시·발굴조사보고서』, 삼강문화재연구원, 2021, 295~296쪽; 대동문화재연구원 외, 앞의 책, 2012, 485쪽.

32) 이희준, 「대가야 토기 양식 확산 재론」, 『영남학』 13, 경북대학교 영남문화연구원, 2008, 131~132쪽.

33) 박천수, 「신라 가야고분의 역연대」, 『한국상고사학보』 69, 한국상고사학회, 2010, 94쪽.

34) 김두철, 「대가야고분의 편년 검토」, 『한국고고학보』 45, 한국고고학회, 2001, 185쪽.

35) 有光敎一·藤井和夫, 앞의 책, 2003, 60쪽.

36) 경상대학교박물관, 『합천 옥전고분군Ⅵ: 23·28호분』, 1997, 75~76쪽.

37) 경상대학교박물관, 『합천 옥전고분군Ⅳ: M4·M6·M7호분』, 1993, 102쪽.

38) 박천수, 앞의 글, 2010, 94쪽.

39) 두류문화재연구원, 앞의 책, 2021, 384~386쪽.

40) 우지남, 앞의 글, 2021, 277~287쪽.

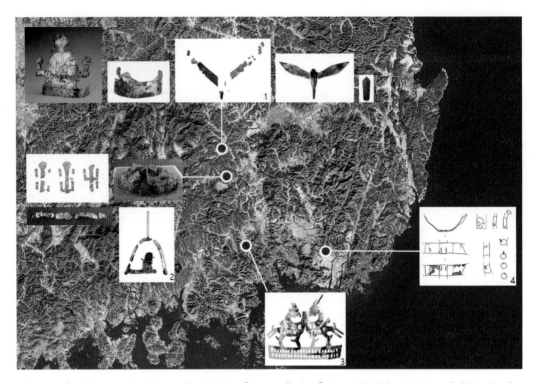

〈그림 15〉 가야 금속제 관의 분포(1. 지산동고총군, 2. 옥전고총군, 3. 말이산45호분, 4. 대성동29호묘)

관 가운데 이른 단계에 해당하는 지산동 30호분 2곽 금동관은 5세기 2/4분기 혹은 5세기 3/4분기의 자료가 된다.

현재까지의 조사 및 연구로 보면 가야에서는 고령 지산동 73호분, 함안 말이산 45호분의 경우처럼 고총이 등장하는 시점에 금동관의 활용도 시작된 것 같다. 다만 그것이 대가야 혹은 아라가야 스타일로 자리잡았는지의 여부는 아직 분명치 않다.

가야의 금동관은 고령, 합천, 함안에 분포하지만 수량이 많지 않고 그나마 고령과 합천 두 곳에 집중한다(〈그림 15〉). 이는 대가야양식 토기나 이식의 분포와는 양상이 다르다. 그리고 위의 연대관에 기준해 본다면 특정 시기에 복수의 금동관이 존재했는지조차 분명치 않을 정도로 금동관의 사례가 적다. 이는 신라와는 매우 다른 양상이다. 신라에서는 5세기 이후 신라양식 토기가 신라 각지로 확산하고 영역 내 주요 고총군에 신라양식 금동관이 묻히는 현상이 확인된다.

함안은 차치하더라도 고령과 합천의 금동관 사이에서 유사도가 확인되지 않는 점은 무슨 이유 때문일까. 옥전고총군은 고령에서 멀지 않은 곳에 위치하고, 5세기 이후의 물질문화에서 지산동고총군과 구분하기 어려울 정도의 유사도를 보여준다. 그럼에도 불구하고 최고급 금공품에 해당하는 금동관의 양식이 서로 다르다는 점은 쉽게 이해하기 어렵다. 지금까지 발굴된 자료에 한정한다면 옥전고총군 출토품의 경우 백제산 완제품[41], 신라양식 모방품이라 볼 수 있다. 그에 비해 지산동고총군 출토품은 모두 대가야 공방산이며 그 가운데는 대가야양식을 발현한 것과 신라양식 모방품이 있다. 양자 모두에 신라양식 모방품이 존재하지만 지산동고총군 출토품은 신라의 모관 부품에 해당하는 새날개 모양 관식, 옥전고총군 출토품은 출자형 입식을 갖춘 대관이어서 차이가 있다.

〈그림 16〉 지산동고총군 관 출토 무덤의 위치
(1. 32호분, 2. 30호분, 3. 73호분, 4. 75호분, 5. 518호분, 6. 구39호분)

이러한 차이가 생기게 된 이유를 옥전고총군 세력의 독자성에서 찾을 수도 있겠지만,

---

41) 필자와 달리 옥전 23호묘 금동관의 제작지를 가야로 보고 그것의 영향을 받아 에타후나야마고분 금동관이 만들어진 것으로 본 견해가 있다. 김두철, 앞의 글, 2001, 196쪽.

그보다는 대가야에서 금동관이 복식의 주요 부품으로 활용되지 않았기 때문일 수도 있다. 고령 출토 금동관 가운데 대가야양식이라 부를 수 있는 것이 2점에 불과하고 그것들 사이의 유사도가 낮은 점도 같은 맥락에서 이해할 수 있겠다. 이러한 현상에 대하여 대가야에서는 용봉문환두대도의 중요도가 높았으며 신라처럼 관이 중요한 지위를 가지지 않았기 때문이라고 설명하는 연구도 있다.[42]

　고령 지산동고총군의 금동관은 어떤 무덤에서 어떤 모습으로 출토될까. 그것에서 금동관과 왕권 사이의 관련성을 찾을 수 있을까.

　〈그림 16〉에서 볼 수 있듯이 그간 지산동고총군에서는 모두 6점의 금속제 관이 출토되었다. 그 가운데 금동관은 30호분 2곽, 32호분 주곽, 73호분 서순장곽, 518호분 주곽에서 출토되었다. 518호분 출토품은 도굴갱에서 수습된 것이라 상세한 검토가 어렵지만 주곽 출토품이라는 점에 주목한다면 32호분 주곽 출토품과 마찬가지로 무덤 주인공의 소유물이었을 가능성이 있다. 32호분 주곽 출토품은 대가야양식 대관, 518호분 주곽 출토품은 신라양식을 수용한 것이다. 30호분 출토품은 30호분에 딸린 2곽에서 출토되었고 인골로 보면 유아 혹은 소아의 소유물임에 분명하다. 73호분 출토품은 묘광 내 서순장곽에 묻힌 인물의 착장품이며 518호분 주곽 출토품과 마찬가지로 신라양식을 수용한 것이다. 이처럼 지산동고총군 금동관의 경우 외형에 기준하면 대가야양식을 발현한 대관, 신라양식을 수용한 모관으로 구분된다. 나이에 따른 구별이 없었던 것 같고 순장자도 주피장자처럼 금동관을 소유할 수 있었다는 점이 특이하다.

　대가야에서 대관과 모관은 어떤 차이를 가졌고 모관 내에서의 재질차를 어떻게 이해하면 좋을까. 대관과 모관의 차이는 신라에서 전형적으로 확인된다. 양자는 동시기에 공존한 것으로, 용도에서 차이가 있었을 것이다. 32호분과 구 39호분 주곽에서 대관과 모관이 각각 출토되었기 때문에 대관〉모관의 위계를 설정하기가 어렵다. 구 39호분 주곽에 복수의 인물이 묻혔을 가능성이 높으므로 은제 전립식이 순장자의 소유물이라면 그와 같은 위계가 성립될 수는 있다. 모관에서 보이는 은제, 금동제, 철제 관식의 위계에 대해 3자 가운데 철제품을 가장 낮은 위치에 배치할 수는 있겠으나 은제와 금동제품의 위치를 특정하기는 어렵다.

　고대사회에서 관은 소유자의 사회적 지위를 가장 잘 보여주며, 신라에서 전형이 확인

---

42)　박보현, 「대가야의 관모전립식고」, 『과기고고연구』 20, 아주대학교 도구박물관, 2014, 17쪽.

된다. 신라 왕족은 화려한 금관을 독점했다. 금동관이나 은관은 귀족들과 지방 유력자들이 제한적으로 소유할 수 있었다. 『삼국사기』 직관지 색복조 기록에서 볼 수 있는 것처럼 세분화된 차별까지는 아니더라도 위계에 따라 차등을 둔 복식체계가 존재했다. 그에 비해 대가야에서는 금속장신구를 포함한 세분화된 복식체계가 존재하지 않았을 가능성이 있다. 여타 물품을 무덤 속에 다량 부장하면서 관만 부장하지 않았다고 해석하기 보다는 관의 생산이 적었던 것으로 추정하고자 한다. 그렇기 때문에 외래의 금속제 관 문화가 쉽게 수용되었고 그것을 방제한 물품이 유행한 것은 아닐까 한다.

대가야 장신구 가운데 광역적 분포를 보이는 것은 금제 이식이다. 이식은 고령과 합천에 집중되며 거창, 함양, 산청, 진주, 고성, 창원, 순천, 남원, 장수 등 여러 지역에서 출토된다. 고총군으로 보면 고령 지산동고총군과 합천 옥전고총군에 집중되는 현상이 뚜렷하다. 이식이 묻힌 무덤의 연대는 5세기 전반부터 6세기 중엽까지 약 1세기 이상이지만 중심 연대는 5세기 후반~6세기 전반이다.[43]

대가야 양식 이식의 분포 위치를 살펴보면 고령 지산동과 합천 옥전을 양축으로 서쪽으로 진행하면서 거창 석강리, 합천 반계제, 산청 평촌리, 함양 백천리, 남원 월산리, 장수 봉서리, 장수 삼고리가 하나의 루트 상에 위치한다. 백제와의 접경지로 이어지는 방향이다. 남쪽으로는 낙동강에 인접한 다호리, 남강변의 중안동, 남해안에서 멀지 않은 고성 율대리, 순천 운평리에 분포한다. 대가야 양식 토기와 공반하는 경우가 많고 공반하지 않더라도 공반하는 무덤에 인접해 있다. 이와 같은 분포권을 대가야의 영역으로 치환하기는 어렵지만 대가야 양식 토기와의 조합 관계를 고려할 때 영역은 아니라 하더라도 세력권으로 묶어볼 여지가 충분하다.

대가야양식 장신구의 제작지를 대가야 중심지의 공방으로 보고 소유의 확산이 이루어지는 계기를 대가야의 성장과 관련지어 해석한다면, 당연히 그 중심에 위치하였을 대가야 왕은 장신구 사여의 주체로서 존재했을 것이다. 479년 남제에 견사한 가라왕[44], 481년 고구려와의 전쟁에서 백제와 함께 참전하여 신라를 도운 가야의 왕[45], 법흥왕대

43) 이한상, 「대가야계 이식의 분류와 편년」, 『고대연구』 5, 고대연구회, 1995; 이경자, 「대가야계고분 출토 이식의 부장양상에 대한 일고찰」, 『영남고고학』 24, 영남고고학회, 1999; 이은영, 「다라국의 귀걸이 연구」, 『신라사학보』 21, 신라사학회, 2011.
44) 『南齊書』 58 列傳39 東南夷, '建元元年 國王荷知使來獻 詔日 量廣始登 遠夷治化 加羅王荷知款關海外 奉贄東遐 可授輔國將軍本國王'
45) 『三國史記』 권3 照知麻立干3년, '高句麗與靺鞨入北邊 取狐鳴等七城 又進軍於彌秩夫 我軍與百濟加

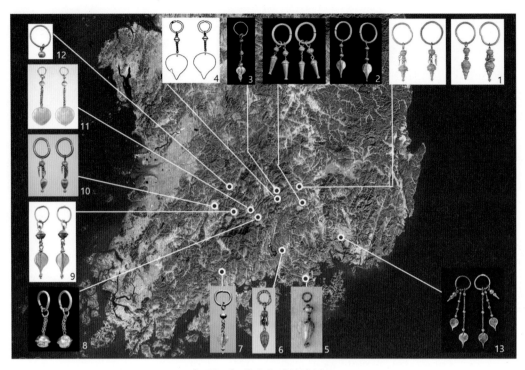

〈그림 17〉 대가야 이식의 분포
(1. 고령 지산동, 2. 합천 옥전, 3. 거창 석강리, 4. 합천 반계제, 5. 고성 율대리, 6. 진주 중안동, 7. 순천 운평리,
8. 산청 평촌리, 9. 남원 월산리, 10. 장수 봉서리, 11. 함양 백천리, 12. 장수 삼고리, 13. 창원 다호리)

신라와 혼인동맹을 맺은 가야 국왕[46]은 대가야 왕을 지칭하므로 외교와 전쟁을 수행할
수 있을 정도의 통합된 왕권의 존재는 상정할 수 있다.

대체로 5세기 중엽 이후 고구려, 백제, 신라 양식과 구별되는 가야 양식 장신구가 제
작되며 그 가운데 이식과 같은 사례는 광역적 분포를 보인다. 가야의 장신구는 가야 여
러 나라 중에서는 실체가 뚜렷한 편이지만, 같은 시기의 백제나 신라에 비한다면 정형성
이 낮은 것으로 평가할 수 있다. 특히 가야에서 금동관을 비롯한 금속제 관의 경우 관복
의 부품이라기보다는 신체를 장식하는 장신구로서의 기능이 더 강했던 것처럼 보인다.

耶援兵 分道禦之'
46) 『三國史記』권4 法興王9년, '加耶國王遣使請婚 王以伊湌比助夫之妹送之'

Ⅳ. 맺음말

이상에서 가야 금동관의 출토 사례를 집성하고 그것의 특징을 살핀 다음 그것에 투영된 가야 왕권의 일면에 대해 살펴보았다.

가야에서 금동관이 제작 혹은 활용된 곳은 대가야권, 아라가야, 금관가야일 가능성이 있는데, 이 가운데 대성동 29호묘 출토품은 출토 맥락이나 양식적 특징이 분명하지 않아 상세한 검토가 어렵다. 따라서 현재까지의 자료로 보면 대가야권과 아라가야에 금동관 문화가 존재했던 것 같다.

대가야의 중심지인 고령에서는 5세기 중엽을 전후하여 대가야양식 대관이 제작되었으나 발굴된 수량이 많지 않다. 그와 함께 신라양식을 띠는 모관이 공존한다. 대가야권인 합천에서는 현재까지 대가야 중심지에서 제작되었다고 특정할 수 있는 금동관이 출토된 바 없다. 백제산 모관 완제품, 신라 대관 모방품이 출토되었을 뿐이다. 아라가야 최초의 왕묘로 추정되는 말이산 45호분에서 출토된 금동관은 아라가야 유일의 금동관이고 일부만 남아 있다. 따라서 그것만으로 아라가야 금동관의 변천양상이나 소유자의 위상 등을 검토하기 어렵다.

가야 금동관의 제작과 소유는 삼국시대 주변국 사례처럼 가야 왕이 주관하였을 것이다. 그러나 출토 수량이 많지 않고 금동관 사이의 유사도가 낮은 점은 주변국과 다른 점이다. 이는 가야사회에서 금동관의 제작과 소유가 활발하지 않았음에 기인하는 현상이며, 금동관이 정형화된 복식을 구성하는 핵심 물품이 아니었음을 상징적으로 보여준다. 논리적 비약이 될 수도 있지만, 이 점이 가야 왕권 내지 집권력의 한계일 수 있다.

〈참고문헌〉

경남고고학연구소, 『함안 도항리·말산리유적』, 2000.

경상대학교박물관, 『합천 옥전고분군Ⅳ: M4·M6·M7호분』, 1993.

경상대학교박물관, 『합천 옥전고분군Ⅵ: 23·28호분』, 1997.

경성대학교박물관, 『김해 대성동고분군Ⅱ』, 2000.

계명대학교박물관, 『고령 지산동고분군 32~35호분·주변석곽묘』, 1981.

국립가야문화재연구소, 『고령 지산동고분군 518호분 발굴조사보고서』, 2016.

국립창원문화재연구소, 『함안 도항리고분군Ⅱ』, 1999.

대가야박물관, 『고령 지산동 대가야고분군』, 2015.

대동문화재연구원 외, 『고령 지산동 제73~75호분』, 2012.

대동문화재연구원, 『고령 지산동 대가야고분군Ⅰ』, 2020.

두류문화재연구원, 『함안 말이산고분군: 함안 말이산고분군 정비사업부지내 유적』, 2021.

삼강문화재연구원, 『함안 남문외고분군: 6·7·15호분 및 2구역 시·발굴조사보고서』, 2021.

영남매장문화재연구원 외, 『고령 지산동30호분』, 1998.

有光教一·藤井和夫, 「附篇 高靈 主山第39號墳發掘調査槪報」, 『朝鮮古蹟研究會遺稿Ⅱ 公州宋山
        里第29號墳 高靈主山第39號墳發掘調査報告 1933, 1939』, 유네스코 東아시아문화연구
        센터·財團法人 東洋文庫, 2003.

삼성미술관 Leeum, 『삼성미술관 Leeum 소장품 선집, 고미술』, 2011.

東京國立博物館, 『寄贈 小倉コレクション目錄』, 1982.

小倉武之助, 『小倉コレクション目錄』, 1964.

김두철, 「대가야고분의 편년 검토」, 『한국고고학보』 45, 한국고고학회, 2001.

박보현, 「가야관의 속성과 양식」, 『고대연구』 5, 고대연구회, 1997.

박보현, 「대가야의 관모전립식고」, 『과기고고연구』 20, 아주대학교 도구박물관, 2014.

박천수, 「신라 가야고분의 역연대」, 『한국상고사학보』 69, 한국상고사학회, 2010.

이경자, 「대가야계고분 출토 이식의 부장양상에 대한 일고찰」, 『영남고고학』 24, 영남고고학회,
        1999.

이은영, 「다라국의 귀걸이 연구」, 『신라사학보』 21, 신라사학회, 2011.

이한상, 「가야 금속공예품의 특색과 변화양상」, 『퇴계학과 유교문화』 46, 경북대학교 퇴계학연구소, 2010.

이희준, 「대가야 토기 양식 확산 재론」, 『영남학』 13, 경북대학교 영남문화연구원, 2008.

함순섭, 「고대 관의 분류체계에 대한 고찰」, 『고대연구』 8, 고대연구회, 2001.

함순섭, 「小倉Collection 금제대관의 제작기법과 그 계통」, 『고대연구』 5, 고대연구회, 1997.

함순섭, 「신라와 가야의 관에 대한 서설」, 『대가야와 주변제국』, 한국상고사학회 외, 2002.

가야의 왕성을 찾아서 [*]

권오영 | 서울대학교 국사학과 교수

Ⅰ. 머리말

최근 가야의 왕성과 산성에 대한 연구는 괄목할 정도로 큰 성과를 내고 있다. 과거에는 가야사 연구의 주류가 임나일본부설의 극복, 가야사의 시민권 회복, 삼국시대론의 극복과 사국시대론 모색 등이었다고 할 수 있으나 최근에는 연구의 주제가 확장된 것이다.

한국 고대사의 다른 분야보다도 가야사 연구는 고고학적 조사와 연구에 힘입은 바가 크다. 1970년대의 고령 지산동고분군 발굴조사를 시작으로 1980년대의 부산 복천동고분군, 합천 옥전고분군, 1990년대의 김해 대성동고분군과 함안 말이산고분군 조사로 이어지던 가야고분군 발굴의 굵직한 역사는 21세기에 들어와서도 고성 송학동고분군, 합천 삼가고분군 등으로 이어지고 있다.

이 과정에서 자연스럽게 가야고고학은 고분 및 부장품에 대한 연구가 주류를 이루게 되었다. 무덤에 반영된 사회적 위계, 순장과 후장, 내세관의 문제, 유물에 대한 세밀한

---

[*] 이 글을 작성하는 데에 필요한 자료와 정보를 제공해주신 안성현(중부고고학연구소), 이혁희(한성백제박물관) 두 분께 감사함을 전합니다.

분류와 상세한 편년안 작성, 제작기술 추정, 근거리와 원거리 교섭 등에 대한 고고학적 연구는 즉시 가야사 연구로 환류되어 부족한 문헌자료만으로는 도저히 밝힐 수 없었던 수많은 주제를 해명하는 데에 도움을 주었다.

　고분 중심의 연구가 진행되는 한편, 취락과 패총 등의 생활유적, 철기 및 토기 등을 제작하던 생산유적으로도 차츰 관심 분야가 확장되었지만 여전히 아쉬운 점이 많았다. 특히 최고 통치자인 왕과 그 일족의 거처(왕궁) 및 이를 보호하고 구획하는 시설(왕성), 귀족 및 관리들의 거처(귀족저택)와 정사를 돌보던 공간(정청)에 대한 자료가 크게 부족한 상황인 것이다. 이웃한 고구려(〈그림 1〉), 백제, 신라에 대한 고고학적 연구에서 왕성과 왕릉 연구가 나란히 두 개의 축을 이루면서 진행되는 것에 비한다면 가야에서는 왕릉, 혹은 고분 연구의 비중이 지나치게 큰 것이 사실이었다.

〈그림 1〉 고구려의 환도산성(상)과 국내성(하)

　가야사는 고대 한일관계사와도 긴밀한 관련성을 갖고 있기 때문에 일본 야요이[彌生]시대 및 고훈[古墳]시대와 비교하는 경우가 많았다. 그런데 일본에서는 왕성이나 산성보다는 고분에 대한 의존도가 매우 높다. 일본에서 최고 통치자의 거처는 야요이시대에 해당되는 『삼국지』 동이전 왜인조에 보이는 히미코[卑彌呼]의 "거처궁실 루관 성책" 기사와 관련하여 사가현 요시노가리 유적(〈그림 2〉)이나 나라현 마키무쿠 유적이 거론되는 정도였다. 정작 고분시대 야마토[大和] 정권의 왕궁, 왕성에 대한 연구는 미흡하였던 것이다. 칸토[關東] 지역을 무대로 한 호족거관에 대한 관심이 없는 것은 아니었지만 아스카시대 이전 왕궁에 대한 조사와 연구는 부진한 형편이었다. 게다가 산성의 나라라고 불리는 한국과 달리 일본에서 산성다운 산성은 7세기 중엽 이후에나 등장하기 때문에 일본에서는 산성 연구가 부족할 수밖에 없다. 이런 상황에서 가야의 대외교섭이나 국가 발전 과정을 논하기 위한 한일 양국 자료의 비교는 고분과 그 부장품, 특히 철제 갑주나 마구, 무기류가 중심이 될 수밖에 없었다.

〈그림 2〉 일본 큐슈 사가현의 요시노가리유적

하지만 각종 발굴 조사 과정에서 왕성이나 왕궁의 흔적이 조금씩 나타나게 되면서 가야의 왕성에 대한 연구자들의 관심이 점증하게 되었다. 과거에는 가야에도 산성이 존재하였는지 자체가 의문스러운 시절도 있었으나, 이제는 가야 산성이란 주제 자체가 생소하지 않게 되었다. 지난 문재인 정부가 국정 과제로서 가야사 복원을 내세웠을 때 지나치게 고분 위주의 조사와 연구로 가지 않을까 하는 학계 일부의 우려가 있었던 것도 사실이었다. 하지만 결과적으로 고분에 편중되는 현상은 그리 심하지 않았고, 왕궁과 왕성, 산성과 생산유적, 나루터 등 다양한 주제가 다루어지고 있다.

구체적으로는 김해 봉황대와 봉황토성을 중심으로 한 금관가야 왕성 연구, 고령 대가야의 산성과 왕궁터 연구, 함안 가야리 추정 왕성 연구, 합천 성산산성 연구를 거쳐 이제는 고성까지[1] 관심이 미치게 되었다. 백제나 고구려에 비하면 아직은 산성에 대한 조사가 미진하여서 초축 세력과 시점을 둘러싼 논의가 있으나 앞으로 조사 성과가 축적되면 자연히 풀릴 것으로 예상된다.

과거 필자는 가야 산성 및 왕성의 존재에 대해 회의적인 입장을 취한 적이 있었다. 도성제의 발달이 국가 체제 정비와 비례하며 진행된다고 전제하고, 삼국에 비해 국가 체제의 정비 수준이 한 단계 낮다고 평가받아 온 가야 여러 세력에서 진정한 의미의 도성제가 발전하지 못한 것은 당연한 결과라고 추정하였던 것이다. 게다가 대가야의 멸망 시점인 562년 이후에야 신라와 백제의 도성제가 거듭 정비되는 모습을 고려한다면 가야는 도성제를 발전시킬 시간적 여유가 없었다는 선입견이었다. 그러나 땅 밑에서 나오는 새로운 고고학적 자료는 가야의 도성, 혹은 궁성, 산성에 대한 새로운 시각을 요구하고 있다.

II. 몇 가지 전제 조건

1. 문헌자료와 고고자료의 가치

가야의 왕성에 대한 연구는 당연히 문헌자료와 고고자료를 이용하여 진행되어야 한다. 그동안 많은 연구자들이 즐겨 이용한 문헌자료는 『삼국유사』가락국기, 『일본서기』계체기(繼體紀)의 고당(高堂)회의, 그리고 『삼국사기』열전 사다함조의 관련 내용이다.[2]

---

1) 　동아세아문화재연구원, 「고성 만림산토성 시굴조사 약식 보고서」, 2019; 동아세아문화재연구원, 「고성 만림산토성 소가야 토성」, 『학술자문회의 및 현장 설명회 자료집』, 2020.
2) 　김재홍, 「문헌으로 본 가야제국의 궁성과 성곽」, 『대가야의 도성』, 대가야학술총서14, 고령군대가

첫 번째 기사는 금관가야의 왕성을 추정하는 데에 자주 이용되고 있다. 특히 둘레 1,500보가 된다는 기록 상의 "나성(羅城)"을 김해 봉황토성의 규모와 비교하곤 하였다. 하지만 가락국기에 기록된 구체적인 숫자를 그대로 믿기는 곤란하다. 워낙 문헌자료가 부족한 형편이기 때문에 그나마 있는 자료를 활용하고자 하는 의도는 이해되지만 세세한 표현까지 역사적 사실의 반영이라고 보기에는 무리가 있다. 나성이란 표현도 정확히 무엇을 의미하는지, 실제를 반영하는지 엄밀하게 검토하여야 한다.

두 번째 기사는 아라가야에서 개최된 국제회의의 장소인 고당의 배치와 구조에 대한 내용이다. 단편적이고 왕성의 전체적인 구조를 보여주는 자료라고 할 수 없어서 활용에 한계가 있다.

마지막 기사는 562년 대가야가 함락되는 과정에서 사다함이 전단량이란 문으로 입성한 사실에 대한 해석과 확대된 의미 부여이다. 고령 연조리유적이나 주산성의 구조와 연결지어 이 기사를 해석하려는 시도는 그다지 생산적이지 않아 보인다.

가야와 비교할 수 없을 정도로 왕성 관련 문헌자료가 많은 신라의 경우도 문헌기사와 구체적인 실물자료의 연결은 녹녹치 않은 작업이다.[3] 백제의 경우도 양자를 연결하는 작업은 자주 어려움에 봉착하곤 한다. 결국 가야의 왕성, 도성제 연구는 문헌자료의 도움을 받지 못한다는 각오로 진행되어야 할 것이다.

2. 주변 국가의 영향

그렇지만 문헌자료의 도움을 완전히 받지 못하는 것은 아니다. 그것은 인접한 신라와 백제의 도성제 연구 성과를 원용할 수 있을 것이란 희망 때문이다. 김해의 봉황토성이 축조되던 시기에 대해서는 4세기 대를 주목하는 견해와 5세기 대를 주목하는 견해가 있다. 그렇다면 봉황토성의 축조에 영향을 끼치거나, 참조할 수 있는 성은 경주 월성, 서울의 풍납토성과 몽촌토성 정도일 것이다. 그렇다면 넓은 범위의 평지를 감싼 나성의 존재, 왕성구역과 왕릉구역의 엄격한 구분 등은 기대할 수 없을 것이다. 백제와 신라에서도 아직 이런 모습은 보이지 않기 때문이다.

야박물관·영남대학교박물관, 2020.

3) 박성현, 「신라 왕경 관련 문헌을 어떻게 연구할 것인가?」, 『문헌으로 보는 신라의 왕경과 월성』, 국립경주문화재연구소, 2017.

고령의 주산성과[4] 연조리유적의[5] 관계는 부여의 부소산성과 관북리–쌍북리유적의 관계에 대비시킬 수 있다. 6세기에 대가야가 웅진–사비기 백제의 영향을 받고, 심지어 군사적 동맹관계를 맺은 사실을 고려한다면 대가야 왕성제에 백제의 영향이 스며들어가 있을 가능성은 매우 높다. 따라서 연조리유적을 중심으로 대가야 왕성의 구조를 그려볼 때 관북리와 쌍북리의 조사 성과를 원용하는 것은 유익할 것이다.[6] 전 대가야 궁성지에서 발견된 벽주건물(〈그림 3의 좌〉)도[7] 백제와 대가야의 밀접한 영향관계를 보여주는 증거 중 하나이다.

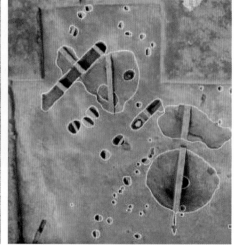

〈그림 3〉 고령 전 대가야 궁성지 벽주건물(좌)과 합천 성산산성 내 벽주건물(우)

합천 성산토성의 경우는 옥전고분군 부장품에서 보이는 외래계 유물의 유입 양상을 고려한다면 이른 단계에 백제, 늦은 단계에 신라의 영향을 고려할 수 있다. 즉 성산토성의 특이한 구조가[8] 출현하게 되는 계기로서 백제와 신라의 영향을 모두 고려할 수 있다

---

4) 대동문화재연구원, 『고령 주산성 I 』, 2014; 대동문화재연구원, 『고령 주산성 Ⅱ』, 2017.
5) 임학종·이정근, 「고령 연조리 563–3번지 대가야 토성에 대하여」, 『수리·토목 고고학의 현상과 과제 Ⅱ』, 2018.
6) 최근 부여 쌍북리유적 발굴조사 과정에서 출토된 대가야 토기는 비록 단편적인 자료이지만 당시 양국 간 관계를 상징적으로 보여준다.
7) 박천수·박경예·이인숙·정주희, 『전 대가야궁성지』, 경북대학교박물관, 2006.
8) 이재명, 「합천 성산토성의 구조와 특징」, 『다라국의 도성 城山』, 합천 성산토성 사적지정을 위한 학술대회, 2019; 경남연구원역사문화센터, 「합천 성산토성 571번지 일원 시굴 및 정밀발굴조사 학술자문회의」, 2021.

〈그림 4〉 경주 월성 성벽 절개 조사 광경

는 것이다. 성산토성에서 확인된 벽주건물(〈그림 3의 우〉)[9] 역시 다라국과 백제의 영향 관계의 증거가 된다.

　함안 가야리 유적의 경우는 아직 발굴조사가 많이 진행되지 못하여서 불분명한 점이 많다. 다만 시간적으로 백제 한성기와 일부 겹친다는 점, 최근 한성기 백제 왕릉지구인 석촌동고분군에서 함안계 토기가 발견된 점,[10] 말이산 75호분 청자 완의 유입 과정에 백제가 개재되어 있을 가능성 등을 주목한다면 한성기 토성의 구조와 축조기법을 비교하여야 한다.

　가야지역 왕성 연구에서 반드시 참조해야 할 부분이 신라의 성, 특히 월성(〈그림 4〉)이다. 월성 역시 최근 조사를 통해 새로운 사실이 많이 알려지게 되었다. 성토재의 종류, 부엽공법, 성토방법 등에서 백제 지방 토성과 유사한 점이 매우 많은데 가야 토성과의 유사성도 적지 않을 것으로 예상된다. 이 부분에 대해서는 앞으로 본격적인 비교 연구가 필요하다.

---

9)　동서문물연구원, 『합천 성산리 성지(2015년)』, 2018.
10)　한성백제박물관, 『왕성과 왕릉』, 2020.

Ⅲ. 가야 왕성의 구조 복원 시안

1. 개념의 정리

가야 왕성에 대한 연구는 동아시아 도성제의 변화 과정에서 그 위상을 찾아야 한다.[11] 즉 가야만의 특수성을 강조하는 것은 의미가 없다는 것이다.

도성, 왕도나 경, 왕경이란 개념은 고구려 평양성, 백제 사비성, 신라 왕경 등에 어울린다. 가야에서는 왕성, 왕궁, 궁성 등이 보다 적합해 보인다. 따라서 가야 왕성의 경관은[12] 신라 왕경이나 일본 후지와라쿄[藤原京] 이후의 경관이 아니라 한성기 백제, 고훈시대 후기의 대왕 궁실과 대비시키는 것이 효과적이다. 예를 들어 5세기 후반에 재위하였던 왜의 유라쿠[雄略: 456-479년]의 궁(하츠세아사쿠라노미야, 泊瀨朝倉宮)은 나라현 사쿠라이[櫻井]시 와키모토[脇本]유적에 비정된다. 그런데 이 유적에서는 궁장, 기와, 초석은 전혀 보이지 않고 수혈건물, 굴립주건물, 추정 연못 등이 발견될 뿐이다. 5세기 왜왕의 거처는 기와를 올린 초석건물이 아닌 굴립주건물이었던 것이다.

가야 연구에서 왕성이나 왕릉이란 용어를 사용하는 데에 저항감을 갖는 연구자는 거의 없을 것이다. 가야 최고 지배자의 위상을 고대국가의 왕으로 보기 어렵다는 입장에서는 왕성이란 용어를 반대할 수도 있겠으나, 수장거관(首長居館)이란 용어를 사용하기에는 가야 최고 지배자의 위상이 너무 높다. 수장거관에 어울리는 대상은 세종 나성리나 광주 동림동유적 정도일 것이다. 나성리나 동림동에 거처하던 수장층과 가야 주요 세력의 최고 지배자를 비교하기는 곤란하다.

아직은 세분된 분류가 이루어지고 있지 않으나 가야에서도 왕성과 왕궁, 궁성에 대한 엄격한 구분이 필요할 때가 올 것이다. 익산 왕궁리성은 왕궁에 해당되며 그 담장은 왕성이 아니라 궁성, 혹은 궁장이라고 불린다. 고령 연조리유적에 대가야 왕궁, 혹은 이와 관련된 시설이 위치하였을 가능성은 높으나 이를 왕성으로 보아야 할지, 궁성으로 보아

---

11) 박순발, 「동아시아 고대 궁성과 대가야」, 『대가야의 도성』, 대가야학술총서14, 고령군대가야박물관·영남대학교박물관, 2020.

12) 최경규, 「가야 왕성의 공간구조와 경관」, 『고대 도성과 월성의 공간구조와 경관』, 국립문화재연구소·한국상고사학회, 2019; 최경규, 「가야 왕성의 공간활용 및 구조 검토」, 『금관가야 봉황토성』, 김해 봉황토성 학술대회, 김해시·경남연구원, 2021.

야 할지 현재로서는 알 수 없다. 2020년에 진행된 대가야 관련 학술대회에서도 도성, 왕도, 궁성, 왕궁 등의 개념이 혼용되고 있음이 확인된다.

2. 비교사, 비교고고학적 시각의 정립

가야의 왕성은 지할(地割)이 이루어져 방리 구획을 나눈 신라 왕경이 아니라 그 전단계의 월성과 비교되어야 한다. 월성의 축조기술 및 경관의 변화과정, 고분군과의 관계, 도로 및 유통망의 확장 등에 대한 비교 연구가 필요하다. 이런 점에서 김해 관동리유적이나 해반천 변의 나루에 대한 연구는 매우 유용하다.

김해 봉황토성은 시간적으로 경주 월성이나 백제 풍납토성, 몽촌토성과 비교 대상이된다. 봉황토성 구조의 가장 큰 특징은 급한 경사도를 이룬 중심의 성체(城體), 혹은 중

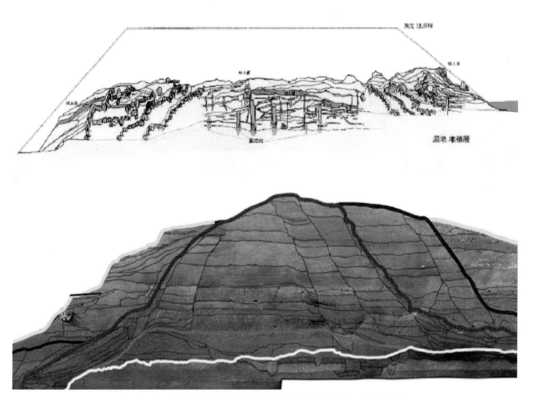

〈그림 5〉 김해 봉황토성(상)과 서울 풍납토성(하) 단면의 비교

심토루를 가운데에 두고 성의 안과 밖에서 여러 번에 걸쳐 경사진 성토를 거듭하면서 체적을 키워나갔다는 점이다(〈그림 5의 상〉). 이 과정에서 공정의 중간마다 할석을 즙석처럼 사용하였다. 이에 대한 해석으로는 최초의 축조 이후 수축과 보축의 결과로 보는 입장, 공정의 차이로 보는 입장으로 나뉘는데 이러한 논란은 서울 풍납토성에서도 동일한 과정을 거쳤던 것이다. 중심체를 올리는 방식이 풍납토성(〈그림 5의 하〉)은 정연한 판축인데 비하여 봉황토성은 다양한 성토재를 쌓아 올리는 퇴축(堆築), 혹은 성토란 차이, 그리고 부피를 늘리면서 할석을 어느 단계에서 어느 정도 사용하였는지 차이가 있으나 기본적으로는 동일한 원리를 보인다. 토제(土堤)를[13] 연속적으로 사용하면서 체적을 늘리는 방법은 백제의 지방 토성에서 흔히 보이는 방법이다.[14]

함안 가야리유적(〈그림 6〉)도 축조 기술면에서 백제 토성과 유사한 점이 많다는 사실은 이미 지적되었다.[15] 여기에 최근 새로운 사실이 많이 알려진 경주 월성과의 비교가[16] 반드시 필요하다.

〈그림 6〉 함안 가야리유적 성벽 단면(좌)와 7호 건물지(우)

여기에서 한 가지 의문이 생긴다. 삼국시대 축성에서 백제식 공법, 신라식 공법이란 개념이 성립할 수 있는가? 가능하다면 가야에도 적용할 수 있는가? 가야 각국은 왕성의 구조와 축조 공법에서 어느 정도의 공통성과 차이점을 가지고 있는가? 백제나 신라의

13) 오규진, 「김해 봉황토성 최신 발굴조사 성과」, 『대가야의 도성』, 대가야학술총서14, 고령군대가야박물관·영남대학교박물관, 2020.
14) 최경규, 「아라가야 토목구조물의 기술적 특징과 의미」, 『문물연구』 36, 동아문화재단, 2019.
15) 이혁희, 「백제의 토성과 함안 가야리유적 토성의 비교」, 『'가야리유적' 傳아라가야 왕궁지 사적지정을 위한 학술심포지엄』, 창원대학교 경남학연구센터, 2019; 최경규, 「아라가야 토목구조물의 기술적 특징과 의미」, 『문물연구』 36, 동아문화재단, 2019.
16) 최문정, 「신라왕성과 가야왕성의 비교」, 『'가야리유적' 傳아라가야 왕궁지 사적지정을 위한 학술심포지엄』, 창원대학교 경남학연구센터, 2019.

중앙-지방 차이를 넘어서는 차이일까? 만약 그렇다면 가야식 왕성 구조, 가야식 공법이란 개념이 성립되는가? 이 문제를 언급하는 이유는 고령에서 보이는 기술과 구조를 함안이나 김해에 적용할 수 있는지 여부가 문제가 되기 때문이다.

Ⅳ. 기존 견해에 대한 몇 가지 의문

1. 축조 기술에 대한 논란

한국의 토목고고학과 건축고고학 연구에서 가장 논란이 많은 기술 용어 중 하나가 판축일 것이다. 고정주(영정주)와 협판, 시루떡 모양으로 달구질된 정연한 토층을 판축의 필요조건으로 보는 엄밀한 입장에서부터 일부 요소의 결여에도 판축으로 인정할 수 있다는 너그러운(?) 입장까지 다양한 편차를 보인다. 탑의 기초부를 다지는 과정에서는 고정주와 협판을 확인할 수 없으나 가래떡 모양으로 달구질된 면이 분명히 존재하므로 판축에 포함시켜야 한다는 주장, 그리고 고정주와 협판의 흔적이 남지 않았더라도 고분 봉토에서 확인되는 치밀하게 달구질된 흔적은[17] 판축으로 보아야 한다는 주장도 이런 논쟁에 포함된다.

필자는 과거 판축의 개념을 엄밀하게 적용하여야 한다고 주장하였으나,[18] 중국 내에서도 환경과 토질에 의해 다양한 변이가 존재함을 고려하면[19] 그 개념의 범위는 확대될 수밖에 없음을 절감하게 된다. 기후와 지형의 차이에 따라 변형된 형태의 판축이 존재할 수 있음을 인정하는 셈이다.

함안 가야리에서는 나무를 종횡으로 세워 가구하고 내부에서 달구질 흔적까지 보이는데[20] 이를 판축으로 인정한다면 중국이나 백제와는 다른 가야적인 판축을 인정하여야 한다. 목주의 흔적이 존재하는 것은 분명하지만 이를 방어용의 목책으로 볼 것이 아니라

---

17) 익산 쌍릉이나 일본 아스카시대의 다카마츠즈카[高松塚]고분이 대표적이다.
18) 권오영, 「고대 성토구조물의 성토방식과 재료에 대한 시론」, 『한강고고』 5, 한강문화재연구원, 2011.
19) 金峰槿, 「中國古代土城築墻技術研究」, 北京大學博士研究生 學位論文, 2020.
20) 국립가야문화재연구소, 「함안 가야리유적 아라가야 추정왕궁지」, 현장공개자료, 2019.

구조물을 만드는 과정에서 소요된 것으로 보는 견해가[21] 제기된 바 있다. 이 문제는 앞으로의 추가 조사에 의해 풀릴 것이지만 고구려를 포함한 삼국시대의 성토구조물에 대한 광범위한 비교 연구가 필요함을 잘 보여준다. 한반도 중부지역에 분포하는 고구려 보루유적 조사에서도 동일한 논란이 있었기 때문이다.

성토재료에 대해서는 과거에 비해 훨씬 확대된 인식을 갖게 되었다. 특히 토낭, 초낭 등으로 불리는 점토괴에 대해서는 고분 봉토 조사의 경험이 축적되면서 식별이 용이해졌다고 보인다. 다만 아직도 표토 블록(〈그림 7〉)에 대해서는 대부분의 경우 불다짐 흔적, 혹은 목탄화된 유기물과 소토의 반복 정도로 오인하는 경우가 대부분이다. 머드브릭(Adobe)은 그 사례가 많지 않아서인지 제대로 구분하기 어려운 경우가 많다.

〈그림 7〉 건축, 토목재로 사용되는 표토블록

---

21)   심광주, 「가야 성곽으로 본 토목기술」, 『가야인의 기술』, 국립가야문화재연구소, 2020.

분말화된 황토, 모래, 사질점토, 사력(砂礫) 등이 아니라 덩어리를 이룬 토괴(土塊)[22]가 고정주, 협판으로 구성된 공간을 가득 채운 경우는 절대 판축일 리가 없다. 판축이란 선입견으로 인하여 오로지 수평 방향으로만 토층선을 잡으려는 관성에서 탈피하여야 한다.

2. 기능과 축조 기간

김해 봉황토성의 성격에 대하여 호안석축 내지 방조제로 이해하려는 시도가[23] 제기되었으며 이에 대한 찬반 논쟁이 아직도 끝나지 않았다. 그런데 전체 길이 1km를 넘는 구조물이 축조되려면 다양한 지형조건에 적용하여야 하고, 형태나 기능에서 차이가 날 수 있음을 인정하여야 한다. 부등침하의 위험이 큰 공구에서는 부엽공법이 필요할 것이고, 미끄러짐 현상이 예상되는 구간에서는 접착력을 높여야 할 것이다. 성체가 자리 잡는 지점의 지내력도 고려하여야 한다.

비교적 장기간 조사가 진행된 부여 나성의 경우 구간별로 축조 기술이 다르다는 점이 확인되었다. 봉황토성의 경우도 내부의 물을 배수하는 기능이 중요시되는 구간, 외부의 물을 막아야 하는 구간, 이런 위험이 없는 구간 등 다양한 차이를 보일 것이다.

함안 가야리의 경우는 인근의 평지에 축조된 제방의 성격을 함께 고려하여야 한다. 가야리 성 인근은 저습하고 상습 침수상태에 빠질 위험성이 높았던 것 같다. 제방이 축조됨으로써 비로소 평지의 물 관리가 가능해지고 주거 가능 공간이 확장되었을 것이다. 가야리 성과 제방을 함께 고려한다면 후자의 기능은 물의 관리, 형태는 나성과 같은 면모를 띠게 된다. 부여 나성은 백마강 반대편에 축조되었기 때문에 침수를 막기 위한 기능을 상정하기는 어렵지만, 백제 기술로 만들어진 일본 후쿠오카 미즈키[水城]가[24] 토성의 기능에 방조제의 기능이 더하여진 것임을 고려할 필요가 있다(〈그림 8〉).

22) 우리 학계에서는 토낭, 초낭, 토괴, 날벽돌, 생전, 토배(土坯) 등으로 불리는데, 점토 블록(Mud Block), 머드 브릭(Mud Brick, Adobe), 표토 블록(뗏장, Turf) 등으로 구분하는 것이 합리적이다. 권오영, 「고대 성토구조물의 재료에 대한 재인식」, 『백제와 주변세계』, 성주탁교수 추모논총 간행위원회, 2012.
23) 구병호, 「김해 봉황동 240번지 일원 인공석축 연구」, 『집중토론 김해 봉황대유적』, 한국성곽학회 2021년도 춘계학술대회자료집, 2021; 심종훈, 「김해 봉황동유적의 '鳳凰土城'에 대한 비판적 검토」, 『집중토론 김해 봉황대유적』, 한국성곽학회 2021년도 춘계학술대회자료집, 2021.
24) 狹山池博物館, 『古代の土木技術』, 開館記念特別展, 2001.

〈그림 8〉 미즈키 복원도(狹山池博物館, 2001에서)

이 점에서 김제 벽골제를 비롯한 삼국시대 수리관개시설에 대한 이해가 필요하다. 고령에서도 그 성격을 분명히 알 수는 없으나 모종의 수리시설이 발견되었기 때문이다.[25]

이렇듯 다양한 지형 조건에 맞추어서 다양한 기능을 갖게 되는 성이 반드시 일시에 축조되어야 할 이유는 없다. 신라의 삼년산성이 오히려 예외적일 수도 있다. 경주 월성이나 서울 풍납토성도 구간에 따라 기능의 차이, 그리고 공사의 시차를 인정하는 것이 타당할 것이다. 성이 반드시 일주(一周)할 이유도 없다.

함안 가야리 성의 경우 성토 공정에만 16만 명을 넘는 인원이 투입되었을 것으로 산정되었다.[26] 토량의 채토, 운반, 쌓고 깎고 다지는 공정을 생각하면 실제 인원은 이를 훌쩍 넘길 것이다. 토성의 축조에는 흙만 소요되는 것이 아니라 틀을 짜기 위한 목재의 소비량도 엄청나다. 인근의 산림에서 벌목 후 이동, 가공의 과정을 고려하면 동원된 노동량은 더욱 늘어난다. 이들을 먹여 살리고 관리하는 인력도 고려하여야 한다.

장마철이나 혹한기에는 작업을 멈추어야 한다. 만약 공사기간 중에 전쟁이나 역질이 돌면 작업은 중지될 것이다. 한번 시작한 작업이 쉬지 않고 최후까지 진행되는 경우가 오히려 드물었을 것이다. 이런 점을 고려하면 구간 별로 시대를 달리 하는 유물이 출토되는 현상은 이상한 일이 아닐 수도 있다.

3. 와전문화의 실체

궁성이나 궁궐의 이미지에 걸맞은 거대한 기와건물, 그것도 초석을 갖춘 지상건물이

25) 최재현, 「대가야 궁성과 왕도의 범위에 대한 시론적 검토」, 『대가야의 도성』, 대가야학술총서14, 고령군대가야박물관·영남대학교박물관, 2020.
26) 이관희, 「가야리유적 토성의 토목학적 의의」, 『'가야리유적' 傳아라가야 왕궁지 사적지정을 위한 학술심포지엄』, 창원대학교 경남학연구센터, 2019.

왕의 거처로 사용되는 것은 삼국시대 늦은 단계부터이다. 백제의 경우도 한성기에 최고 중요한 건물은 기와를 사용하지 않았다. 풍납토성에서는 수천 점의 기와가 출토되었지만 경당 44호 건물지에서는 단 1점의 기와도 발견되지 않았다.

일본의 경우도 아스카시대까지 왕의 거처에는 기와를 올리지 않았다. 굴립주건물의 지붕 위에 나무껍질이나 초본류를 덮는 수준이었다. 불교 수입과 함께 사원건물에 기와를 올렸으나 왕을 비롯한 지배층의 가옥은 여전히 기와를 올리지 않은 형태였다. 기와건물은 확장이나 구조 변경이 어렵다는 약점을 갖고 있기 때문일 것이다. 반면 화재에 강하기 때문에 가옥이 밀집된 상황에서는 기와건물을 택하게 된다. 이런 상황을 고려할 때 가야의 왕궁을 기와의 유무로 찾을 필요는 없다.

문제는 고령에서 이미 기와와 전돌을 생산하고 사용하였을 가능성이 매우 높다는 사실이다. 와전의 존재가 왕궁의 실재를 증명하는 것은 아니지만, 그렇다면 와전의 용도는 무엇이었을까? 단순히 가야 와전의 존재 규명으로 그칠 것이 아니라 그 용도에 대한 고찰이 필요하다.

김해 봉황토성이나 함안 가야리유적에서 기와가 전혀 출토되지 않아도 하나도 이상할 것이 없다. 함안 가야리유적에서는 저장시설, 고상건물과 함께 대형인 7호 수혈건물지(〈그림 6의 우〉)가[27] 확인되었다. 대형의 부뚜막과 쪽구들을 갖춘 이 유구에 대해서 조사단은 그 기능을 취사에 두고 "대형 취사건물지"로 명명하였다.

그러나 이 건물지는 취사보다 난방에 무게를 둔 것으로 보인다. 취사에 무게를 두었다면 아궁이나 솥걸이를 여럿 두는 것이 유리하지만, 길게 뻗은 쪽구들로는 동시에 많은 양의 음식을 조리할 수 없다. 아울러 토벽은 점토를 쌓은 것이 아니라 머드 브릭을 쌓아 올린 것일 가능성이 높다. 머드 브릭으로 토벽, 담장을 쌓은 사례는 경주 동천동에서 이미 확인된 바 있다.

이 건물지는 취사건물지라기보다 난방에 많은 공을 들인 대형 건물지로 보는 것이 타당해 보인다. 그렇다면 여기에 거처한 인물상도 취사전문가가 아니라 높은 지위의 인물군으로 보는 것이 합리적일 것이다.

---

27) 국립가야문화재연구소, 「함안 아라가야 추정 왕궁지(사적 제554호) 발굴조사」, 학술자문회의자료, 2020.

V. 맺음말

가야 왕성에 대한 최근의 연구는 눈부실 정도이다. 불과 몇 년전만 하더라도 생각할 수 없었던 사실들이 속속 드러나고 있다. 이제 가야 왕성과 궁성의 존재 자체를 의심하는 연구자는 찾아보기 어렵다. 한동안 왕성이나 궁성의 내부 구조에 대한 연구가 이어질 것으로 예상된다.

그런데 그것으로 문제가 해결되지 않는다. 고구려, 백제, 신라의 경우를 볼 때 왕성 외곽에 펼쳐지는 계획도시, 즉 도성과 왕경에 대한 설명을 회피할 수 없다. 늘어나는 인구를 효과적으로 통제하기 위해서는 궁성 외곽에 정연한 구획을 마련하고 각종 도시 기반 시설과 주민들을 배치하여야 한다. 바둑판 모양의 방리구획이 출현하는 것이다.

최근 부여에서는 백제 말기에 왕포천 변에 정연한 방리구획을 시도하던 흔적이 나타났다. 비록 백제 멸망으로 완성을 보지 못하고 미완성으로 끝난 것 같지만 한변이 120m에 달하는 규모는 보는 사람을 압도한다. 서울 송파구에서는 풍납토성과 몽촌토성 사이의 공간 전체에 여백이 없을 정도로 백제 취락이 빽빽하게 들어서 있음이 밝혀졌다. 가야 왕성 연구도 가까운 미래에 이런 사태를 맞이할 지도 모를 일이다. 이에 대한 대비로 추정 궁성지 외곽에 대해서도 지속적인 관심이 필요하다.

〈그림 9〉 정연한 도시 구획이 진행된 부여의 모습

【참고문헌】

〈국문〉

경남연구원역사문화센터, 「합천 성산토성 571번지 일원 시굴 및 정밀발굴조사 학술자문회의」, 2021.

구병호, 「김해 봉황동 240번지 일원 인공석축 연구」, 『집중토론 김해 봉황대유적』, 한국성곽학회 2021년도 춘계학술대회자료집, 2021.

국립가야문화재연구소, 「함안 가야리유적 아라가야 추정왕궁지」, 현장공개자료, 2019.

국립가야문화재연구소, 「함안 아라가야 추정 왕궁지(사적 제554호) 발굴조사」, 학술자문회의자료, 2020.

권오영, 「고대 성토구조물의 성토방식과 재료에 대한 시론」, 『한강고고』 5, 한강문화재연구원, 2011.

권오영, 「고대 성토구조물의 재료에 대한 재인식」, 『백제와 주변세계』, 성주탁교수 추모논총 간행위원회, 2012.

金峰槿, 「中國古代土城築墻技術研究」, 北京大學博士研究生 學位論文, 2020.

김재홍, 「문헌으로 본 가야제국의 궁성과 성곽」, 『대가야의 도성』, 대가야학술총서 14, 고령군대가야박물관·영남대학교박물관, 2020.

대동문화재연구원, 『고령 주산성 I』, 2014.

대동문화재연구원, 『고령 주산성 II』, 2017.

동서문물연구원, 『합천 성산리 성지(2015년)』, 2018.

동아세아문화재연구원, 「고성 만림산토성 시굴조사 약식 보고서」, 2019.

동아세아문화재연구원, 「고성 만림산토성 소가야 토성」, 학술자문회의 및 현장 설명회 자료집, 2020.

박성현, 「신라 왕경 관련 문헌을 어떻게 연구할 것인가?」, 『문헌으로 보는 신라의 왕경과 월성』, 국립경주문화재연구소, 2017.

박순발, 「동아시아 고대 궁성과 대가야」, 『대가야의 도성』, 대가야학술총서14, 고령군대가야박물관·영남대학교박물관, 2020.

박천수·박경예·이인숙·정주희, 『전 대가야궁성지』, 경북대학교박물관, 2006.

심광주, 「가야 성곽으로 본 토목기술」, 『가야인의 기술』, 국립가야문화재연구소, 2020.

심종훈, 「김해 봉황동유적의 '鳳凰土城'에 대한 비판적 검토」, 『집중토론 김해 봉황대유적』, 한국성곽학회 2021년도 춘계학술대회자료집, 2021.

오규진, 「김해 봉황토성 최신 발굴조사 성과」, 『대가야의 도성』, 대가야학술총서 14, 고령군대가야박물관·영남대학교박물관, 2020.

이관희, 「가야리유적 토성의 토목학적 의의」, 『'가야리유적' 傳아라가야 왕궁지 사적지정을 위한 학술심포지엄』, 창원대학교 경남학연구센터, 2019.

이재명, 「합천 성산토성의 구조와 특징」, 『다라국의 도성 城山』, 합천 성산토성 사적지정을 위한 학술대회, 2019.

이혁희, 「백제의 토성과 함안 가야리유적 토성의 비교」, 『'가야리유적' 傳아라가야 왕궁지 사적 지정을 위한 학술심포지엄』, 창원대학교 경남학연구센터, 2019.

임학종·이정근, 「고령 연조리 563-3번지 대가야 토성에 대하여」, 『수리·토목 고고학의 현상과 과제Ⅱ』, 2018.

최경규, 「가야 왕성의 공간구조와 경관」, 『고대 도성과 월성의 공간구조와 경관』, 국립문화재연 구소·한국상고사학회, 2019.

최경규, 「아라가야 토목구조물의 기술적 특징과 의미」, 『문물연구』 36, 동아문화재단, 2019.

최경규, 「가야 왕성의 공간활용 및 구조 검토」, 『금관가야 봉황토성』, 김해 봉황토성 학술대회, 김해시·경남연구원, 2021.

최문정, 「신라왕성과 가야왕성의 비교」, 『'가야리유적' 傳아라가야 왕궁지 사적지정을 위한 학술 심포지엄』, 창원대학교 경남학연구센터, 2019.

최재현, 「대가야 궁성과 왕도의 범위에 대한 시론적 검토」, 『대가야의 도성』, 대가야학술총서 14, 고령군대가야박물관·영남대학교박물관, 2020.

한성백제박물관, 『왕성과 왕릉』, 2020.

〈해외-일본〉

狹山池博物館, 『古代の土木技術』, 開館記念特別展, 2001.

『일본서기(日本書紀)』의 가야 인식과 사료적 활용

정동준 | 성균관대학교 초빙교수

Ⅰ. 머리말

가야사 연구는 고고학 자료에 의존하는 경향이 강하다. 문헌사료를 통한 연구는 상대적으로 비중이 적은데, 그나마도 압도적으로 『일본서기(日本書紀)』에 의존할 수밖에 없는 사료적 환경에 처해 있다. 따라서 문헌사료에 의거한 가야사 연구는 『일본서기』를 통한 연구라고 해도 지나친 말이 아니라고 할 수 있다.

그러나 주지하듯이 『일본서기』는 천황(天皇)의 만세일계를 증명하고 권력을 강화한다는 목적으로 편찬되어, 사료로서 문제점이 매우 많다. 특히 5세기 중반 이전의 사료는 연대를 특정하기 어려운 것이 많고, 연대가 어느 정도 안정화된 이후의 사료 또한 내용면에서 신뢰도가 떨어지는 것들이 섞여 있어서, 사료로서 이용할 때에 많은 주의를 요한다. 이러한 문제점 때문에, 1990년대 이후의 일본학계에서는 『일본서기』를 이용할 때에 연대기 사료로는 대체로 6세기의 계체기(繼體紀) 이후 기사만 다루는 경향이 강하고, 그것조차도 논자에 따라서는 매우 비판적인 관점에서 접근하는 경우가 적지 않다.

필자는 가야사를 전문적으로 연구한 적도 없고 고고학 자료에 대해서도 식견을 갖지 못하였지만, 최근 한국고대사 연구에서 『일본서기』를 사료적으로 활용하는 것에 대한 새로운 문제를 제기했다는 점[1] 때문에 이 글의 작성을 맡게 되었다. 따라서 필자는 그간 전혀 파악하지 못했던 문헌사료에 의거한 가야사 연구동향을 정리하거나 특정한 논쟁적 주제를 다룰 수는 없다. 오히려 필자의 역할은 최근의 문제 제기에 입각하여 가야사 연구에서 향후『일본서기』를 어떻게 다루어야 하는가에 대해 제안하는 것이라고 생각된다.

필자가 최근에 새롭게 문제를 제기한 것은 두가지이다. 첫째는 고대 한일관계와 관련된 기사를 발췌하여 분석하던 방식에서 벗어나『일본서기』전체의 맥락 속에서 사료를 해석하자는 것이다. 이것은 특히 5세기 중반 이전의 사료에 잘 적용되는데, 이 사료들은 연대기적으로 활용하기 어려우므로 신화·전설의 차원에서 전반적인 역사성을 추출해야 하기 때문이다. 실제 최근 일본학계에서도 이 사료들은 역사학보다는 문학 연구의 소재로 활용되는 경향이 강하다.[2]

둘째는 1970년대에 임나일본부설 등을 비판하기 위해 제기된 '주체 바꾸어 읽기' 대신에『일본서기』자체의 문맥 속에서 사료를 해석하는 접근이 필요하다는 것이다. 특히 고판본에 나오는 훈독에 주목하여, 훈독의 분석을 연구의 출발점으로 삼아야 한다고 생각한다. 물론 이것이 훈독에 보이는 그대로 사료를 해석하자는 의미는 아니다. 다만『일본서기』의 문맥을 이해한 후에 그 문맥에 따라 분석하거나 비판하거나 하자는 것이다. 특히 고유명사나 고유명사에 준하는 특수용어에 대해서는 더욱 훈독을 참고할 필요가 있다.

특히 최근 일본학계의 연구동향을 고려할 때, 5세기 이전의 사료를 특정 연대와 결부시켜 연대기 사료로 활용하는 것은 많은 무리가 있고, 연대기 사료로 활용 가능한 6세기 계체기 이후의 백제삼서(百濟三書)에 근거한 기사라 하더라도 백제측 내지 백제 유민측의 입장이 강하게 투영되어 있다는 점을 인식할 필요가 있다. 결국『일본서기』는 가야측의 입장에서 서술된 사료가 아니기 때문에, 구체적으로는 어떻게 해석하더라도 8세기 일본 또는 그 이전 백제의 입장이 투영되었다는 점을 인식하고 사료로서 활용할 필요가 있을 것이다.

---

1)   정동준, 「총론: 4~5세기 동아시아 국제정세와『일본서기(日本書紀)』」,『역사와 현실』120, 2021, 23 ~25쪽; 정동준, 「『일본서기(日本書紀)』인덕기(仁德紀) 41년조의 사실성 검토와 사료적 활용」,『역사와 현실』120, 2021.
2)   박찬우·신카이 사키코, 「최근 일본학계의『일본서기』연구동향과 신공·응신·인덕기」,『역사와 현실』120, 2021, 34~36쪽·44~52쪽.

이 글에서는 이러한 필자의 문제 제기를 바탕으로『일본서기』에 보이는 가야 관련사료 들을 새로운 시각에서 접근해 보고자 한다. 내용의 세밀한 분석이나 역사적 실상의 복원, 기존 연구동향의 정리 등은 필자의 능력 밖이어서 과감히 생략하고, 문제 제기에서 제시한 방법론을 가야 관련사료에 적용한 새로운 접근방식을 보여주는 데에만 주력하고자 한다. 구체적으로는『일본서기』에 보이는 가야 관련사료들을 전설시대와 역사시대로 구분하여 새로운 방법론을 적용해 보고자 한다. 다만 지면 관계 및 맥락상의 차이 때문에 임나일본부 관련기사는 검토대상에서 제외하겠다. 그에 따라 대부분 임나일본부 관련기사인 흠명기(欽明紀)를 제외하면, 검토대상의 시기는 숭신기(崇神紀)부터 선화기(宣化紀)까지가 된다.

Ⅱ. 전설시대(崇神紀~應神紀)의 가야 인식과 사료적 활용

『일본서기』는 편년체의 연대기적 서술로 되어 있지만, 연대기적 서술의 연대가 실제와 일치한다고 인정되는 것은 대체로 권14의 웅략기(雄略紀) 이후이다. 그 이전인 권13의 안강기(安康紀)까지는 서술된 연대가 실제와 일치한다고 보기 어려워서 연대기 사료로서 특정 연대의 사건을 증명하는 근거로 삼기 어렵다고 평가되어 왔다. 더구나 안강기까지는 물론 웅략기 이후의 권16 무열기(武烈紀)까지도 내용상으로는 설화·전설적 특성이 강하고 하나의 권이 한가지 이야기처럼 구성된다는 문제가 있어 편년체의 연대기적 서술이라는 특징이 약하다. 그렇기 때문에 최근 일본학계에서는 권17 계체기 이후만을 연대기적 서술로 다루었던 것이다.

다만 웅략기~무열기 부분은 연대기적 서술로서의 특성이 약하더라도 서술된 연대가 실제와 일치한다고 인정된다. 따라서 내용에 대한 충실한 사료 비판을 거칠 경우 연대기 사료로서 특정 연대의 사건을 증명하는 근거로서 활용할 수 있는 여지가 있다. 그렇기 때문에 이 글에서는 웅략기 이후 부분을 안강기 이전 부분의 전설시대와 구별하여 역사시대라고 명명한 것이다. 이러한 전설시대의 경우 가야에 대한 서술이 최초로 등장하는 것이 권5의 숭신기이고, 마지막으로 등장하는 것이 권10의 응신기(應神紀)이기 때문에,

그 범위가 숭신기부터 응신기까지라고 정해진 것이다.

이러한 전제 하에 먼저 전설시대의 초기인 숭신기·수인기(垂仁紀)에 보이는 가야 관련 서술을 각 권의 전체 맥락이라는 시각에서 분석해 보고자 한다. 숭신기·수인기에 보이는 가야 관련 서술은 사료 A와 같다. 이하 제시되는 사료는 전부 『일본서기』이므로 권과 해당 권의 제목만 표기하도록 하겠다. 또 서술된 연대와 실제가 일치한다고 생각되는 응략기 이후에 대해서만 서기연대를 병기하고자 한다.

> A-1. 65년 가을 7월에 <u>임나국</u>이 소나갈질지를 파견하여 조공하게 하였다. <u>임나</u>는 츠쿠시노쿠니[筑紫國]에서 2,000여 리 떨어져서 북쪽으로 바다를 사이에 두고 계림의 서남쪽에 있다.[3]　　　　　　　　　　　　　　　　　　　　　　　　　　(권5, 숭신기)

> A-2. 2년 이해에 <u>임나인</u> 소나갈질지가 청하여 본국으로 돌아가고자 하였다. 아마도 선황대[崇神朝]에 내조하여 돌아가지 못하였을 것이다. 그래서 소나갈질지에게 두텁게 상을 주고, 이어서 붉은 비단 100필을 가져가서 <u>임나왕</u>에게 하사하게 하였다. 그러나 신라인이 길에서 그를 막고 빼앗았다. 그 두 나라의 원한이 이 때에 시작되었다.〈어떤 기록에 전한다. " … "〉[4]　　　　　　　　　　　　　　　　(권6, 수인기)

A-1은 『일본서기』에서 최초로 임나 즉 가야가 등장하는 기록이다. 구체적으로는 조공 사실과 임나의 위치에 대하여 전하고 있다. A-2는 A-1에서 파견되었던 사신이 본국으로 귀환하는 것에 대한 기록이다. 따라서 A-1과 A-2는 권이 다르지만 연속된 내용이고, 『일본서기』의 편찬과정상 특징을 고려하면, A-2를 설명하기 위해 A-1이 덧붙여졌을 가능성이 높다.[5]

연대가 불안정한 시기의 기록이기 때문에 정확한 시기를 알 수는 없지만, 두 기록을 통해 확인할 수 있는 것은 왜(倭)의 초기 단계에 바다 건너 임나에 대해서 인식하고 있었고 그에 따라 양국 간에 교류가 있었다는 사실 정도일 것이다. '조공'이나 '하사' 등의 표

---

3)　六十五年秋七月, <u>任那國</u>遣蘇那曷叱知, 令朝貢也. <u>任那</u>者去筑紫國二千餘里, 北阻海以在鷄林之西南.

4)　(二年)是歲, <u>任那人</u>蘇那曷叱智請之, 欲歸于國. 蓋先皇之世來朝未還歟. 故敦賞蘇那曷叱智. 仍齎赤絹一百匹, 賜<u>任那王</u>. 然新羅人遮之於道而奪焉. 其二國之怨, 始起於是時也.〈一云:「 … 」〉

5)　『日本書紀』특히 전설시대 부분의 내용 중 비중이 큰 것이 소위 '기원설화'이다. A-2는 신라와 왜, 신라와 임나의 장기간 갈등에 대한 역사적 기원을 전하는 '기원설화'라고 할 수 있다. 이러한 기원설화는 대체로 단독으로 등장하지 않고 그 앞에 기원설화가 탄생하는 배경이 배치되는 것이 일반적인데, A-1이 A-2의 배경이라고 할 수 있다. 참고로 A-2의 세주 부분에 생략된 내용도 임나(정확히는 그 훈독인 '미마나')라는 명칭의 기원에 대한 '기원설화'이다.

현에 천황 중심의 세계관이 투영된 것은 물론, 신라와의 갈등조차도 8세기 편찬 당시의 신라에 대한 적대인식이 반영된 것이어서 연대와 관계 없이 사실로 볼 수 없는 내용이다.

그렇다면 이러한 기사가 왜 숭신기·수인기에 배치되었을까? 이에 대해서는 머리말에서도 언급했듯이 해당 권 전체의 맥락을 살펴볼 필요가 있다. 이와 관련하여 숭신기·수인기의 내용을 요약해 보면, 〈표 1〉·〈표 2〉와 같다.

〈표 1〉『일본서기』 숭신기의 내용 요약

구분	연대	내용	비고
계보 관련	원년	즉위. 처자 소개.	
	3년	천도.	
국내 안정	4년	덕치와 충성에 대한 선언.	
제사 정비	5년	전염병 발생.	
	6년	백성의 유망/배반. 신에게 속죄. 미진하여 실패.	
	7년	신과 소통해 효험. 국내 안정.	
	8년	대신에게 제사.	
	9년	다른 신들에게 제사.	
주변 평정	10년	주변 세력 정복해 평정.	
	11년	평정 완료. 사방에서 귀의.	
재정 확충	12년	호구를 조사하여 역역 부과.	
	17년	선박 제조.	
후계 안정	48년	황태자 책봉.	
제사 정비	60년	출운(出雲)의 신보를 거두어 들임. 출운(出雲)의 신에게 제사지냄.	
농업 진흥	62년	저수지 조성. 농업 진흥.	
대외 교류	65년	**임나의 조공.**	A-1

〈표 2〉『일본서기』 수인기의 내용 요약

구분	연대	내용	비고
계보 관련	원년	즉위. 황태후 책봉.	
	2년	황후 책봉. 천도.	
대외교류	2년	**임나와 신라의 다툼.**	A-2
	3년	신라 천일창(天日槍) 도래.	
반란 진압 주변 평정	4년	황후의 형제가 모반.	
	5년	황후와 형제 모두 처형.	
	7년	주변 세력을 제거함.	
황실 안정	15년	후궁을 채움.	
	23년	황자의 병을 고침. 자대(子代) 배정.	
제사 정비	25년	이세신궁 건립/제사.	
	26년	출운(出雲)의 신보 조사/관리.	
	27년	신사에 무기 바쳐 제사.	
황실 안정 장례 정비	28년	동생 사망. 순장 금지.	
	30년	후계 구도 결정.	
	32년	황후 사망. 순장 대신 식륜(埴輪) 바침.	
	34년	후궁 채움.	
농업 진흥	35년	저수지 조성. 농업 진흥.	
후계 안정	37년	황태자 책봉	
제사 정비	39년	석상(石上)신궁의 신보 바침.	
	87년	석상(石上)신궁의 관리자 교체.	
대외교류	88년	천일창(天日槍) 보물 수거 실패.	
사망 관련	90년	귤을 구해오라고 시킴. 99년 수인(垂仁) 사망 후 귀환.	

〈표 1〉과 〈표 2〉를 통해 보면, 숭신기에는 대외교류 관련기사가 A-1 뿐이고, 수인기에도 A-2와 신라 천일창(天日槍) 관련기사 뿐이다. 그런데 신라 천일창의 도래기사 바

로 전에 A-2가 배치되어 있고 그 내용 또한 신라와 임나의 다툼을 전하고 있다. 그렇다면 A-1과 A-2는 그 자체도 '기원설화'이지만, 수인기 3년조와 88년조에 보이는 '기원설화'적 성격의 천일창 관련기사를[6] 설명하기 위해 덧붙여진 내용이라고 볼 수도 있다. 실제로 A-1은 『고사기(古事記)』에는 보이지 않는 내용인데, 숭신기 편찬과정에서 임나일본부의 '기원설화'로서 추가된 기사이다.[7]

전체적인 맥락상으로 보더라도 숭신기·수인기는 대부분의 기사가 국내 정치 및 주변세력 평정에 대한 것이어서, 대외교류에 대한 내용이 추가되어야 완전한 군주로서의 모습을 보여줄 수 있다. 그렇기 때문에 왜에서 지리적으로 가까운 임나와 신라와 교류 또는 적대하는 모습이 필요하였을 것이고, A-1과 A-2 그리고 천일창 관련기사가 그 목적에 맞추어 배치되었다고 볼 수 있을 것이다. 특히 숭신기의 경우 『일본서기』에서 신과 인간의 경계가 모호한 신무기(神武紀)를 제외하면 사실상 처음으로 군주의 정치활동에 대해 기록한 부분이어서, 더욱 완전한 군주로서의 모습을 보여줄 필요가 컸다고 생각된다.[8]

위와 같은 인식과 맥락 속에서 서술된 것이 A-1과 A-2라면, 전설시대의 사료여서 특정 연대의 사건을 증명하는 근거로 사용할 수 없지만, 야마토 정권(또는 큐슈[九州]의 중심세력)이 정치적으로 성장한 초기에 가야의 존재를 인식하고 그들과 교류하였다는 근거 정도로는 활용이 가능할 것이다. 다만 이 기사가 적용될 수 있는 연대를 판단하기 위해서는 큐슈 또는 킨키[近畿] 지역의 고고학 자료를 분석하여 각 지역 정치체의 성장 상황을 파악해야 한다고 생각된다.

다음으로 신공기(神功紀)에 보이는 가야 관련 서술은 사료 B와 같다.

---

6) 수인기 이후 『日本書紀』에서는 신라에 대한 왜의 적대적 인식이 끊임없이 드러나고 있는데, 천일창 관련기사가 그 기원을 설명하는 것이기 때문에 '기원설화'에 해당된다고 할 수 있다. 이 기사에 보이는 토기[須惠器] 제작 기술자와 관련하여 5세기 사료에 보이는 도래인 기술자집단의 기원을 설명하는 것이라고 지적한 견해도 있다(植野浩三, 「渡來人と手工業生産の展開」, 『文化財學報』 22, 2004, 13쪽).

7) 泉谷康夫, 「崇神紀の成立について」, 『高圓史學』 5, 1989, 4~5쪽. 泉谷康夫는 숭신기 5~8년조, 12년조도 '기원설화'에 해당된다고 지적하였다(5쪽, 8쪽).

8) 泉谷康夫는 숭신기가 중심부의 안정, 주변부의 평정, 세제의 정비, 권농정책 등의 순서로 매우 정돈된 구성을 취하고 있는데, '御肇國天皇'에 어울리는 사적이기는 하지만 많은 부분에 작위성이 뚜렷하다고 지적하였다(앞의 논문, 1989, 8쪽). 신무기와 숭신기 사이의 '缺史八代'에는 계보적 내용만 있다. 숭신은 신들의 제사와 주변의 평정을 완수하고, 고대 제정일치왕으로서의 지위를 확립하였기 때문에 실질적인 초대 왕의 역할을 맡았다고 평가하기도 한다(烏谷知子, 「祭祀傳承に見る崇神天皇像」, 『學苑·日本文學紀要』 903, 2016, 15쪽).

B-1. 46년 봄 3월 을해일 초하루에 시마노스쿠네[斯摩宿禰]를 탁순국에 파견하였다
〈시마노스쿠네는 어떤 성씨의 사람인지 모른다〉. 이 때에 탁순왕 말금한기가 시마노스쿠
네에게 알렸다. " … "이에 시마노스쿠네가 곧 겸인(傔人) 니하야[爾波移]와 탁순인 과
고 2인을 백제국에 파견하여 그 왕을 위로하였다. … 이리하여 니하야가 일을 받고
돌아와서 시마노스쿠네[志摩宿禰]에게 알렸다. 곧 탁순에서 돌아왔다.[9]

B-2. 49년 봄 3월에 아라타와케[荒田別]·카가와케[鹿我別]를 장군으로 삼았다. 곧
구저 등과 함께 병사를 이끌고 건너가니, 탁순국에 이르러 장차 신라를 습격하려고
하였다. … 곧 목라근자·사사노궤〈이 2인은 그 성씨를 모르는 사람이고, 다만 목라근자라
는 사람은 백제의 장수이다.〉에게 명령하여 정예병을 거느리게 하고, 사백·개로와 함
께 파견하였다. 모두 탁순에 모여서 신라를 공격하여 물리쳤다. 이어서 비자발·남가
라·탁국·안라·다라·탁순·가라의 7국을 평정하였다. …[10]

B-3. 50년 여름 5월에 치쿠마나가히코[千熊長彦]·구저 등이 백제에서 이르렀다.
… 다사성을 더하여 하사하고, 오가는 길의 역으로 삼았다.[11]

B-4. 62년 신라가 조공하지 않았다. 그 해에 소츠히코[襲津彦]를 파견하여 신라를
공격하였다.〈『백제기(百濟記)』에 전한다. "임오년에 신라가 왜(倭)를 받들지 않았다. 왜가 사
치히쿠[沙至比跪]를 파견하여 토벌하게 하였다. 신라인이 미녀 2인을 장식하여 나루에서 맞이
하며 유혹하였다. 사치히쿠가 그 미녀를 받고, 도리어 가라국을 정벌하였다. 가라국왕 기본한
기 및 아들 백구저·아수지·국사리·이라마주·이문지 등이 그 인민을 거느리고 백제로 도망
갔다. 백제가 후하게 대우하였다. 가라국왕의 여동생 기전지가 야마토[大倭]를 향하여 보고하
였다. ' … ' 천황이 크게 노하여 곧 목라근자를 파견하여 병사들을 거느리고 가라에 모여서 그
사직을 회복하게 하였다." … 〉[12]　　　　　　　　　　　　　　　　　　　(권9, 신공기)

　　B-1과 B-2에는 탁순국, B-2에는 비자발 이하 7국(탁순 포함), B-3에는 다사성,
B-4에는 가라가 등장한다. 탁순국의 경우 B-1에서는 백제와 왜를 중개하여 통교를 주

9)　卌六年春三月乙亥朔, 遣斯摩宿禰于卓淳國〈斯麻宿禰者, 不知何姓人也〉. 於是, 卓淳王末錦旱岐, 告斯摩
　　宿禰曰:「 … 」爰斯摩宿禰卽以傔人爾波移與卓淳人過古二人, 遣于百濟國, 慰勞其王. … 於是, 爾波
　　移奉事而還, 告志摩宿禰. 便自卓淳還之也.
10)　　卌九年春三月, 以荒田別·鹿我別爲將軍, 則與久氐等, 共勒兵而度之, 至卓淳國, 將襲新羅. … 卽命
　　木羅斤資·沙沙奴跪〈是二人, 不知其姓人也. 但木羅斤資者, 百濟將也.〉領精兵, 與沙白·蓋盧共遣之, 俱集
　　于卓淳, 擊新羅而破之. 因以, 平定比自烌·南加羅·㖨國·安羅·多羅·卓淳·加羅七國. …
11)　(五十年)夏五月, 千熊長彦·久氐等, 至自百濟. … 增賜多沙城, 爲往還路驛.
12)　六十二年, 新羅不朝. 卽年, 遣襲津彦擊新羅.〈百濟記云:『壬午年, 新羅不奉貴國. 貴國遣沙至比跪令討之.
　　新羅人莊飾美女二人, 迎誘於津. 沙至比跪, 受其美女, 反伐加羅國. 加羅國王己本旱岐, 及兒百久氐·阿首至·國
　　沙利·伊羅麻酒·爾汶至等, 將其人民, 來奔百濟. 百濟厚遇之. 加羅國王妹旣殿至, 向大倭啓云:「 … 」天皇大怒,
　　卽遣木羅斤資, 領兵衆來集加羅, 復其社稷.」… 〉

선하는 역할을 하는 반면, B-2에서는 신라 공격을 위한 집결지로만 기록되어 있다. B-2에 보이는 비자발 이하 7국의 경우 전후맥락 없이 평정의 대상으로서만 나타난다. B-3의 다사성은 백제가 왜와 교류하기 위한 통로로 등장한다. B-4의 가라는 신라 대신 공격당하는 존재로 나타난다.

신공기 사료에 보이는 가야에 대해서는 두가지 인식이 엿보인다. 첫째, 백제 또는 신라와 교류하는 중간경유지 내지 중개지이다. B-1과 B-3, 그리고 B-2의 집결지 또한 이에 해당한다고 볼 수 있다. 둘째, 왜 또는 백제·신라에 의해 좌우되는 무기력한 존재로 등장한다. B-2에서 평정된 7국, B-4의 세주에 보이는 가라의 모습이 이에 해당된다. 어느 쪽의 인식을 보더라도 독자적인 목소리를 내는 정치체라고 보기는 어렵다.

그렇다면 이러한 신공기의 가야 인식은 왜 나타난 것일까? 역시 신공기 전체가 삼한 정벌이라는 큰 틀에서 기술되고 있다는 점과 관련시켜 파악해야 할 것이다.[13] 〈표 3〉을 보면 신공기의 이러한 성격이 잘 드러난다.

〈표 3〉 『일본서기』 신공기의 내용 요약

구분	연대	내용	비고
대외 정벌	전기	신의 뜻 거역에 대해 신에게 속죄. 큐슈 일대 정복 후 신라 정벌. 신라 왕 항복 후 조공 맹세. 돌아와서 응신(應神) 출산.	
반란 진압	원년	천도. 이복자들의 반란. 진압	
계보 관련	2년	남편 장례.	
	3년	황태자 책봉. 천도.	
삼국 교류	5년	신라 조공. 인질 도망가자 신라 공격.	박제상 설화
	13년	태자가 동해 지역 신에게 제사.	
중국 교류	39년	조위(曹魏)에 사신 파견	『삼국지(三國志)』
	40년	조위가 사신 파견	
	43년	조위에 사신 파견	

---

13)   이에 대하여 『고사기』에는 가야 복속에 대한 인식이 보이지 않으므로, 『고사기』 편찬 단계에는 나타나지 않았던 것이 『일본서기』 편찬과정에서 추가되었다는 지적이 있었다(위가야, 『일본서기』 신공기(神功紀)와 백제 관계 기사의 재검토」, 『4~5세기 동아시아 국제정세와 『일본서기』의 한일관계사상 재조명」, 2020년 11월 13일(한국역사연구회 개최), 67쪽). 신라 정복에 대해서도 『고사기』에 보이지 않기 때문에 『일본서기』 편찬과정에서 추가된 것이라고 한다(高寬敏, 「神功皇后物語の形成と展開」, 『東アジア研究』 38, 2003, 66~68쪽).

구분	연대	내용	비고
삼국 교류	46년	**탁순국 경유**해 백제에 사신 파견	B-1
	47년	백제 사신의 공물을 신라가 탈취. 신라를 질책함.	『백제기』
	49년	신라 공격 후 **가라 7국 평정**. 고해진 등 백제에 하사. 4읍 항복. 백제왕과 맹세.	B-2
	50년	백제가 사신 파견. **다사성 하사.**	B-3
	51년	백제와 사신 교환.	
	52년	백제가 칠지도/곡나철산 헌상.	
	55년	백제 초고왕 사망	
	56년	백제 귀수왕 즉위.	
	62년	신라 공격.〈**반역 후 가라 공격.**〉	B-4(『백제기』)
	64년	백제 귀수왕 사망. 침류왕 즉위.	
	65년	백제 침류왕 사망. 진사왕 즉위.	
중국 교류	66년	서진(西晉)에 사신 파견.	『진기거주(晉起居注)』

〈표 3〉을 보면, 원년~3년의 국내 정치 관련기사를 제외하면, 대부분 대외관계 기사이다. 특히 대외관계 기사가 크게 삼국과 중국에 대한 교류로 나뉘어지는데, 전거가 있거나 유사한 설화가 존재한다는 특징이 눈에 띈다.

다만 표에는 보이지 않지만, 중국과의 교류는 실제 연대와 일치하도록 배치하고 삼국과의 교류는 실제 연대와 차이가 나도록 배치하였다는 특징이 있다. 이것은 신공기의 편찬과정에서 『삼국지』·『진기거주』를 인용하여 중국과의 교류 부분을 삽입하였다는 의미로 해석할 수 있다. 실제 조위 및 서진과의 교류 부분은 전부 세주로 처리되어 있고, 『삼국지』·『진기거주』의 전재에 가깝다.

반면 삼국과의 교류 부분은 박제상 설화나 『백제기』 등을 참고하여 편찬과정에서 윤색한 것이라고 생각된다. 그러다 보니 8세기의 신라에 대한 적대적 인식이 반영되어 주된 내용이 신라와의 갈등과 공격으로 일관되는 동시에, 백제측의 입장이 반영되어 앞선 시기에 보이지 않던 백제와의 교류가 강조되었을 것이다. 신공기에서는 이러한 맥락에서 가야를 서술한 것이기 때문에, 가야는 당연히 주체적 입장에서 서술되기 어려운 것이다. 오히려 가야의 입장이 빠진 채로 서술되었기 때문에, 신라와의 갈등을 드러내는 소재 또는 백제와의 통교에서 배경 내지는 중요한 장소로서만 등장하게 되었던 것이다.

『백제기』가 백제 유민에 의해 편찬되었다는 견해도 있다는 점을 고려하면, 백제측의 입장은 백제와의 교류는 물론 백제를 멸망시킨 신라에 대한 적대의식 즉 신라와의 갈등을 드러내는 부분에도 반영되었으리라 짐작할 수 있다.

더욱이 신공기에 보이는 삼국과의 교류 부분 중 상당수는 5~6세기의 역사적 사실이 소급된 것이라는 선행연구를 고려하면,[14] 역사적 인물로서 백제의 여러 왕들이 등장한다고 하더라도 이 기사들을 가지고 특정 연대의 역사적 사실을 증명하는 근거로 삼기는 어려울 것이다. 신라 정복에 대해서도 6세기 이후의 사실이 소급된 것이고,[15] 심지어 신공(神功)이라는 인물 자체도 여성 군주를 모델로 만들어낸 허구의 인물이라는 견해가 있을 정도이다.[16]

특히 가야의 입장이 빠져 있는 가야 관련 기록이라면 더욱 그러하다. B-1은 백제와 왜의 통교, B-2는 백제·왜 연합군과 신라의 전쟁 및 백제와 왜의 맹약, B-3은 백제와의 교류경로 확보, B-4는 왜의 신라 공격이 핵심이어서, 가야는 항상 배경 또는 부차적인 존재로서만 등장한다. 실제로 이 사료들에서 가야가 능동적이거나 주체적으로 행위를 한다고 볼 수 있는 장면은 거의 없다고 할 수 있다. 그렇기 때문에 신공기의 단계까지도 가야에 대한 왜의 근본적인 인식 전환이 있었다고 보기는 어렵다.

마지막으로 응신기에 보이는 가야 관련 서술은 사료 C와 같다.

C-1. 7년 가을 9월에 고구려인 · 백제인 · 임나인 · 신라인이 모두 내조하였다. 이 때에 타케우치노스쿠네[武內宿禰]에게 명하여 여러 한인들을 거느리고 저수지를 만들게 하였다. 이에 따라 저수지를 이름지어 카라히토노이케[韓人池]라고 불렀다.[17]

C-2. 14년 이 해에 유즈키노키미[弓月君]가 백제에서 돌아왔다. 이어서 상주하였다. "제가 본국의 인부 120현(縣)을 거느리고 귀화하였습니다. 그러나 신라의 방해 때문에 모두 가라국에 머무르고 있습니다." 이에 카즈라키노소츠히코[葛城襲津彦]를 파견하여 유즈키[弓月]의 인부를 가라에서 불렀다. 그러나 3년이 지나도록 소츠히코[襲津彦]가 오지 않았다.[18]

---

14)   延敏洙,「日本書紀 神功紀의 史料批判」,『일본학』15, 1996; 이근우,『『일본서기』「신공기」가라 7국 정벌 기사에 대한 기초적 검토」,『한국고대사연구』39, 2005.
15)   中村惠司,「神功皇后の異相」,『歷史讀本』48-1, 2003, 78~79쪽.
16)   前田晴人,「神功皇后傳承は神話か史實か」,『歷史讀本』51-3, 2006, 90쪽.
17)   七年秋九月, 高麗人·百濟人·任那人·新羅人, 並來朝. 時命武內宿禰, 領諸韓人等作池. 因以, 名池號韓人池.
18)   (十四年)是歲, 弓月君自百濟來歸. 因以奏之日:「臣領己國之人夫百廿縣而歸化, 然因新羅人之拒, 皆留加羅國.」爰遣葛城襲津彦, 而召弓月之人夫於加羅. 然經三年, 而襲津彦不來焉.

C-3. 16년 가을 8월에 헤구리노츠쿠노스쿠네[平群木菟宿禰]·이쿠와노토다노스쿠네[的戸田宿禰]를 가라에 파견하였다. … 이에 유즈키의 인부를 이끌고 소츠히코와 함께 돌아왔다.[19]

C-4. 25년에 백제의 직지왕이 돌아가셨다. 곧 아들 구이신이 즉위하여 왕이 되었다. 왕은 나이가 어려서 목만치가 국정을 맡았다. 왕의 어머니와 서로 간음하고 무례한 일을 많이 행하였다. 천황이 듣고 불렀다.〈『백제기』에 전한다. "목만치라는 자는 목라근자가 신라를 토벌할 때에 그 나라의 여자에게 장가들어 낳은 자이다. 그 아버지의 공적을 가지고 임나에서 전횡하였다. … "〉[20]

(권10, 응신기)

C-1과 C-4에는 임나, C-2와 C-3에는 가라가 등장한다. 그런데 C-1과 같은 형태의 기사는 삼국 등 한반도 모든 국가가 조공하였다는 전형이어서, 실제 사실과 동떨어진 경우가 많다. C-1의 경우에도 조공 사실보다는 도래인의 주도하에 저수지를 조성하였다는 것이 핵심이라고 볼 수 있다. 따라서 굳이 사실성을 찾자면 한반도의 저수지 조성 기술이 왜로 전래되는 과정에서 가야도 부분적으로 역할을 하였다는 정도일 것이다. C-4의 임나 또한 백제인 목만치가 전횡한 장소라는 의미만 있을 뿐이어서 C-1과 C-4 모두 신공기까지 지속되었던 수동적이고 부차적인 가야 인식이 지속되고 있다고 할 수 있다.

C-2와 C-3은 시기적 차이가 있기는 하지만 연속된 이야기이다. 그러나 이 기사들에서도 가라는 신라의 방해로 인해 머무르는 장소로만 등장할 뿐 가라의 세력이 어떠한 행위를 모습은 보이지 않는다. 실제 이 이야기의 핵심은 백제와 왜의 교류를 신라가 방해한다는 것이고, 그 과정에서 장소로서 가라가 등장할 뿐인 것이다. 이렇게 가야보다도 신라가 강조되면서 백제와 왜의 교류를 방해하는 모습은 앞서 서술하였듯이 『백제기』의 편찬 주체라고도 생각되는 백제 유민의 인식이 반영된 것이라고 볼 수 있고, 다시 말해서 백제측 입장에서의 서술에 해당된다.

그렇다면 이렇게 응신기에도 지속되는 가야 인식은 왜 나타난 것일까? 역시 응신기 전체가 주로 삼국과의 교류를 중심으로 기술되고 있다는 점과 관련시켜 파악해야 할 것이다.[21] 〈표 4〉를 보면 응신기의 이러한 성격이 잘 드러난다.

---

19) (十六年)八月, 遣平群木菟宿禰·的戸田宿禰於加羅. … 乃率弓月之人夫, 與襲津彦共來焉.

20) 廿五年, 百濟直支王薨. 卽子久爾辛立爲王, 王年幼, 木滿致執國政. 與王母相姪, 多行無禮. 天皇聞而召之.〈百濟記云:「木滿致者, 是木羅斤資討新羅時, 娶其國婦, 而所生也. 以其父功, 專於任那. … 」〉

21) 장미애는 응신기의 내용을 시조로서의 성격을 보여주는 것, 한반도 제국(특히 백제)과의 관계, 이주민과 관련한 것의 3가지로 구분하여 상세히 분석하였다(장미애, 『일본서기(日本書紀)』 응신기

<표 4> 『일본서기』 응신기의 내용 요약

구분	연대	내용	비고
계보 관련	원년	즉위.	
	2년	황후 책봉. 처자 소개.	
주변 평정 삼국 교류	3년	하이(蝦夷) 조공. 해인(海人) 평정. 진사왕 무례. 사신 파견해 아화왕 즉위시킴.	
국내 안정	5년	부민(部民) 배정. 고야선(枯野船) 제작.	
	6년	근강국(近江國) 행차 후 노래(천하 태평).	
삼국 교류	7년	삼국 및 **임나 조공**. 그들이 **저수지 조성**.	C-1
	8년	백제 조공. 〈왜의 영역 탈취. 왕자 파견.〉	『백제기』
국내 안정	9년	무내숙녜(武內宿禰)의 무고가 있었으나 결백을 밝힘.	
	11년	저수지 조성.	
	13년	큐슈의 후궁을 들이려다가 황자에게 양보함.	
삼국 교류	14년	백제왕이 여성기술자 헌상. 인부 헌상을 신라가 방해해 **가라 체류**.	C-2
	15년	백제왕이 아직기 파견.	
	16년	백제왕이 왕인 파견. 아화왕 사망. 직지왕 즉위시킴. 탈취 영역 반환. 신라 공격. 신라왕 사죄. **가라 체류하던 인부 데리고 귀환**.	C-3
주변 평정	19년	길야궁(吉野宮) 행차. 주변 세력 내조.	
	20년	주변 세력(도래계) 귀부.	
	22년	난파(難波) 행차. 길비(吉備) 행차.	
삼국 교류	25년	직지왕 사망. 구이신 즉위. 목만치가 **임나에서 전횡**.	C-4(『백제기』)
	28년	고구려 조공. 태자가 무례 질책 후 표문 파기.	
	31년	고야선의 목재로 소금을 굽고 선박을 제작시킴. 신라 사신 때문에 배가 불타자 장인을 헌상함.	
	37년	오(吳)에 사신 파견하려 고구려 경유. 오에서 공녀 받아서 출발.	
	39년	직지왕이 여동생 파견.	
후계 안정	40년	황태자 책봉.	
중국 교류	41년	사망. 오에 간 사신이 공녀와 함께 귀환.	

〈표 4〉에서 응신기의 내용을 보면 기본적으로는 신공기와 유사한 느낌을 준다. 다만 둘의 차이라면, 신공기가 신라와의 적대관계를 중심으로 서술된 것에 비해, 응신기는 백

(應神紀)의 성격과 5세기 전반 백제-왜 관계의 이해」, 『역사와 현실』 120, 2021, 81~92쪽). 후자의 2가지는 연결되는 내용이어서 하나라고 보더라도 큰 문제는 없을 것이다.

제와의 관계가 중심이 되면서 삼국 전체에 대하여 우위에 선다는 인식이 강하게 투영되었다는 차이가 있다. 그에 따라 신공기처럼 직접적인 전쟁을 통해 상대를 정복하기보다는 왕위 계승에 관여하는 식의 보다 평화적이고 외교적인 방식으로 영향력을 행사하고 있는 것이다. 덧붙여 신공기에 보이지 않던 삼국과 중국을 통한 선진문물의 수용이라는 새로운 요소도 등장하고 있다.

신공과 응신이 모자관계이고 신공은 엄밀히 말해 정식으로 즉위한 것이 아니라 섭정이었다는 점을 고려하면, 이야기의 흐름상 신공이 응신의 정통성 있는 즉위와 주체적인 정치를 위한 기반을 마련한 것이라고도 볼 수 있다. 그렇기 때문에 섭정이었던 신공은 내정보다는 주변과 외부세력의 정복에 집중하였고, 그 뒤를 이은 응신은 내정도 수행하면서 신공이 정복한 세력들과 평화적인 관계를 유지하면서 영향력도 행사하고 선진문물도 수용하는 형태의 서술이 나타나게 된 것이다. 더군다나 응신은 응신기를 통해 소위 '카와치[河內] 왕조'의 시조라는 위치를 부여받고 있다는 점에서도[22] 즉위의 정통성과 독자적 정치는 중요하였을 것이다.

물론 이것은 신공기와 응신기의 내용과 구성이 그렇다는 것이고, 역사적 사실과는 별개의 문제이다. 중요한 것은 이렇게 신공기와 응신기가 연속선상의 이야기 구조를 갖고 있기 때문에, 가야에 대한 인식도 달라지기 어려웠다는 점일 것이다. 여전히 왜 또는 백제측의 입장만이 반영된 사료에 근거하여 8세기 편찬 당시의 인식 등에 의해 윤색이 가해지는 한, 수동적이고 부차적인 가야 인식이 변화하기는 어려웠을 것이다. 전설시대를 기술한『일본서기』의 사료적 성격이 위와 같다면, 5세기 중반 이전의 가야사 연구에 대해서『일본서기』를 활용하는 것은 매우 제한적일 수밖에 없고, 많은 부분을 다른 사료나 고고학 자료에 의존해야 할 것이다.

결국『일본서기』전설시대의 각 권마다 짜여진 이야기 구조 속에서 가야는 수동적이고 부차적인 역할로만 등장하고 있었다. 역사시대에 진입하면 이러한 모습이 달라지는 것일까? 다음 장에서 웅략기 이후를 검토하여 변화 여부를 분석해 보고자 한다.

---

22) 山中鹿次,「中期大和王權の開始と始祖に關する覺書」,『日本書紀研究』24, 塙書房, 2002, 418쪽 참조. 이 시기에 왕권과 관련된 사항들이 많은 부분에서 변화하고 있다는 지적도 있다(直木孝次郎,『日本古代史と應神天皇』, 塙書房, 2015, 6~37쪽).

Ⅲ. 역사시대(雄略紀~宣化紀)의 가야 인식과 사료적 활용

『일본서기』전설시대에는 각 권마다 짜여진 이야기 구조 속에서 수동적이고 부차적인 역할로만 등장했던 가야가 역사시대에는 어떻게 인식되고 있었을까? 지금부터 웅략기 이후의 사료들을 검토해 보고자 한다. 웅략기·현종기(顯宗紀)에 보이는 가야 관련 서술은 사료 D와 같다.

D-1. 7년(463) 이 해에 키비노카미츠미치노오미타사[吉備上道臣田狹]가 천황 옆에서 모시면서 와카히메[稚媛]를 벗에게 칭찬하였다. " … "천황이 귀를 기울여서 멀리서 듣고 마음 속으로 기뻐하였다. 곧 친히 와카히메를 찾아서 후궁으로 삼고자 하여, 타사[田狹]를 <u>미마나노쿠니노미코토모치[任那國司]</u>로 임명하였다. 얼마 지나지 않아서 천황이 와카히메와 사통하였다. 타사노오미[田狹臣]는 와카히메에게 장가들어 에키미[兄君]·오토키미[弟君]를 낳았다〈 … 〉. 타사는 임지에 가고 나서 천황이 그 부인과 사통하였음을 듣고, 지원을 요청하려고 신라에 들어갔다. 이 때에 신라가 왜[中國]를 섬기지 않았다. … 천황이 군신에게 명하였다. "그렇다면 환인지리(歡因知利)가 오토키미를 따르게 하여 백제로 향하고, 아울러 칙서를 내려 기술이 뛰어난 자를 바치게 하라." 이에 오토키미가 명을 받들어 무리를 이끌고 가서 백제에 도착하여 그 나라(신라)에 들어갔다. … 오토키미는 길이 멀다고 스스로 생각하여 정벌하지 않고 돌아왔다. 백제가 바친 새로 도래한 기술자를 큰 섬 안에 모이게 하여, 바람을 기다린다고 핑계대고 수개월을 머물렀다. <u>미미나노쿠니노미코토모치</u> 타사노오미는 이에 오토키미가 정벌하지 않고 돌아간 것을 기뻐하며, 몰래 백제에 사람을 파견하여 오토키미에게 훈계하였다. " … 내 아들인 너는 백제를 근거로 하여 일본에 통하게 해서는 안 된다. 나는 임나에 근거를 가지고 일본에는 통하지 않을 것이다."[23]

D-2. 8년(464) 봄 2월에 천황이 즉위하고부터 이 해에 이르기까지 신라가 배반하고 속여서 조공을 바치지 않은 지가 지금까지 8년이었다. 그러나 왜[中國]의 마음을 크게 두려워하여 고구려와 우호관계를 맺었다. 이로 말미암아 고구려왕이 정예병 100인을 파

---

23)　(七年)是歲, 吉備上道臣田狹, 侍於殿側, 盛稱稚媛於朋友曰:「 … 」天皇, 傾耳遙聽, 而心悅焉. 便欲自求稚媛爲女御, 拜田狹, 爲<u>任那國司</u>. 俄而, 天皇幸稚媛. 田狹臣娶稚媛, 而生兄君·弟君〈 … 〉. 田狹旣之任所, 聞天皇之幸其婦, 思欲求援而入新羅. 于時, 新羅不事中國. … 天皇詔群臣曰:「然則宜以歡因知利, 副弟君等, 取道於百濟, 幷下勅書, 令獻巧者.」於是, 弟君銜命, 奉衆行, 到百濟, 而入其國. … 弟君自思路遠, 不伐而還. 集聚百濟所貢今來才伎於大嶋中, 託稱候風, 淹留數月. <u>任那國司</u>田狹臣, 乃喜弟君不伐而還, 密使人於百濟, 戒弟君曰:「 … 吾兒汝者, 跨據百濟, 勿使通於日本. 吾者據有<u>任那</u>, 亦勿通於日本.」

견하여 신라를 지켰다. … 국인들이 뜻을 알고 국내에 있는 고구려인들을 모두 죽였다. 오직 남은 고구려인 1인이 있어 틈을 타서 탈출할 수 있었고, 본국에 도망쳐 들어가 모두 갖추어 설명하였다. 고구려왕이 곧 군대를 출동시켜 축족류성〈 … 〉에 주둔하게 하니, 마침내 노래하고 춤추며 즐거움을 일으켰다. 이에 신라왕이 밤에 고구려군이 사방에서 노래하고 춤추는 것을 듣고 적이 신라 땅에 다 들어왔다는 것을 알았다. 이에 임나왕에게 사람을 파견하여 말하였다. " … 엎드려 야마토노미코토모치[日本府]의 이쿠사노키미[行軍元帥] 등에게 구원을 청하고자 합니다." 이로 말미암아 임나왕은 카시와데노오미이카루가[膳臣斑鳩]〈 … 〉·키비노오미오나시[吉備臣小梨]·나니와노키시아카메코[難波吉士赤目子]에게 신라에 가서 구원할 것을 권하였다. … 날이 밝자, 고구려는 카시와데노오미[膳臣] 등이 달아났다고 여겨서 모든 군대가 와서 쫓았다. 이에 기습하는 병사를 풀어서 보병과 기병이 협공하니, 크게 물리쳤다. 두 나라의 원한은〈두 나라라고 하는 것은 고구려와 신라이다.〉 이 때부터 생겼다.[24]

D-3. 21년(477) 봄 3월에 천황이 백제가 고구려에게 격파되었다는 것을 듣고 구마나리를 문주왕에게 하사하여 그 나라를 구하여 흥하게 하였다. …〈문주왕은 개로왕의 동모제이다. 『일본구기(日本舊記)』에 "구마나리를 말다왕(동성왕)에게 하사하였다."고 하는데, 아마도 오류일 것이다. 구마나리는 임나국 하치호리현의 별읍이다.〉[25]　　　　　(권14, 웅략기)

D-4. 3년(487) 봄 2월 정사일 초하루에 아에노오미코토시로[阿閉臣事代]가 명을 받아서 임나에 사신으로 나갔다. … 이 해에 키노오이와노스쿠네[紀生磐宿禰]가 임나를 뛰어넘어 고구려와 교통하였다. … 임나의 좌로·나기타갑배 등의 계책을 이용하여 백제의 적막이해를 이림〈이림은 고구려 땅이다.〉에서 죽였다. … 백제왕이 크게 노하여, 영군 고이해·내두 막고해 등을 파견하여 무리를 이끌고 대산으로 나아가 공격하게 하였다. 이리하여 오이와노스쿠네[生磐宿禰]는 진군하여 맞서 공격하였다. … 얼마 지나지 않아 병사와 힘이 다하여 일이 되지 않을 것을 알고 임나에서 돌아왔다. 이로 말미암아 백제국이 좌로·나기타갑배 등 300여 명을 죽였다.[26]　　(권15, 현종기)

---

24) (八年春二月)自天皇卽位, 至于是歲, 新羅國背誕, 苞苴不入, 於今八年. 而大懼中國之心, 脩好於高麗. 由是, 高麗王, 遣精兵一百人守新羅. … 國人知意, 盡殺國內所有高麗人. 惟有遺高麗一人, 乘間得脫, 逃入其國, 皆具說之. 高麗王卽發軍兵, 屯聚筑足流城〈 … 〉. 逐歌儛興樂. 於是, 新羅王, 夜聞高麗軍四面歌儛, 知賊盡入新羅地. 乃使人於任那王曰:「 … 伏請救於日本府行軍元帥.」由是, 任那王勸膳臣斑鳩〈 … 〉. 吉備臣小梨·難波吉士赤目子, 往救新羅. … 會明, 高麗謂膳臣等爲遁也. 悉軍來追. 乃縱奇兵, 步騎夾攻, 大破之. 二國之怨, 自此而生〈言二國者, 高麗新羅也〉.

25) 十一年春三月, 天皇聞百濟爲高麗所破, 以久麻那利賜汶洲王, 救興其國. …〈汶洲王蓋鹵王母弟也. 日本舊記云:「以久麻那利, 賜末多王.」蓋是誤也. 久麻那利者, 任那國下哆呼唎縣之別邑也.〉

26) 三年春二月丁巳朔, 阿閉臣事代銜命, 出使于任那. … 是歲, 紀生磐宿禰, 跨據任那, 交通高麗. … 用任那左魯·那奇他甲背等計, 殺百濟適莫爾解於爾林〈爾林, 高麗地也〉. … 百濟王大怒, 遣領軍古爾解·內頭莫古解等, 率衆趣于帶山攻. 於是, 生磐宿禰, 進軍逆擊. … 俄而兵盡力竭, 知事不濟, 自任那歸. 由是, 百濟國殺佐魯·那奇他甲背等三百餘人.

　　D-1~4 모두 임나만이 등장하고 있다. D-1에서는 장소로 등장하는 임나를 제외하면, 미마나노쿠니노미코토모치[任那國司]의 활동에 대한 내용이 대부분이다. D-2에는 임나 왕이 등장하기는 하지만, 임나왕이 주체적인 역할을 하는 것이 아니라 야마토노미코토 모치[日本府]의 이쿠사노키미[行軍元帥]에게 신라의 요청을 전달하는 존재에 불과하다. D-3에서는 문주왕 또는 동성왕에게 하사되었다고 하는 지역인 구마나리가 임나국의 일 부임을 설명하고 있다. D-4에서는 사건의 장소로서의 임나 이외에, 사건 관련 인물로 좌 로·나기타갑배 등 임나 사람들이 등장한다. 그러나 역시 이 사건의 핵심은 왜에서 파견된 키노오이와노스쿠네[紀生磐宿禰]와 백제에서 파견된 고이해·막고해가 임나에서 전쟁을 벌였다는 것이고, 좌로·나기타갑배는 키노오이와노스쿠네를 돕는 존재로 등장하고 있다. 결국 여전히 수동적이고 부차적인 가야 인식에서 벗어났다고 보기 어려운 것이다.

　　특히 D-1과 D-2에서는 쿠니노미코토모치[國司]나 야마토노미코토모치가 임나에 존 재한다고 설정되어 있어, 임나일본부 관련 이야기의 일부로서 윤색된 것이라고 판단된 다. 그렇다 보니 D-1에서는 백제와 왜의 관계에 대하여 임나에 체재 중인 쿠니노미코토 모치가 관여하고, D-2에서는 신라와 고구려의 전쟁에 대하여 임나에 체재 중인 이쿠사 노키미가 신라측의 지원군으로 참여하고 있다. 한반도에서 벌어지는 여러 중요 사건에 관여하는 핵심세력으로 설정된 임나일본부의 모습 그 자체인 것이다.

　　D-3의 경우에도 특정 지역을 하사한다는 것 자체가 이전에 그 지역에 대한 지배권 내지 영향력을 상정한다는 점에서 D-1·2와 같은 맥락처럼 보인다. D-4의 경우에는 쿠 니노미코토모치와 같은 지위도 보이지 않는 키노오이와노스쿠네가 임나에서 백제와 전 쟁을 벌이고 임나 사람들의 협력을 받고 있다. 역시 명시적으로 서술하지는 않았지만, 임 나일본부와 같은 존재를 암묵적으로 상정하지 않고는 설명되기 어려운 내용 전개이다.

　　그렇다면 왜 여전히 가야는 수동적이고 부차적인 존재로 인식된 것일까? 1장과 마찬 가지로 웅략기·현종기 전체의 맥락 속에서 파악해 볼 필요가 있을 것이다.

〈표 5〉『일본서기』 웅략기 · 현종기의 내용 요약

구분	연대	내용	비고
반란 진압 계보 관련	전기	황족의 반란 진압 후 후계 황자 죽이고 즉위.	
	원년	황후 책봉. 처자 소개.	

구분	연대	내용	비고
위엄+덕치	2년	백제 공녀가 간통하자 처형함. 사냥터에서 시종 등 죽임. 부민(部民) 배정.	『백제신찬(百濟新撰)』
	3년	무고로 황녀 간음사건 발생. 결백이 밝혀짐.	
	4년	사냥터에서 상서가 발생. 덕치를 상징함.	
삼국 교류	5년	사냥터에서 웅략(雄略)을 보호하지 못한 사인(舍人)을 살려줌.	
		개로왕이 곤지를 파견함. 무령왕 · 동성왕 등 5명의 아들 탄생.	『백제신찬』
주변 평정	6년	주변 행차. 양잠 시작. 오(吳)가 사신 파견.	
	7년	주변의 신과 조우. 길비(吉備)세력이 모반하여 처형.	
		길비세력을 임나에 파견하자, 신라와 결탁해 모반함. 백제에 파견한 길비세력도 모반함. 데리고 온 도래인은 안치.	D-1
중국 교류		오에 사신 파견.	
삼국 대립	8년	신라가 조공 않고 고구려와 결탁했다 반격. **임나가 왜와 함께 신라를 지원하여 고구려를 물리침.**	D-2
	9년	제사 준비 중 간음사건 발생하자 처형. 군대 파견해 신라 공격했으나, 지휘부 반목으로 실패함. 응신릉(應神陵) 관련 상서 발생.	
중국 교류	10년	오에 간 사신 귀환. 공물 손상 후 속죄하자 용서함.	
덕치+위엄	11년	근강(近江)에 상서. 백제(또는 오)에서 귀화. 부민 배정.	
	12년	오에 사신 파견. 목공과 채녀의 간음을 의심하였다가 용서함.	
	13년	채녀 간음사건 후 속죄. 파마(播磨)세력 평정. 목공 처형하다 사면.	
	14년	오에 간 사신 귀환. 사신 접대과정 중 모반 진압.	
국내 안정	15년	진(秦)씨 집단을 진주공(秦酒公)에게 하사함.	
	16년	뽕나무 심기 장려. 카바네 하사.	
	17년	부민 배정.	
주변 평정	18년	이세(伊勢)세력 평정.	
국내 안정	19년	부민 배정.	
삼국 교류	20년	고구려가 백제 한성 함락.	『백제기』
	21년	백제 문주왕의 재건을 지원함.**(하사한 지역이 임나)**	D-3
국내 안정	22년	황태자 책봉. 단파(丹波)에서 상서 발생.	
삼국 교류	23년	백제 문근왕 사망. 말다왕 즉위시킴. 수군으로 고구려 공격.	
계보 관련	전기	부친 피살로 민간에서 숨어살다 나타남. 후계자인 형이 양보.	
	원년	형의 양보로 옹립됨. 황후 책봉. 부친 장례. 연회. 공신 포상.	
덕치	2년	연회. 청녕(淸寧)의 능을 파헤치려다 중지. 천하 태평	
국내 안정	3년	**임나에 사신 파견.** 신들에게 제사. 연회. 부민 배정.	D-4
삼국 대립		**임나 파견 세력이 고구려와 결탁, 백제에게 패배 후 퇴각.**	D-4

〈표 5〉에서 보이듯이 웅략·현종(顯宗) 모두 순탄한 계승과정 속에서 즉위하지 못하였다. 웅략은 황족의 반란 속에서 후계로 지목된 황자를 죽이고 즉위하였으니, 결국 쿠데타로 즉위한 정통성 없는 군주라고 할 수 있다.[27] 현종의 경우에도 황자였던 부친이 권력 다툼 속에서 피살된 후 형과 함께 민간에 숨어 살다가 웅략의 아들인 청녕에 의해 후계자로 지목된 형(현종의 다음인 인현(仁賢))의 양보로 즉위하였다. 민간에 숨어 살았던 데다가 후계자로 지목된 형을 제치고 즉위하였다는 점에서 웅략 이상으로 정통성에는 취약점을 가지고 있었다.[28]

이렇게 정통성이 취약한 상태에서 즉위한 군주라면 국내 정치도 물론 중요하겠지만, 활발한 대외 교류나 정복 등으로 정통성을 보완하고자 하는 것이 일반적이다. 전설시대라면 신공이나 응신의 경우처럼 백제·신라 등이 그러한 역할을 해 주었겠지만, 역사시대로 진입한 웅략의 시기가 되면 백제·신라의 성장이라는 측면도 있어서 그러한 설정은 무리가 따른다.[29] 그렇기 때문에 백제·신라는 이제 상황에 따라 왜와 협력하기도 하고 대립하기도 하는 주체적인 세력으로 보이는 것이다.

이러한 상황에서 백제·신라 대신 웅략·현종의 정통성을 보완해줄 수 있는 존재가 임나였다. 실제로 〈표 5〉를 보면 국내 정치보다는 대외 교류나 정복에 대한 내용의 비중이 훨씬 크다. 신공기·응신기에 등장하던 다양한 임나 관련 세력이 보이지 않고 임나만이 보이는 것도 실상과는 다소 거리가 있는 윤색된 이야기이기 때문은 아닐까?

이러한 가야 관련 인식은 계체기 이후로 변화가 나타난다. 계체기·선화기에 보이는 가야 관련 서술은 사료 E와 같다.

---

27) 吳哲男, 「雄略天皇－有德天皇か大惡天皇か?」, 『歷史讀本』 49-1, 2004, 118~119쪽. 다만 웅략의 경우 『고사기』의 이야기 구조상으로는 신무·인덕 등과 유사하여, 계보상의 중요한 역할을 맡았다고 하기도 한다(都倉義孝, 「仁德と雄略そして顯宗·仁賢の物語」, 『國語と國文學』, 70-12, 1993, 9쪽). 대왕 지위를 놓고 복수의 씨족이 경쟁하는 과정에서 군사능력 등의 실력으로 즉위한 상황을 보여주는 것이라고 해석하기도 한다(遠山美都男, 「古代皇位繼承事件 (1)雄略天皇の卽位」, 『歷史讀本』 56-7, 2011, 258~259쪽).

28) 전대인 청녕과 재종(6촌)간이라는 점, 동생-형 순서로 즉위하였다는 점에서 이례적이라고 지적되었다(中野謙一, 「記紀間における顯宗天皇像の相違」, 『學習院大學大學院日本語日本文學』 2, 2006, 1쪽). 주27과 마찬가지 이유로 복수 씨족 간의 대왕위 교체를 주장하기도 한다(遠山美都男, 「古代皇位繼承事件 (2)顯宗·仁賢の「發見」」, 『歷史讀本』 56-8, 2011, 248쪽).

29) 웅략기의 신라 정벌기사는 이전과는 차이가 있어, 단순히 조공하지 않았기 때문이었던 정벌 이유가 타국의 조공 방해 등 악행으로 바뀌었다고 지적하기도 한다(榎本福壽, 「『日本書紀』雄略天皇條の所傳と天皇の遺詔(前)」, 『上代文學』 78, 1997, 25~30쪽).

E-1. 3년(509) 봄 2월에 백제에 사신을 파견하여〈 … 〉, 임나의 야마토[日本] 현읍에 있는 백제 백성 중 떠돌아다녀서 관적에서 빠진 지 3∼4대가 된 자를 색출하여, 모두 백제로 옮겨 관적에 넣었다.[30]

E-2. 6년(512) 겨울 12월에 백제가 사신을 파견하여 조공하였다. 따로 표문을 올려 임나국의 상다리·하다리·사타·모루 4개 현을 요청하였다. 다리의 쿠니노미코토 모치[國守] 호즈미노오미오시야마[穗積臣押山]가 아뢰었다. “ … ”… 이에 모노노베 노오오무라지아라카히[物部大連麁鹿火]를 칙서를 선포하는 사신으로 임명하였다. 모 노노베노오오무라지[物部大連]가 바야흐로 나니와노무로츠미[難波館]로 향하여 출발 하여 백제 사신에게 칙서를 선포하려고 하였다. 그 아내가 굳게 충고하며 말하였다. “스미노에노카미[住吉神]는 처음에 해외 금은의 나라인 고구려·백제·신라·임나 등을 뱃속의 호무타노스메라미코토[譽田天皇: 應神]에게 주었습니다. … ”… 그 아내 가 간절히 간언하였다. “병을 칭하고 선포하지 마십시오.” 오오무라지[大連]가 간언 에 따랐다. 이로 말미암아 사신을 바꾸어 칙서를 선포하였다. 하사물과 제지(制旨)를 덧붙이고, 표문에 따라 임나의 4현을 하사하였다.[31]

E-3. 7년(513) 여름 6월에 백제가 장군 저미문귀·주리즉이를 파견하여 호즈미노오 미오시야마에게 딸려 보내고,〈 … 〉 오경박사 단양이를 바쳤다. 따로 상주하였는데 다음과 같다. “반파국이 저희 나라의 기문 지역을 약탈하였습니다. 엎드려 청하건대 천황의 은혜로 판결하시어 본래의 소속으로 돌려주십시오.” … 겨울 11월 신해일이 초하루인 을묘일(5일)에 백제의 장군 저미문귀, 사라(신라)의 문득지, 안라의 신이해 및 분파위좌, 반파의 기전해 및 죽문지 등을 불러서 줄세우고 은혜를 내리는 칙서를 선포하여, 기문·대사를 백제국에게 하사하였다. 이 달에 반파국이 집지를 파견하여 진귀한 보물을 바치고 기문 지역을 요청하였다. 그러나 끝내 그 나라에 하사하지 않 았다.[32]

E-4. 8년(514) 봄 3월에 반파가 자탄·대사에 성을 축조하여 만해까지 이었는데, 봉화대와 창고를 설치하여 야마토[日本]에 대비하였다. 다시 이열비·마수비에 성을 축조하여, 마차해·추봉까지 뻗치고, 사졸과 병기를 모아서 신라를 핍박하니, 자녀

---

30)　三年春二月, 遣使于百濟,〈 … 〉括出在任那日本縣邑百濟百姓, 浮逃絕貫三四世者, 並遷百濟附貫也.

31)　(六年)冬十二月, 百濟遣使貢調. 別表請任那國上哆唎·下哆唎·娑陀·牟婁四縣. 哆唎國守穗積臣押山 奏曰:「 … 」… 迺以物部大連麁鹿火, 宛宣勅使. 物部大連, 方欲發向難波館, 宣勅於百濟客. 其妻固 要曰:「夫住吉神, 初以海表金銀之國, 高麗·百濟·新羅·任那等, 授記胎中譽田天皇. … 」… 其妻切 諫云, 稱疾莫宣. 大連依諫. 由是, 改使而宣勅. 付賜物幷制旨, 依表賜任那四縣.

32)　七年夏六月, 百濟遣姐彌文貴將軍·洲利卽爾將軍, 副穗積臣押山,〈 … 〉貢五經博士段楊爾. 別奏云: 「伴跛國略奪臣國己汶之地. 伏請, 天恩判還本屬.」… 冬十一月辛亥朔乙卯, 於朝庭, 引列百濟姐彌文 貴將軍, 斯羅汶得至, 安羅辛已奚及賁巴委佐, 伴跛旣殿奚及竹汶至等, 奉宣恩勅. 以己汶·帶沙, 賜 百濟國. 是月, 伴跛國, 遣戠支獻珍寶, 乞己汶之地. 而終不賜.

를 빼앗고 마을을 노략질하였다. 흉포한 기세가 가해진 곳에는 남아있는 무리가 드물었다. 대체로 포악하고 사치스러우며 괴롭히고 해치며 침범하고 살해함이 매우 많아서 상세히 기재할 수 없다.[33]

E-5. 9년 봄 2월 이 달에 사도도에 도착하여 반파인이 원한을 품고 독을 머금어서 강함을 믿고 제멋대로 포학하다고 전해 들었다. 그래서 모노노베노무라지[物部連]는 수군 500인을 이끌고 대사강으로 곧바로 나아가고, 장군 문귀는 신라에서 떠났다. 여름 4월에 모노노베노무라지가 대사강에서 6일을 머물렀다. 반파가 군사를 일으켜 가서 공격하니, 의복을 빼앗고 소지품을 약탈하며 장막을 모두 불태웠다. 모노노베노무라지 등이 두려워하며 달아나서, 겨우 목숨을 보존하여 문모라에 정박하였다〈 … 〉.[34]

E-6. 10년(516) 가을 9월에 백제가 장군 주리즉차를 파견하여, 모노노베노무라지에게 딸려서 왔는데, 기문 지역을 하사한 것에 사례하였다. 오경박사 한 고안무를 따로 바치고 박사 단양이를 대신할 것을 청하니, 청한 대로 대신하게 하였다.[35]

E-7. 21년(527) 여름 6월 임진일이 초하루인 갑오일(3일)에 **오오미노케나노오미[近江毛野臣]**가 무리 6만을 이끌고 임나로 가서 신라에게 격파당한 남가라·탁기탄을 부흥시키기 위해 임나와 합하려고 하였다. … 이리하여 이와이[磐井]가 몰래 히[火]·토요[豊] 2개 국에 근거하여 조정의 직무를 행하지 못하게 하였다. 밖으로는 해로에서 맞이하여 고구려·백제·신라·임나 등의 국가가 해마다 보내는 조공선을 유치하고, 안으로는 임나에 파견하는 **케나노오미[毛野臣]**의 군대를 막으면서 무례하게 말하였다. " … " … 이 때문에 **케나노오미**는 이에 막혀서 중도에 지체하게 되었다.[36]

E-8. 23년(529) 봄 3월에 백제왕이 하다리의 쿠니노미코토모치[國守] 호즈미노오시야마노오미[穗積押山臣]에게 말하였다. " … 가라의 다사진을 신의 조공하는 나루터 길로 삼기를 청합니다." 이 때문에 오시야마노오미[押山臣]가 요청을 위하여 보고하여 아뢰었다. 이 달에 모노노베노이세노무라지치치네[物部伊勢連父根]·키시노오키나[吉士老] 등을 파견하여 다사진을 백제왕에게 하사하였다. 이에 가라왕이 칙사에게

---

33) (八年春)三月, 伴跛築城於子呑·帶沙, 而連滿奚, 置烽候邸閣, 以備日本. 復築城於爾列比·麻須比, 而絙麻且奚·推封, 聚士卒兵器, 以逼新羅, 驅略子女, 剝掠村邑. 凶勢所加, 罕有遺類. 夫暴虐奢侈, 惱害侵凌, 誅殺尤多, 不可詳載.

34) (九年春二月)是月, 到于沙都嶋, 傳聞伴跛人, 懷恨銜毒, 恃强縱虐. 故物部連, 率舟師五百, 直詣帶沙江. 文貴將軍, 自新羅去. 夏四月, 物部連於帶沙江停住六日. 伴跛興師往伐, 逼脫衣裳, 劫掠所齎, 盡燒帷幕. 物部連等, 怖畏逃遁. 僅存身命, 泊汶慕羅〈 … 〉.

35) (十年)秋九月, 百濟遣州利卽次將軍, 副物部連來, 謝賜己汶之地. 別貢五經博士漢高安茂, 請代博士段楊爾. 依請代之.

36) 十一年夏六月壬辰朔甲午, 近江毛野臣, 率衆六萬, 欲往任那, 爲復興建新羅所破南加羅·喙己呑, 而合任那. … 於是, 磐井掩據火·豊二國, 勿使修職. 外邀海路, 誘致高麗·百濟·新羅·任那等國年貢職船, 內遮遣任那毛野臣軍, 亂語揚言曰:「 … 」… 是以, 毛野臣, 乃見防遏, 中途淹滯.

말하였다. "이 나루터는 관가를 설치한 이래로 제가 조공하는 나루터였습니다. 어찌 함부로 이웃나라에게 고쳐 하사하시어 본래 봉하신 경계에 어긋나게 하실 수 있습니까?" 칙사 치치네[父根] 등은 이로 인하여 대면하여 하사하기 어렵다고 여겨 물러나서 큰 섬으로 돌아갔다. 따로 후미히토[錄史]를 파견하여 마침내 백제에 하사하였다. 이로 말미암아 가라는 신라와 한편이 되어 야마토[日本]를 원망함이 생겼다. 가라왕이 신라 왕의 딸에게 장가들어 마침내 자식이 있었다. … 가라 기부리지가〈 … 〉가 답하였다. "부부로 짝이 되었는데, 어찌 다시 떨어질 수 있겠는가? 또한 자식이 있는데, 그를 버리고 어디를 가는가?" 마침내 지나는 곳에서 도가·고파·포나모라 3개 성을 함락하였다. 또한 북쪽 경계의 5개 성도 함락하였다. 이 달에 **오오미노케나노오미**를 파견하여 안라에 사신보내서, 신라에게 권하여 남가라·탁기탄을 다시 세우라고 명하였다. 백제가 장군군 윤귀·마나갑배·마로 등을 파견하여 안라에 가서 조칙을 듣게 하였다. 신라는 번국의 관가를 무너뜨린 것을 두려워하여 대신을 파견하지 않고 나마례 부지·나마례 해 등을 파견하여 안라에 가서 조칙을 듣게 하였다. 이에 안라는 높은 당을 새로 세워 칙사를 인도하여 오르게 하고, 국왕이 뒤를 따라 계단을 올랐다. … 여름 4월 임오일이 초하루인 무자일(7일)에 임나왕 기능말다간기가 내조하였다.〈 … 〉오오토모노오오무라지카나무라[大伴大連金村]에게 아뢰었다. "본래 해외의 여러 번국은 응신이 내관가를 둔 때부터 본토를 버리지 않고 그 지역에 봉한 것은 진실로 이유가 있습니다. 지금 신라는 본래 하사된 봉지에 어긋나게 자주 경계를 침범해 옵니다. 천황에게 아뢰어 저희 나라를 구원해주시기를 청합니다." 오오토모노오오무라지[大伴大連]가 요청에 따라 아뢰었다. 이 달에 사신을 파견하여 기능말다간기를 보내게 하고, 아울러 임나에 있는 **오오미노케나노오미**에게 명하여 아뢴 바를 하여 서로 의심하는 것을 화해하게 하라고 하였다. 이에 **케나노오미**가 웅천에 주둔하면서〈어떤 책에는 전한다. "임나의 구사모라에 주둔하였다."〉신라·백제 두 나라의 왕을 불러 모았다. … 이로 말미암아 신라가 그 상신 이질부례지간기를 다시 파견하여〈 … 〉무리 3,000을 이끌고 조칙을 듣기를 와서 청하였다. **케나노오미**는 무장하고 포위한 무리가 수천인 것을 멀리서 보고, 웅천에서 임나의 기질기리성으로 들어갔다. 이질부례지간기는 다다라원에 주둔하였는데, 구태여 돌아가지 않았다. … 상신은 4개 촌을 노략질하고〈금관·배벌·안다·위타, 이를 4개 촌이라고 한다. 어떤 책에는 전한다. "다다라·수나라·화다·비지를 4개 촌이라고 한다."〉사람·물품을 다 가지고 그 본국으로 들어갔다. 어떤 이는 말한다. "다다라 등 4개 촌이 약탈당한 것은 **케나노오미**의 잘못이다."[37]

---

37) 卄三年春三月, 百濟王謂下哆唎國守穗積押山臣曰:「 … 請, 以加羅多沙津, 爲臣朝貢津路.」是以, 押山臣爲請聞奏. 是月, 遣物部伊勢連父根·吉士老等, 以津賜百濟王. 於是, 加羅王謂勅使云:「此津, 從置官家以來, 爲臣朝貢津涉. 安得輒改賜隣國, 違元所封限地.」勅使父根等, 因斯, 難以面賜, 却還

E-9. 24년(530) 가을 9월에 임나의 사신이 아뢰었다. "**케나노오미**가 마침내 **구사모라**에서 집을 짓고 2년간 머무르면서〈 … 〉정사를 돌보는 것을 게을리하였습니다. 이에 야마토[日本] 사람과 임나 사람이 자주 자식 때문에 소송하여 결정하기 어려운데, 본래부터 판결할 수 없습니다. … "이에 츠키노키시[調吉士]를 파견하여 무리를 이끌고 이사지모라성을 지키게 하였다. … 백제는 곧 노수구리를 잡아서 형틀을 채우고, 신라와 함께 성을 포위하였다. … **케나노오미**는 성을 빙 둘러서 스스로 굳게 지키니, 기세가 잡을 수 없었다. 이에 두 나라는 편한 땅을 도모하여 그곳에 1개월 정도 머물렀다. 성을 축조하고 돌아오니 구례모라성이라고 불렀다. 돌아올 때에 지나는 길에 등리지모라 · 포나모라 · 모자지모라 · 아부라 · 구지파다지 5개 성을 함락하였다. 겨울 10월에 츠키노키시가 임나에서 이르러 아뢰었다. "**케나노오미**는 사람됨이 오만하여 정치에 익숙하지 않습니다. 마침내 화해하지 않아서 **가라**를 어지럽게 하고, 제 멋대로 권세를 휘둘러 환난을 막지 않으려고 생각하고 있습니다." 그래서 메즈라코[目頰子]를 파견하여 불러들였다.〈 … 〉이 해에 **케나노오미**가 소환당하여 츠시마[對馬]에 도착하였다가 병에 걸려서 죽었다. … 메즈라코가 처음 임나에 도착하였을 때 그곳에 있던 고향 사람들이 노래를 바쳤다. " … "[38]

E-10. 25년(531) 겨울 12월 병신일이 초하루인 경자일(5일)에 아이노노미사자키[藍野陵]에 장사지냈다.〈 … 그러나 여기서 25년 신해년에 돌아가셨다는 것은 『백제본기(百濟本記)』를 취하여 문장을 지은 것이다. 그 글에는 다음과 같이 전한다. "태세가 신해인 해의 3월에 군대가 진격하여 안라에 이르렀고, 걸탁성을 축조하였다. … "… 〉[39]　　　　　　　　　　　　(권17, 계체기)

大嶋. 別遣錄史, 果賜扶餘. 由是, 加羅結儻新羅, 生怨日本. 加羅王娶新羅王女, 遂有兒息. … 加羅己富利知伽〈 … 〉報云:「配合夫婦, 安得更離. 亦有息兒, 棄之何往.」遂於所經, 拔刀伽 · 古跛 · 布那牟羅三城. 亦拔北境五城. 是月, 遣近江毛野臣, 使于安羅, 勅勸新羅, 更建南加羅 · 喙己呑. 百濟遣將軍君尹貴 · 麻那甲背 · 麻鹵等, 往赴安羅, 式聽詔勅. 新羅, 恐破蕃國官家, 不遣大人, 而遣夫智奈麻禮 · 奚奈麻禮等, 往赴安羅, 式聽詔勅. 於是, 安羅新起高堂, 引昇勅使, 國主隨後昇階. … 夏四月壬午朔戊子, 任那王己能末多干岐來朝.〈 … 〉啓大伴大連金村曰:「夫海表諸蕃, 自胎中天皇, 置內官家, 不棄本土, 因封其地, 良有以也. 今新羅, 違元所賜封限, 數越境以來侵. 請奏天皇, 救助臣國.」大伴大連, 依乞奏聞. 是月, 遣使送己能末多干岐, 幷詔在任那近江毛野臣, 推問所奏, 和解相疑. 於是, 毛野臣, 次于熊川,〈一本云, 次于任那久斯牟羅.〉召集新羅 · 百濟二國之王. … 由是, 新羅改遣其上臣伊叱夫禮智干岐,〈 … 〉率衆三千, 來請聽勅. 毛野臣, 遙見兵仗圍繞, 衆數千人, 自熊川, 入任那己叱己利城. 伊叱夫禮智干岐, 次于多多羅原, 不敢歸. … 上臣抄掠四村,〈金官 · 背伐 · 安多 · 委陀, 是爲四村. 一本云, 多多羅 · 須那羅 · 和多 · 費智爲四村也.〉盡將人物, 入其本國. 或曰:「多多羅等四村之所掠者, 毛野臣之過也.」

38) (廿四年)秋九月, 任那使奏云:「毛野臣, 遂於久斯牟羅起造舍宅, 淹留二歲,〈 … 〉懶聽政焉. 爰以日本人與任那人, 頻以兒息, 諍訟難決, 元無能判. … 」乃遣調吉士, 率衆守伊斯枳牟羅城. … 百濟, 則捉奴須久利, 枷械枷鏁, 而共新羅圍城. … 毛野臣, 嬰城自固, 勢不可擒. 於是, 二國圖度便地, 淹留弦晦. 築城而還, 號曰久禮牟羅城. 還時觸路, 拔騰利枳牟羅 · 布那牟羅 · 牟雌枳牟羅 · 阿夫羅 · 久知波多枳五城. 冬十月, 調吉士至自任那, 奏言:「毛野臣爲人傲很, 不閑治體. 竟無和解, 擾亂加羅, 個儻任意, 而思不防患.」故遣目頰子, 徵召.〈 … 〉是歲, 毛野臣, 被召到于對馬, 逢疾而死. … 目頰子, 初到任那時, 在彼鄕家等, 贈歌曰:「 … 」

39) (廿五年)冬十二月丙申朔庚子, 葬于藍野陵.〈 … 而此云廿五年歲次辛亥崩者, 取百濟本記爲文. 其文云:「大

E-11. 2년(537) 겨울 10월 임진일 초하루에 천황이 신라가 임나를 침략하였다고 여겨, 오오토모노카나무라노오오무라지[大伴金村大連]에게 명하여 그 아들 이와[磐]와 사데히코[狹手彦]를 파견하여 임나를 돕게 하였다. 이 때에 이와가 츠쿠시[筑紫]에 머무르면서 그 쿠니[國]의 정사를 맡아서 삼한에 대비하였다. 사데히코는 임나에 가서 지키고, 더하여 백제를 구원하였다.[40]   (권18, 선화기)

E-1에는 임나의 왜 영역, E-2에는 임나 4현, E-3에는 반파·안라·기문·대사, E-4에는 반파·대사 등, E-5에는 반파·대사강 등, E-6에는 기문, E-7에는 임나·남가라·탁기탄, E-8에는 가라·다사진·안라·남가라·탁기탄·임나 등, E-9에는 임나·가라 등, E-10에는 안라, E-11에는 임나가 등장한다. 웅략기·현종기처럼 임나만 등장하는 것도 아닌 데다가, 무엇보다 지금까지 검토하였던 사료들처럼 가야의 여러 세력이 수동적이고 부차적이지 않고 주체적인 동향을 보이는 부분이 많다는 점이 눈에 띈다.

E-1의 경우 기본적으로는 백제의 유망민 정착정책의 일환인데,[41] 대상지역이 임나이다 보니 편찬과정에서 '야마토 현읍'과 같은 실상과 무관한 임나일본부 관련 구절이 삽입된 것이라고 생각된다. 윤색된 부분을 제외하면 전체 사건의 주체가 백제라는 점에서 백제삼서에 의거한 내용일 가능성이 높다.

E-2는 소위 '임나 4현의 할양' 기사이다. 영역의 하사라는 것은 편찬과정에서 윤색된 내용이라고 보면, 결국 백제가 이 지역을 점령한 것 또는 이 지역 점령에 대한 국제적 승인을 요청한 것을 전하는 기사일 것이다. 다만 여기에도 실상과는 동떨어진 왜의 지방관 쿠니노미코토모치가 등장하고 있어 E-1과 마찬가지로 편찬과정에서 임나일본부 관련 내용이 윤색되었을 것이고, 지방관으로 서술된 인물은 이 사건의 처리와 관련하여 왜가 파견한 사신일 것이다.

E-3~6은 대체로 백제의 기문 점령과 그 후속조치에 대한 내용이라고 해석되어 왔다. E-3~5에 대사도 등장하지만, E-3의 대사는 E-8에서 백제에게 하사한 다사진이 소급되어 적용된 것이고, E-4·5의 대사는 반파의 영역이거나 반파와 백제의 경계에 위치한 지역으로 나오고 있다. 따라서 기존 통설에는 문제가 없다고 생각된다. 다만 E-3

歲辛亥三月, 軍進至于安羅, 營乞乇城. … 」… 〉

40) 二年冬十月壬辰朔, 天皇, 以新羅寇於任那, 詔大伴金村大連, 遣其子磐與狹手彦, 以助任那. 是時, 磐留筑紫, 執其國政, 以備三韓. 狹手彦往鎭任那, 加救百濟.

41) 『三國史記』卷26, 百濟本紀4 武寧王 10年 春正月 참조.

에 사건 당사자가 아닌 안라가 등장하는 것이 눈에 띄는데, 신라와 함께 일종의 중재자 내지는 증인으로서 등장한 것이 아닌가 생각된다. 전체적인 서술의 기조처럼 기문을 둘러싼 백제와 반파의 갈등이 왜의 주도하에 중재되었을 가능성은 낮지만, 그것이 국제적인 문제로 주목을 받았다는 점은 인정해도 좋지 않을까 한다. E-4·5에서 보이듯이 이 갈등은 백제와 반파에 왜까지 참전하여 전쟁을 벌이기도 할 정도로 큰 것이었기 때문이다. 다만 E-3과 E-6에 보이는 오경박사의 파견이 기문 하사에 대한 대가라는 계체기의 논리는 사실과 다르겠지만, 대신 백제의 기문 점령이 국제적인 문제로 주목을 받았을 때 왜가 백제 입장을 지지하는 대가로서 파견된 것이라고 보는 것은 가능할 것이다.

E-7은 임나일본부의 활동과 관련하여 자주 등장하는 소위 '임나 부흥'(또는 '임나 재건')의 논리와 연결된 내용이다. 특히 당시 야마토정권에게도 중요하였던 이와이[磐井]의 난과 연계되어 있다는 점이 주목된다. 다만 527년 단계에 남가라·탁기탄이 이미 신라에게 격파당하였다고 서술되어 있는 점, 남가라·탁기탄과 임나가 별도의 존재로 등장한다는 점에 대해서는 의문이 남는다. 전자의 경우 남가라 즉 금관국이 멸망한 것은 532년이어서 연대가 맞지 않고, 후자는 이 기사의 임나가 가야의 특정 세력을 가리킨다고 보기가 어려워서 임나일본부를 연상시키기 때문이다. 굳이 이 기사에서 역사상을 추출하자면, 신라와 가야의 갈등이 신라의 우세로 기울어가는 과정에서 쇠락하는 가야를 지원하기 위해 왜가 파견하려던 군대가 반란을 일으킨 이와이에 의해 저지되었다는 것 정도일 것이다.

이러한 내용 중에서도 왜의 군대 파견과 이와이의 저지 부분은 여전히 사실인지 의심스럽다. 이때 파견되는 왜의 군대를 이끄는 장수가 전설적 인물이자 행적마다 윤색의 흔적이 역력한 오오미노케나노오미[近江毛野臣]라는 점에서[42] 더욱 그러하다. E-7의 경우에도 같은 해 8월에 파견된 반란 진압군의 대장이 22년(528) 12월에야 전투를 벌여서 승리하였다는 것을[43] 고려하면, 22년 8월에 진압군이 파견되어 12월에 전투를 벌였다는 내용이 오오미노케나노오미와 관련된 이야기가 삽입되는 과정에서 21년 8월에 파견된 것으로 바뀌었다고 추정된다. 실제 21년 8월조의 진압군 파견기사는 주요내용이 중국측

---

42)　그에 관한 내용은 그의 죽음과 관련된 가요 등의 일본 측 전승과 가야, 신라의 인명·지명을 담은 한반도 계통의 자료를 조합하여 만들어진 것이라고 보기도 한다(연민수 등 역주, 『역주 일본서기』 2, 동북아역사재단, 2013, 284쪽 주121). 각 내용의 상세한 문제점은 주47·48 참조.

43)　『日本書紀』卷17, 繼體紀 21年 8月辛卯朔, 22年 12月甲子.

사료에 근거하여 윤색된 것이다.[44] 더욱이 E-8에서 그가 23년 3월에 안라에 사신으로 파견되었다는 점까지도 고려하면, 이 시기 그의 파견은 아예 없었거나 있었더라도 군대를 동반하지 않은 사신으로서의 파견이었다고 보는 것이 합리적이다.[45] 이와이의 저지라는 부분 또한 이와이의 행위가 '반란'이라는 것을 강조하기 위해 의도적으로 윤색하고 삽입하였다고 볼 수 있을 것이다.

E-8은 내용이 3가지이다. 첫째는 백제에게 다사진을 하사하자 가라가 왜와의 우호관계를 버리고 신라와 결혼을 추진하였으나 그 과정에서 갈등이 생겼다는 것, 둘째는 남가라·탁기탄의 재건(부흥)을 위해 안라에서 백제·신라 등을 모아놓고 조칙을 선포하였다는 것, 셋째는 임나왕이 내조하여 구원을 요청하자 임나에 주둔하던 군대로 지원하였으나 신라와의 전쟁에서 패배하여 4개 촌을 빼앗겼다는 것이다. 이 중 다사진의 '하사', 안라에 모여서 '조칙 선포', '임나에 주둔하던 군대'로 지원 등은 계체기 편찬과정에서 윤색된 내용일 것이다.

윤색된 내용을 제외하고 역사상을 복원해 보면, 첫째는 백제가 다사진을 점령하고 왜가 이것을 지지하자 가라와 신라의 결혼동맹이 추진되었다가 실패하였다는 것, 둘째는 안라에서 백제·신라·왜 등이 모여 일종의 국제회의가 개최되었다는 것, 셋째는 신라와의 전쟁에서 열세였던 임나가 결국 4개 촌을 빼앗겼다는 것 정도일 것이다. 다만 첫째에서 결혼동맹이 실제로 추진되고 둘째에서 국제회의가 실제로 개최된 것인지, 셋째에서 왜의 군대가 실제로 참전한 것인지는 여전히 의문의 여지가 있다. 특히 둘째와 셋째 부분은 E-7에서 문제가 되었던 오오미노케나노오미가 책임자로 등장하고 있어서 역시 윤색이 아닐까 생각된다. 둘째 부분에서는 국제회의는 개최되었을 수도 있지만 그것을 오오미노케나노오미가 주도하였다는 것은 분명히 윤색일 것이고,[46] 셋째 부분에서는 임나

44)   坂本太郎 등 校注,『日本書紀』下, 岩波書店, 1965, 36쪽 주1; 小島憲之 외,『日本書紀』2, 小學館, 1996, 311쪽 주11~16.
45)   연민수 등 역주, 앞의 책, 2013, 284쪽 주124 참조.
46)   이와 관련하여 그의 활동은 백제에서 파견된 사신의 활동이 계체기 편찬과정에서 개변된 것이라는 견해도 제시된 바가 있었는데(金鉉球,『任那日本府硏究-韓半島南部經營論批判-』, 一潮閣, 1993; 徐甫京,「6세기 한반도에서 활동한 倭人의 역할-近江毛野臣의 활동 내용 분석을 중심으로-」,『임나 문제와 한일 관계』, 경인문화사, 2005), 회의에는 백제와 안라만이 참석하고 왜는 물론 신라 또한 참석하지 않았다고 보았다. 반면 다수의 연구자들은 이 국제회의가 백제와 신라의 가야 진출에 대응하기 위해 안라의 자구책 차원에서 이루어진 것으로 파악하여(金泰植,『加耶聯盟史』, 一潮閣, 1993; 白承忠,「『任那復興會議』의 전개와 그 성격」,『釜大史學』17, 1993; 李永植,「六世紀 安羅國史 硏究」,『國史館論叢』62, 1995; 南在祐,『安羅國의 成長과 對外關係硏究』, 성균관대학교 박사학위논문, 1997; 백승옥,「'安羅高堂會議'의 성격과 安羅國의 위상」,『지역과 역사』14, 2004; 李炯

와 신라의 전쟁은 사실일 것이지만 오오미노케나노오미가 지원군을 파견하여 패배하였
다는 것은 윤색일 가능성이 높다. 둘 다 『일본서기』의 편찬과정에서 임나일본부의 활동
을 염두에 두고 윤색한 것이라고 볼 수 있다.

　　E-9는 E-8에서 나타난 4개 촌 함락 등 임나의 쇠락과정을 현지 책임자였던 케나노
오미[毛野臣: 近江毛野臣]의 탓으로 돌리고 책임자를 교체하는 내용이다. 임나의 쇠락과
정에 현지에 파견된 야마토정권의 사신이 책임을 진다는 것은 논리적으로도 맞지 않고,
전반적인 서술기조에 비추어 볼 때 임나일본부의 활동을 강조하기 위한 윤색이라고 생
각된다. 이 부분 또한 야마토정권과 관련된 내용은 오오미노케나노오미와 함께 윤색되
어 삽입된 것이 아닐까 한다.

　　E-10의 세주 부분은 백제가 안라의 영역으로 진출하였다는 내용이다. 『백제본기』에
의거한 내용이고, 왜의 역할이 강조되는 등의 윤색도 보이지 않아서 사실성이 높다고 생
각된다. 다만 이에 대한 안라의 대응은 보이지 않는다.

　　E-11은 임나 지역에 대한 왜의 구원군 파견인데, '백제를 구원'하였다고 표현하는 등 윤
색의 흔적이 보인다. 이 윤색이 임나일본부와 관련된 것인지는 확실하지 않다. 임나가 수동
적이고 부차적인 존재로 등장한다는 점에서는 계체기의 기사들과 다소 맥락이 다르다.

　　결국 E-1·2·7·9·11 등은 임나일본부 또는 왜의 역할이 강조되고 가야가 수동적이
고 부차적인 존재로 등장하여 웅략기·현종기의 기사와 맥락이 같다. 그러나 E-3~6,
E-8, E-10 등은 백제나 왜의 결정에 대한 가야의 반발 등 주체적인 모습이 나타나고
있는 데다가 상대적으로 사실성도 높아서, 이전과는 다른 맥락의 기사들이라고 할 수 있
다. 계체기부터 가야에 대한 인식이 변화하였음을 보여주는 기사들인 것이다. 계체기부
터는 권 단위로 하나의 이야기 구조를 갖지 않고, 편년체의 역사서술로 되어 있다는 점
과도 무관하지 않을 것이다.

　　다만 E-7·9, E-8 일부의 오오미노케나노오미와 관련된 내용은 계체기 이전 부분처
럼 설화적인 내용으로 하나의 이야기구조로 연결되어 있는데, 임나일본부 또는 왜의 역
할을 강조하기 위해 윤색되어 삽입된 내용이라고 생각되었다. 그가 등장하는 기사는 계
체기에서 시간적 간격을 두고 파편처럼 흩어져 있지만 하나의 이야기구조로 연결되어

基, 「安羅會議의 展開와 倭의 대응」, 『지역과 역사』 29, 2011; 朴珉慶, 『6~7世紀 百濟의 對倭關係
研究』, 성균관대학교 박사학위논문, 2014; 위가야, 「6세기 전반 한반도 남부의 정세와 '안라국제회
의'」, 『역사와 현실』 115, 2020), 왜의 주도를 부정하면서도 신라의 참석을 인정하고 있다.

있는데, 마치 편년체의 연대기와는 별도로 윤색을 위해 삽입된 이야기처럼 보인다.[47] 특히 그와 그가 이끄는 군대의 존재를 제외하고 이 기사들을 살펴보면 오히려 내용이 자연스럽기도 하다.[48] 이것은 계체기부터 명실상부한 편년체로 서술상의 변화가 나타나지만 일부 내용에서는 이전의 설화적 서술방식이 완전히 사라진 것이 아님을 보여주는 것이다. 그에 따라 가야에 대한 인식 또한 이전의 수동적이고 부차적인 것이 불식되지 못하였다.

결국 역사시대에 들어서도 여전히 수동적이고 부차적인 존재로 인식되었던 가야는 편년체 역사서술이 사실상 처음 나타나는 계체기부터 주체적인 모습으로 변화하기 시작하였다. 다만 그렇다고 해도 수동적이고 부차적인 인식이 완전히 사라진 것은 아니었다. 특히 수동적이고 부차적인 인식이 임나일본부의 역할 강조와 관련되었다는 점에서 더욱 주의를 요한다.

주의할 것은 주체적인 모습의 가야가 어떠한 배경에서 등장하게 되었는가이다. 이와 관련하여 E-4·5를 보면, 반파(대가야)가 매우 흉포한 모습으로 묘사되어 있다. 그런데 이렇게 흉포한 모습은 5세기까지 신라에 대한 『일본서기』의 인식 속에서 나타나는 것이었고, 편찬 당시 일본측의 신라 인식이 투영된 결과라고 이해되었다. E-4·5는 대체로 『백제본기』 즉 백제삼서에 의해 작성된 기사로 알려져 있는데, 그렇다면 백제측의 인식

---

47) 그는 계체 21년(527) 6월에 처음으로 임나에 파견되다가 이와이에게 저지당하였고(E-7), 23년 (529) 3월에 안라에 파견되어 '임나 재건'을 위한 국제회의를 주재하였으며(E-8 중간 부분), 4월에 웅천을 근거지로 하여 신라군과 싸워서 패배함으로써 4개 촌을 잃었고(E-8의 후반부), 24년(530) 9월에 임나에서 폭정을 하다가 백제군과 싸워서 패배하였고(E-9의 전반부), 10월에 송환당하여 귀국하던 중에 병에 걸려 죽었다고 한다(E-9의 후반부). 이러한 그를 중심으로 하는 이야기는 내용상 하나의 스토리로 연결되어 있다. 반면 그의 이야기 사이사이에 이와이의 반란 진압군을 파견하는 21년 8월조, 반란을 진압하고 사후 처리를 진행하는 22년(528) 12월조, 백제가 다사진 하사를 요청하는 23년 3월조와 백제에 다사진을 하사하자 가라가 항의하고 신라와 혼인동맹을 맺는 첫 번째 시월(是月)조(E-8의 중간 부분은 두번째 시월(是月)조임), 임나가 신라의 침입을 호소하는 4월조(E-8의 후반부는 시월(是月)조임), 왜 대신의 사망을 전하는 9월조, 인재 등용에 대한 조서를 반포한 24년 2월조 등이 배치되어 있는데, 대부분 내용상 연결되지 않거나 오오미노케나노오미와 관련이 없는 개별적인 사건으로서 편년체적 서술이라고 볼 수 있다.

48) 21년 6월조는 그의 파견 자체가 없었고, 23년 3월(정확히는 두번째 시월(是月))조는 그의 관여 없이 백제·신라·안라 등이 국제회의를 개최하였으며, 4월에도 왜의 지원군 파견 없이 신라와 임나가 싸워서 신라가 승리하였고, 24년 9월에는 마찬가지로 백제와 임나가 싸워서 백제가 승리하였다고 하더라도 전혀 무리가 없다. 설령 이 사건들에 왜의 사신이 존재하여 개입하였다고 하더라도, 21년 6월조는 군대 동반 없는 단순한 사신 파견, 23년 3월조는 안라의 주도하에 왜 사신의 단순 참여, 4월조도 임나의 주도하에 왜의 소규모 지원군 파견(현재의 『일본서기』 서술은 왜 지원군이 전쟁을 주도한 듯이 되어 있음), 24년 9월조 또한 23년 4월조와 마찬가지 정도라고 해석하는 것이 당시의 국력이나 국제정세를 고려할 때 현재 서술된 내용보다 훨씬 자연스럽다. 따라서 둘 중 어느 쪽을 택하더라도 그의 주도하에 이 사건들이 진행되었을 가능성은 매우 낮다고 할 수 있다.

이 반영된 내용일 가능성이 높다. 실제로도 당시 반파는 기문·대사 등을 놓고 백제와 다투는 적대국이었다. 반면 기문·대사 문제에서 신라는 반파보다는 백제를 지지하는 입장으로 인식되었고, 이것은 E-5에서 보이듯이 백제 사신이 신라를 경유하여 귀국할 정도였다. 그에 따라 5세기까지 신라에게 투영되었던 이미지가 6세기부터 반파에게 투영된 것은 아니었을까?

검토한 대로 역사시대의 가야에 대한 인식이 계체기를 경계로 변화한다면, 사료의 활용 면에서도 계체기 이전과 이후는 달라야 할 것이다. 계체기 이전은 역사시대라고 하더라도 여전히 전설시대와 마찬가지로 제한적으로만 이용해야 할 것이고, 계체기 이후는 각 사료별 사료비판을 한다는 전제하에 보다 자유롭게 이용할 수 있을 것이다. 이것은 최근 일본학계의『일본서기』활용방식이 계체기 이전과 이후에 대하여 판이하게 다른 것과도 무관하지 않다. 다만 계체기 이후라고 해도『백제본기』등 백제삼서에 투영된 백제측 인식의 반영을 의식해야 할 것이다.

Ⅳ. 맺음말

지금까지『일본서기』에 보이는 가야 관련사료들을 숭신기부터 선화기까지를 대상으로 전설시대와 역사시대로 구분하여,『일본서기』전체의 맥락과 사료 자체의 문맥 속에서 사료를 해석하는 새로운 방법론을 적용해 보았다.

『일본서기』중 전설시대에 해당하는 숭신기부터 응신기까지의 가야는 각 권마다 짜여진 이야기 구조 속에서 수동적이고 부차적인 역할로만 등장하고 있었다. 이러한 인식은 왜 또는 백제측의 입장만이 반영된 사료에 근거하여 8세기 편찬 당시의 인식 등에 의해 윤색이 가해졌기 때문이었다. 전설시대를 기술한『일본서기』의 사료적 성격이 위와 같다면, 5세기 중반 이전의 가야사 연구에 대해서『일본서기』를 활용하는 것은 매우 제한적일 수밖에 없고, 많은 부분을 다른 사료나 고고학 자료에 의존해야 할 것이다.

『일본서기』중 역사시대에 해당하는 웅략기부터 선화기까지의 가야는 계체기 이전과 이후의 인식이 달랐다. 계체기 이전에는 여전히 수동적이고 부차적인 역할로만 나타났

지만, 계체기 이후에는 주체적인 모습과 수동적이고 부차적인 역할이 혼재되어 나타났
다. 특히 역사시대의 경우 수동적이고 부차적인 역할이 임나일본부와 관련되었다는 점
에서 사료적 활용에 주의가 필요하였다. 역사시대를 기술한『일본서기』의 사료적 성격이
위와 같다면, 계체기 이전의 가야사 연구에 대해서『일본서기』를 활용하는 것은 제한적
이어야 하지만, 계체기 이후에 대해서는 기사별 사료 비판을 전제로 보다 자유롭게 이용
할 수 있을 것이다. 다만 계체기 이후라고 해도『백제본기』등 백제삼서에 투영된 백제측
인식의 반영을 의식해야 할 것이다.

필자의 전문분야가 아니어서 선행연구를 충분히 반영하지 못한 데다가, 지면과 시간
관계상 흠명기 이후를 검토대상에 포함하지 못하여 글의 완성도가 높지 못하였다. 기회
가 될 때 흠명기에 대한 고찰을 시도하는 것을 향후의 과제로 남기면서 글을 마치고자
한다.

【참고문헌】

金泰植, 『加耶聯盟史』, 一潮閣, 1993.

金鉉球, 『任那日本府硏究-韓半島南部經營論批判-』, 一潮閣, 1993.

연민수 등 역주, 『역주 일본서기』 2, 동북아역사재단, 2013.

坂本太郞 등 校注, 『日本書紀』 下, 岩波書店, 1965.

小島憲之 외, 『日本書紀』 2, 小學館, 1996.

直木孝次郞, 『日本古代史と應神天皇』, 塙書房, 2015.

南在祐, 「安羅國의 成長과 對外關係硏究」, 성균관대학교 박사학위논문, 1997.

朴珉慶, 「6~7世紀 百濟의 對倭關係硏究」, 성균관대학교 박사학위논문, 2014.

박찬우·신카이 사키코, 「최근 일본학계의 『일본서기』 연구동향과 신공·응신·인덕기」, 『역사와 현실』 120, 2021.

백승옥, 「'安羅高堂會議'의 성격과 安羅國의 위상」, 『지역과 역사』 14, 2004.

白承忠, 「'任那復興會議'의 전개와 그 성격」, 『釜大史學』 17, 1993.

徐甫京, 「6세기 한반도에서 활동한 倭人의 역할-近江毛野臣의 활동 내용 분석을 중심으로-」, 『임나 문제와 한일 관계』, 경인문화사, 2005.

延敏洙, 「日本書紀 神功紀의 史料批判」, 『일본학』 15, 1996.

위가야, 「6세기 전반 한반도 남부의 정세와 '안라국제회의'」, 『역사와 현실』 115, 2020.

위가야, 「『日本書紀』 神功紀와 백제 관계 기사의 재검토」, 『4~5세기 동아시아 국제정세와 『일본서기』의 한일관계사상 재조명』, 2020년 11월13일(한국역사연구회 개최).

이근우, 「『일본서기』 「신공기」 가라 7국 정벌 기사에 대한 기초적 검토」, 『한국고대사연구』 39, 2005.

李永植, 「六世紀 安羅國史 硏究」, 『國史館論叢』 62, 1995.

李炯基, 「安羅會議의 展開와 倭의 대응」, 『지역과 역사』 29, 2011.

장미애, 「『일본서기(日本書紀)』 응신기(應神紀)의 성격과 5세기 전반 백제-왜 관계의 이해」, 『역사와 현실』 120, 2021.

정동준, 「총론: 4~5세기 동아시아 국제정세와 『일본서기(日本書紀)』」, 『역사와 현실』 120, 2021.

정동준, 「『일본서기(日本書紀)』 인덕기(仁德紀) 41년조의 사실성 검토와 사료적 활용」, 『역사와 현실』 120, 2021.

泉谷康夫,「崇神紀の成立について」,『高圓史學』5, 1989.

植野浩三,「渡來人と手工業生産の展開」,『文化財學報』22, 2004.

鳥谷知子,「祭祀傳承に見る崇神天皇像」,『學苑·日本文學紀要』903, 2016.

榎本福壽,「『日本書紀』雄略天皇條の所傳と天皇の遺詔(前)」,『上代文學』78, 1997.

高寬敏,「神功皇后物語の形成と展開」,『東アジア研究』38, 2003.

吳哲男,「雄略天皇-有德天皇か大惡天皇か?」,『歷史讀本』49-1, 2004.

遠山美都男,「古代皇位繼承事件 (1)雄略天皇の卽位」,『歷史讀本』56-7, 2011.

遠山美都男,「古代皇位繼承事件 (2)顯宗·仁賢の「發見」」,『歷史讀本』56-8, 2011.

都倉義孝,「仁德と雄略そして顯宗·仁賢の物語」,『國語と國文學』70-12, 1993.

中野謙一,「記紀間における顯宗天皇像の相違」,『學習院大學大學院日本語日本文學』2, 2006.

中村惠司,「神功皇后の異相」,『歷史讀本』48-1, 2003.

前田晴人,「神功皇后傳承は神話か史實か」,『歷史讀本』51-3, 2006.

山中鹿次,「中期大和王權の開始と始祖に關する覺書」,『日本書紀研究』24, 塙書房, 2002.

가야사연구의 진전을 위한 모색

남재우 | 창원대학교 사학과 교수

I. 연구의 시작과 변천

역사연구는 동시대 사회의 요구와 무관하지 않다. 가야사 연구 역시 마찬가지다. 가야사에 대한 최초의 학문적 연구는 조선후기 실학자들에 의해서였다. 중국 중심의 세계관에서 벗어나려는 실학자들의 역사인식에서 비롯되었다. 근대학문연구방법에 의한 가야사연구는 일제강점기를 전후로하여 일본인에 의해 이루어졌다. 조선지배의 정당성 확보를 위한 정치적 목적 때문이었다. 그 결과 '임나일본부설'이 등장했다. 가야사의 불행이었다. 해방이후의 가야사연구는 한국 역사학계에 부여된 식민사학 극복이라는 과제와 무관할 수 없었다. 그래서 가야사는 한일관계를 밝히는 것에 천착했고, 가야 실체에 접근하지는 못했다.

가야사 주체의 연구는 1980년대부터 시작되었다. 고고자료의 확대와 『일본서기』의 비판적 활용이 계기가 되었다. 가야의 형성, 발전과정, 멸망에 대하여 시간적 순서로 정리할 수 있게 되었고, 기록 속에 등장하는 사건들의 의미를 가야사의 내재적 발전과정 속에서 이해하기 시작했다.

1995년 지방자치제 실시는 가야사연구의 폭과 깊이를 더하는데 큰 힘이 되었다. 가야문화권에 속하는 기초자치단체에는 가야의 여러나라 중 하나가 위치했다. 지자체는 지방자치제의 요구에 따라 지역의 정체성을 규명하고, 관광자원으로 활용하기 위한 방법을 모색했다. 지자치 단위의 학술대회가 개최되었고, 지자체 단위의 공립박물관이 건립되기 시작했다.

지난 정부 때는 가야사연구가 정부의 관심 속에 이루어졌다. 문재인정부가 들어서면서 '가야사의 연구와 복원'을 국정과제로 채택했다. 무관심 속에 방치되고 훼손되었던 가야 유적의 모습이 드러나기 시작했다. 역사적인 문제가 국정과제로 선정되는 것이 옳은지의 여부를 떠나, 정부의 가야사정책은 지자체와 시민들에게 가야의 흔적들에 대한 관심을 제고시켰다. 가야유적 보존을 위한 노력이 시작될 수 있었다.

하지만 여전히 가야사연구는 쉽지 않다. 이에 그간의 가야사연구 상황을 되돌아 보고 문제점을 확인하고, 향후의 연구방향을 모색해 보려고 한다.

Ⅱ. 연구 성과와 한계

1. 성과

가야사연구가 한일관계사연구에서 벗어나 가야의 실체를 규명하기 시작한 것은 1980년대부터이다. 고고학자료의 확대와 『일본서기』에 대한 적극적 활용이 계기가 되었다. 이 때문에 사료의 빈곤에도 불구하고 연구성과가 축적되어 가야사회의 발전과정이 연대순으로 재구성될 수 있었다. 김해의 가락국, 고령의 대가야를 중심으로 했던 가야사연구에서 벗어나 함안의 아라가야(안라국)를 포함한 가야 각국에 대한 연구가 이루어짐으로써 가야사의 폭도 확대되었다.

현재까지의 가야사 연구 결과를 정리하면 다음과 같다. 첫째, 가야의 국가발전단계에 대한 논의가 진전되었다. '가야연맹체설'에 대한 부정적 시각이 확대되었고, 연맹체설이 가야지역 전체연맹체설, 지역연맹체설, 소지역연맹체설 등으로 분화되었다. '부체제'도 논의되었고, 연맹체가 아닌 '도시국가'라 규정하기도 했다. 가라와 안라의 경우 '귀족합의체

제로 운영되는 고대국가'라는 주장도 제기되었다. '가야지역국가론'이 등장하기도 했다.[1]

　　근본적인 문제제기도 있었다. 가야사회의 발전과정을 지나치게 미숙하게 보는 것에 대한 부정이었다. 한국의 고대사회가 소국에서 연맹을 거쳐 중앙집권화된 고대국가로 발달해 갔다는 전제하에서, 소국과 연맹은 고대국가보다 미숙하고 열등한 사회로 규정하는 것은 문제라는 입장이었다. 가야연맹은 근대 서구 중심의 사고가 만들어낸 왜곡된 역사관이며, 가야연맹이라는 표현은 우리의 지적 오만이며, 가야인에 대한 모독이라고 지적했다. 오히려 그들은 그들 스스로 소사회를 지향했고, 강대국 사이의 정치적 완충지대, 중립지대로서 교역의 활성화를 이끌어냈다. 소사회에 기초하여 중국, 한반도에서 일본열도에 이르는 고대 동아시아 세계를 교역으로 묶어낸 열린 공간으로 규정했다.[2] 즉, 한국고대국가 발전형태의 다양성을 가야에서 찾으려는 노력이었다.

　　둘째, 변한과 가야의 관계에 대한 논의도 확대되었다. 변한을 가야전기로 보는 '전기론(前期論)'과 변한을 가야에서 제외하는 '전사론(前史論)'이 그것이다. '원사론(源史論)'도 등장했다. 삼한이 3국의 기원이므로 삼국의 원사이고, 전사론과 전기론은 모두 삼한을 기원사로 본다는 점에서 원사론으로 대체할 수 있다는 주장이다. 변한과 가야의 관계, 구야국(狗邪國)과 가야의 계승관계를 전면 부인할 수는 없지만 변한=가야, 구야국=가야라는 도식이 타당한가라는 의문제기도 있다. 가야는 변·진한, 아니면 삼한의 변화 발전과정에서 성립된 것으로 보려는 입장이다.[3]

　　셋째, 시기구분도 중요한 문제였다. 변한을 포함한 가야사는 그 획기를 3세기 초나 5세기 초로 이해한다. 포상팔국전쟁시기를 3세기 초의 사건으로 이해하여 포상팔국전쟁을 가락국의 쇠퇴기로 보거나, 5세기 초 고구려의 남정을 전기가야연맹 해체로 보았기 때문이다. 5세기를 강조하는 것은 광개토왕의 남정을 계기로 김해의 가락국이 쇠퇴하고, 고령의 대가야가 가야를 대표하는 세력으로 발전했다는 것이다. 이것은 전기가야연맹에서 후기가야연맹으로의 교체를 의미하며, 가야의 국가발전을 연맹체로 바라보려는 시각에서 비롯되었다.

---

1)　가야 사회발전단계 대한 제 견해는 다음에서 참조할 수 있다.
　　남재우, 「加耶史에서의 '聯盟'의 의미」, 『창원사학』 2, 1995; 권오영, 「加耶諸國의 사회발전단계」, 『한국고대사 속의 가야』, 혜안, 2001; 남재우, 「전기가야사 연구의 성과와 과제」, 『한국고대사연구』 85, 한국고대사학회, 2017.
2)　윤선태, 「한국 고대사학과 신출토 문자자료에 대한 비판적 성찰」, 『역사학보』 219, 2013, 9쪽.
3)　남재우, 앞의 글, 2017, 42쪽.

4세기 초를 가야사 획기로 보는 입장도 있다. 포상팔국전쟁를 4세기 전후에 발생한 사건으로 이해하고, 가야사회 내부의 변화를 한반도 전체 속에서 파악한 결과였다. 즉 가락국은 낙랑·대방이 축출되자 왜와의 교류확대를 통하여 위기상황을 극복했고, 대가야는 반로국 시기의 반운리 중심에서 4세기 초 주산 아래의 구릉지인 연조리로 그 중심지를 옮겨 성장의 발판을 마련했으며, 아라가야 또한 4세기초에 한단계 진전된 정치집단으로 발전했다는 것이다.

넷째, 가야 각국에 대한 연구가 증가했다. 가야연맹체설에 대한 부정적 시각이 확대되었던 결과였다. '가야 각국사의 재구성'이란 주제의 가야학술심포지엄이 개최되었고, 단행본으로 발간되었다.[4] 가락국과 대가야 뿐만 아니라 안라국, 고자국, 다라국, 비화가야 등에 대한 연구가 이루어졌다. 포상팔국에 해당하는 골포국, 고사포국, 칠포국, 사물국 등에 대한 성과도 발표되었다. 이러한 연구성과는 가야사의 연구범위를 확대하고, 가야사회의 내적발전을 추정할 수 있게 하였다.

다섯째, 가야사회변화를 내재적 발전과정으로 이해하려는 연구도 시작되었다. 포상팔국전쟁은 가야사회 내부의 질적 변화를 보여주는 사건으로 이해되었다. 전쟁원인과 전쟁이후의 가야사회를 통해 가야의 발전과 변화를 읽어낸 것이다. 그래서 이 전쟁이 가야사회를 전·후기로 나누는 기준이 되기도 했다.

여섯째, 가야의 발전원인에 대한 연구도 축적되었다. 가야의 형성과 발전을 교역에 의한 것으로 이해해왔다. 가야전기는 김해와 창원일대를 중심으로 낙랑군과 왜지(倭地)를 연결하는 교역거점지로 발전하였다.[5] 낙랑의 선진기술을 빌려 토기와 철기의 생산 및 유통체계를 구축했다는 입장[6]과 낙랑문화에 대한 일방적인 의존을 부정하고 자체적인 발전을 강조하면서 다양한 문화의 유입을 주장하는 견해[7]도 있다. 가야 후기 또한 왜와의 교역, 가야 각국끼리의 교역이 성장의 주요 요인으로 인식되었다. 최근에는 3~4세기 가락국의 교역장이 보여주는 '중립성'에 주목한 연구가 발표되었다.[8]

---

4) 부산대학교 민족문화연구소편, 『가야 각국사의 재구성』, 혜안, 2000.
5) 이현혜, 「4세기 加耶地域의 交易體系의 변천」, 『한국고대사연구』 1, 1988; 김태식, 「加耶와 樂浪」, 『한국고대사연구』 34, 2006; 김태식, 「韓國 古代諸國의 對外交易」, 『진단학보』 101, 2004.
6) 이성주, 「가야토기 생산·분배체계」, 『가야고고학의 새로운 조명』, 혜안, 2003.
7) 이재현, 「加耶地域出土 銅鏡과 交易體系」, 『한국고대사논총』 9, 가락국사적개발연구원, 2000; 신용민, 「弁·辰韓地域의 外來系 遺物」, 『고고학으로 본 변·진한과 왜』, 영남고고학회·구주고고학회 제4회 합동고고학대회 발표논문집, 2000.
8) 김창석, 「고대 交易場의 중립성과 연맹의 성립 -3~4세기 加耶聯盟體를 중심으로-」, 『歷史學報』 216, 2012.

창원 현동유적에서 조사된 배모양토기(삼한문화재연구원, 2019)

　일곱째, 대외관계에 대한 연구도 계속되었다. 임나일본부설은 설자리를 잃게 되었지만, 가야를 한국고대사회의 중심축으로 보지 않으려는 경향은 여전했다. 백제가 4세기대에 가야지역을 영향권 아래 두었다는 입장이 있다. 백제군사령부설이다. 즉 가야7국을 평정하여 가야제국과 부형−자제관계를 맺어 백제의 영향권 아래에 두었다는 것이다. 백제의 가야제국에 대한 영향력 강화라는 주장은 또 다른 임나일본부론에 다름 아니다. 신라의 가야지역 복속 시기를 앞당겨 보는 연구경향도 여전하다. 창녕지역의 경우 4세기대에 이미 신라가 간접지배했다는 견해가 그것이다. 하지만 문헌에 보이는 가야멸망 기사는 이러한 추정들이 사실이 아님을 보여주고 있다.

　이러한 가야사연구의 진전은 한국고대사회를 더욱 폭넓게 이해할 수 있게 하였고, 동북아시아사회의 실체에도 한걸음 더 가까이 다가설 수 있게 했다. 이제 가야는 한국고대사의 주변부가 아니라 한국고대사회발전의 중심에서 주체적인 역할을 했던 정치집단이었음이 밝혀진 것이다.

　이외에도 건국신화, 불교 등에 대한 다양한 연구가 지속되고 있다. 특히 최근에는 가야고분군의 세계유산지정이 진행되는 과정에서 가야역사에 대한 관심이 확대되고 있다.

2. 한계

가야사연구의 한계도 여전하다.[9] 가야사연구가 본격화된 것이 40여 년에 불과하기 때문이다.

첫째, 대부분의 연구자들이 가야사회의 발전단계를 저급하게 인식하고 있다는 것이다. '연맹체설(聯盟體說)'이 그것이다. 한국고대사에서 연맹단계는 고대국가 이전의 발전단계로 규정되어 왔다. 따라서 가야사에서 연맹체설은 가야가 고대국가 이전단계에 머물렀다는 전제를 바탕으로 하고 있다. 연맹이란 나라들 사이의 관계를 말하는 것이지 국가 발전단계로 볼 수 없다. 연맹(聯盟)은 단지 고대국가형성 이전의 단계에서만 형성되는 특정한 역사적 사실로 볼 수도 없다. 국가의 발전단계는 영역의 크기로서 이해할 것이 아니라 정치집단이 가지고 있는 정치·사회구조로 설명해야 한다. 삼한단계(三韓段階)와 삼국시대(三國時代) 정치집단의 발전수준 또한 달랐을 것이다. 시기적인 차이를 무시하고 유력국을 중심으로하는 연맹체의 설정을 국가발전단계로 이해하는 것은 역사의 정체성(停滯性)을 드러내는 것에 지나지 않는다.

소국과 연맹은 고대국가보다 미숙하고 열등한 사회로 이해할 것이 아니라, 그들 스스로 소사회를 지양했고, 강대국 사이의 정치적 완충지대, 중립지대로서 교역의 활성화를 이끌어냈으며, 소사회에 기초하여 중국과 한반도에서 일본열도에 이르는 고대 동아시아 세계를 교역으로 묶어낸 열린 공간으로 이해할 수도 있다.[10]

가야사회를 낮추어 본 요인은 여러 가지이다. 특히 가야 제정치세력이 완전히 하나로 통합되지 못한 채 멸망함으로써 정리된 자기의 역사 기록을 남기지 못한 데서 온 영향이 크다. 고대국가의 기준을 일본의 고대국가 기준인 관제정비, 중국과의 외교, 율령반포와 불교공인을 그 기준으로 하고 있는 것이[11] 가야가 고대국가 이전 단계인 연맹단계로 보는 근거가 되기도 한다. 대부분의 연구자들은 가야를 고대국가단계로 발전하지 못했다는 전제 위에서 연맹단계를 설정하거나, 연맹을 부정하더라도 고대국가 단계에는 이르지 못했다는 견해가 일반적이다.[12]

---

9) 남재우, 앞의 글, 2017, 53~56쪽.
10) 윤선태, 앞의 글, 2013, 9쪽.
11) 최광식, 「한국의 고대국가형성론」, 『한국고대사입문』 1, 신서원, 2006, 290~291쪽.
12) 남재우, 「加耶史에서의 '聯盟'의 의미」, 『昌原史學』 4, 1995.

　　하지만 가야사 수 백년 동안을 연맹이라는 하나의 단계로 볼 수는 없다. 연맹이 중심부 소국에 대한 주변부 소국의 복속관계를 의미하는 내용이라면 국가발전단계로 볼 것이 아니라 지배체제에서 취급해야 한다.[13] 가야의 여러 정치집단들은 그 발전정도가 달랐다. 가야제국 중에서도 대가야나 아라가야(안라국)은 정치적 성장이 빨랐던 나라였다. 대가야나 아라가야는 고대국가단계로 볼 수 있다.[14]

　　둘째, 각국에 대한 연구가 더욱 활성화되어야 한다. 특히 가야전기의 경우, 변진제국이나 포상팔국 등의 각국에 대한 개별연구가 이루어져야 한다. 이러한 바탕 위에서 가야 각국들 간의 관계를 파악한다면 연맹·연합·동맹 등에 대한 설명이 가능해질 것이다. 각국의 개별적인 발전과정을 이해하기 위해서는 종래 편중되게 실시되었던 발굴조사도 평면적으로 확대되어야 한다.

　　셋째, 삼한(三韓)단계와 가야사(加耶史)의 구분이 여전히 모호하다. 최근에 와서 가야사연구가 진전되면서 변한의 형성을 가야의 형성과 연결시켜 이해하려는 경향성이 짙다. 하지만 삼한과 가야는 한국고대사의 전체적인 발전과정 속에서 파악되어야 한다. 비록, 전기론적(前期論的) 입장의 타당성이 인정된다 하더라도 전기론이 등장하는 과정에서의 문제점을 지적하지 않을 수 없다. 먼저, 삼국의 발전과정을 이해하는 방식에서 마한에서 백제가, 진한에서 신라가, 변한에서 가야 라는 도식적인 이해에서 비롯되고 있는 백제국(伯濟國)=백제, 사로국(斯盧國)=신라, 구야국(狗邪國)=가야라는 등식이 타당한가 하는 점이다. 한국고대사의 발전과정에서 본다면 삼한사회의 총체적인 변화발전과정에서 백제·신라·가야의 성립을 이해하는 것이 당연하다.[15] 단지 변한만을 분리하여 가야의 발전으로 이해하는 것이 옳지 않다. 오히려 진·변한의 변화과정에서 신라·가야의 성립을 이해하는 것이 타당하다.[16] 기록상으로도 진한(辰韓)과 변한은 차이가 뚜렷하지 않다. 변진(弁辰)은 진한(辰韓)사람과 뒤섞여 살았으며, 제사의식을 제외한 의복·주택과 언어·법속이 서로 비슷했다는 것은[17] 가야와 신라가 진한(辰韓)과 변한의 변동 속에서 나아가 삼한의 변동 속에서 변화·발전된 것으로 이해되어져야 하는 하나의 근거이다.

---

13)　김영하, 「한국고대국가의 정치체제발전론」, 『한국고대사연구』 17, 1991, 74쪽.

14)　남재우, 「加耶聯盟과 大加耶」, 『大加耶의 成長과 發展』, 고령군·한국고대사학회, 2004, 71~80쪽.

15)　朱甫暾, 앞의 글, 1995, 21쪽.

16)　李盛周, 「1~3세기 가야정치체의 성장」, 『韓國古代史論叢』, 1993, 209쪽.

17)　"弁辰與辰韓雜居 亦有城郭 衣服居處與辰韓同 言語法俗相似"(『三國志』 卷30 魏書30 烏丸鮮卑東夷傳 第30 弁辰條).

넷째, 식민사학극복이 가야사의 발전과정을 왜곡하는데 기여한 측면이 있다. 즉 임나일본부설을 극복하려던 노력이 일제 식민사학과 동일한 시각과 논리로 접근하여 가야사를 왜곡하였다. 임나일본부설을 대체한 천관우의 '백제군사령부설'이 그것이다. 4세기대에 백제가 가야지역에 군사령부를 설치하여 지배하고 있었다는 근거는 현재까지 찾을 수가 없다. 천관우의 '복원가야사'는 백제의 가야지배사가 되고 말았다.

'임나일본부설'이 극복되었다고 장담할 수도 없다. 스에마쓰 야스카즈[末松保和] 이후 야마토[大和]정권의 임나지배기관설을 직접적으로 주장하는 연구자는 거의 없다. 임나일본부에 대한 대개의 입장은 왜의 입장을 중시하려는 일본측과 가야의 입장에서 논하려는 국내측의 시각에는 일정한 평행선이 존재한다.[18] 임나일본부설은 『일본서기』가 그 근거가 되고 있다. 8세기에 씌여진 『일본서기』가 왜, 누구의 주도로, 무엇을 근거로, 무슨 목적으로 임나일본부설을 조작하였으며, 하필이면 일본왕의 직접적인 지배대상지로서 임나가 선택되었는가 등등의 기본적인 검토가 선행되어야 한다.[19]

다섯째, 문헌자료에 대한 끊임없는 재검토가 필요하다. 가야사 사료가 빈약한 것은 주지의 사실이다. 앞으로 새로운 자료가 늘어날 가능성도 적다. 이러한 이유로 가야사연구가 침체될 가능성이 높다. 문헌자료를 되씹고 고고자료를 활용해 보기도 하지만, 삼국처럼 내밀한 사회구성과 발전과정을 이해하기 쉽지 않다. 하지만 기록의 부족은 다양한 가설을 세울 수 있는 기회이기도 하다.

또한 다양한 학문방법을 통한 접근도 필요하다. 문헌사학과 고고학이 각각의 분야에서 정립된 방법론에 입각하여 자료에 대한 엄밀한 점검과정을 거치지 않고, 유관자료를 각각의 입장에서 무차별적으로 끌어다 쓰는 자의적 경향은 문제가 있다. 가야사연구의 진전을 가로막는 근원적 난관은 사료의 빈곤함 때문이지만, 문헌과 고고학의 어슬픈 결합이 가져다준 요소 또한 무시할 수 없다.[20]

여섯째, 연구방향의 다양성도 확보되어야 한다. 해양사관의 입장에서 가야사를 바라보는 것도 의미가 있을 것이다.

일곱째, 이러한 가야사연구의 한계와 함께 삼국 중심의 한국고대사연구도 문제이다.

18) 연민수, 「임나일본부」, 『한국고대사 연구의 새 동향』, 서경문화사, 2007, 314쪽.
19) 주보돈, 앞의 글, 1995, 49~50쪽.
20) 주보돈, 「가야사의 체계적 이해를 위한 提言」, 『쟁점대가야사 대가야의 국가발전단계』, 제11회 대가야사 학술회의 발표 자료집, 2017, 8쪽.

삼국만을 고대국가의 전형이고, 그래서 중심부라는 시각은 가야와 부여를 제외한 삼국 연구에만 몰두하게 했고, 교육에도 적용되었다. 그 결과 연구뿐만 아니라 국민들의 한국 고대사에 대한 인식도 좁히는 결과를 초래했다. 고대국가 발전의 다양성을 가야와 부여 등에서 찾으려는 시각이 필요하다.

　이러한 상황 이외에도 심각한 문제도 많다. 가야사연구가 침체될 수밖에 없는 사회 상황이다. 연구인력, 인력양성을 위한 교육조건 등이 열악해 지고 있는 상황은 인문학이 처한 현실과 무관하지 않다.

　가야사의 복원은 한국고대사의 완성이다. 가야의 여러 나라들은 영남지역에서 거의 600년 동안 삼국과 함께 독립된 왕권과 영역을 유지하고 있었다. 이를 소외시킨다면 고 대사회를 정확하게 이해할 수 없으며, 고대 영남지역의 역사도 제자리 매김 되지 못한 다. 가야사의 이해를 통해 그 시기 한국고대사회와 동아시아사회의 모습에 접근할 수 있 다. 그래서 가야사연구는 언제나 현재에 서 있다.

Ⅲ. 가야사연구를 위한 모색

1. 가야사의 위치

　1980년대 이후 가야사연구가 급진전한 것은 틀림없는 사실이다. 가야사가 독립적 연 구영역으로 자리매김되고, 한국고대사의 폭과 깊이를 더하는데 기여했다. 학술활동 등 을 통해 드러났다. 1990년대 이후 전문연구자들에 의해 진행되는 가야사 관련 학술심포 지엄 등이 김해, 고령, 함안 같은 가야지역이 아닌 서울에서 개최되기도 했다. 1992년 6월 고려대 인촌기념관에서 열렸던 국제학술회의 '가야사연구의 성과와 전망'이 그것이 다. "이제 가야사연구도 한국고대사 연구에서 하나의 독립된 연구영역으로 자리하게 되 었음을 의미하는 것"으로 인식되었다.[21]

　이후 가야사분야는 한국고대사 학계에서 삼국과 함께 동등하게 다루어졌다. 한국고

---

21)　이영식은 '가야사 연구의 시민권'이라고 표현했다.(「가야사 연구의 시민권 확립과 가설의 사실화」, 『가야제국사연구』, 생각과종이, 2016, 40쪽)

대사학회에서 진행하는 합동토론회나 세미나에서 알 수 있다. 제9회 합동토론회(1996년 2월 8~9일) 공동주제인 '한국 고대사회의 지방 지배'에서 고구려, 백제, 신라, 가야, 통일신라, 발해의 여섯개 주제에 대한 발표가 있었다. 한국고대사학회 제3회 하계세미나 (2001년 7월 26~27일) 공동주제 '한국 고대 국가권력의 성장과 지방통치의 실현'에서 고구려, 백제, 신라, 가야에 대한 국가별 주제로 발표되었다. 제21회 한국고대사학회 합동토론회(2008년 2월 14~15일) 공동주제는 '한국고대국가 멸망기의 양상과 원인'이었다. 고조선, 고구려, 가야, 백제, 신라, 발해가 발표되었다. 제19회 한국고대사학회 하계세미나(2017년 7월 27~28일) 공동주제 '한국고대사와 왕릉고고학'에서도 고구려, 백제, 신라, 가야, 발해에 대한 발표가 있었다. 2019년 제32회 합동토론회, "새로운 고대사연구를 위한 모색"에서도 '새로운 가야사연구를 위한 모색'이 발표되었다.

이제 가야사는 한국고대사학계에서 가야의 독자성과 독립적 논의의 필요성이 인정되고 있을 뿐만 아니라, 가야사 문헌연구 및 고고학을 전공하는 연구인력도 증대되었다는 것을 반영하고 있다.

가야사연구의 확대는 한국 고대사회를 삼국시대가 아닌, '사국시대(四國時代)'로 대체해야 한다는 '사국시대설'이 제기되기도 하였다.[22] 이에 대해서는 가야의 실체에 대한 정확한 규명이 전제되어야 할 것이다.[23]

그럼에도 불구하고 가야사연구는 아직 갈 길이 멀다. 가야를 주체로 한 가야사연구는 시간적으로 40년에 미치지 못했고, 가야사가 이제 겨우 한국고대사의 주변부가 아니라 한국고대사회의 발전과정에서 삼국과 더불어 어깨를 나란히 했던 정치집단이었음이 드러났으며, 가야사의 전개과정을 연대기적으로 서술하는 것이 가능해졌을 뿐이다.

2. 가야사연구에 대한 비판

최근들어 가야사연구에 대한 비판적 시각이 있다.[24] 요약하면 이렇다.

먼저 최근 수년간 가야사연구가 매우 부진하다는 지적이다. 1990년대 중반 이후 한

---

22)　김태식, 「가야를 포함한 사국시대를 제창하며」, 『미완의 문명 7백년 가야사』 1, 푸른역사, 2002, 22~23쪽.
23)　남재우, 「가야의 국가발전단계와 가야사연구」, 『역사와 세계』 54, 2018, 187~188쪽.
24)　주보돈, 「가야사 연구의 새로운 進展을 위한 提言」, 『한국고대사연구』 85, 2017, 7~13쪽.

때 가야사 분야가 각광을 받아 이를 다룬 석·박사학위 논문이 일시에 다량으로 쏟아짐
으로써 연구자가 많이 배출되었다. 영남의 낙동강유역권 여기저기에서 가야의 역사와
문화를 주제로 하는 학술행사가 활발히 치러졌고, 당시 분출된 열기는 가야사 분야의 연
구가 마치 한국고대사 전반을 추동하여 이끌어가고 있다고 여기게 할 정도였다. 하지만
그 이후 고고학의 입장에서 다룬 가야 관련 논고는 적지 않게 찾아지나 문헌사학의 입장
에서 가야사를 다룬 논고는 매우 적다. 조금이라도 주목해볼 만한 새로운 접근은 너무도
드문 편이다. 즉 발표된 논문의 수량은 물론이고, 각별한 문제제기도 없으며, 게다가 새
로운 연구자의 공급도 거의 멈춰진 상태라는 것이다.

　연구가 부진한 이유는 가야사연구가 밑바닥으로부터 자연스럽게 축적된 에너지가 분
출된 결과가 아니라 당시의 사회적 분위기에서 비롯되었다는 것이다. 1995년 이후 지
방자치제가 도입되자 지방자치단체들은 앞 다투어 특정한 목적성을 내세워 가야사 방
면 연구를 적극 후원하였다. 다양한 학술대회나 축제와 같은 문화행사를 앞다투어 개최
했다. 이러한 이유로 지역의 역사와 문화 관련 콘텐츠가 어느 정도 축적되자 이제는 관
광객을 끌어들이려는 의도에서 다양한 문화상품을 개발하고 지역을 정비하는 일에 적극
나서게 되었다.

　지방자치단체나 관련기관에서의 재정적 후원은 그들의 요구에 맞추어 역사해석을 시
도하고 부응하려는 경향으로 나타나기도 했다. 즉 지역민의 요구에 부응해 가야사를 자
치단체 소재지역 중심의 입장과 시각에서 바라보려고 노력하게 되었다. 무리한 해석을
시도하거나 외양을 과도하게 포장하려는 움직임도 있었다. 이러한 경향은 학문 본래의
객관성과 엄정성을 해칠 수 있다.

　새로운 출발을 위한 제언도 잊지 않았다. 사국시대론은 공론화하고 논증하는 중간 과
정을 반드시 거쳐야 한다. 가야사연구자들은 그것이 마치 당연하다는 듯이 받아들이는
분위기다.

　가야사 연구를 활성화하고 이를 토대로 한국고대사의 체계화에 기여하려면 아직 넘
어야 할 산이 너무도 많다. 문헌을 더욱더 치밀하게 재검토하고, 기존에 확보된 것은 물
론 발굴을 통해 새로 알려지는 고고자료도 적극적으로 활용해야 한다. 다른 분야와의 대
화와 소통도 필용하다.

　지적과 제언에 귀기울여야 할 것이 많다. 외부로부터의 행·재정적 지원은 연구자들의

자생력을 기르는 것이 아니라 그것을 무너뜨리는 결과로 이어졌고, 지자체의 재정적 후원은 저절로 그들의 요구에 맞춘 역사해석을 가해 부응하려는 경향이 생겨났다는 지적이 그것이다. 하지만 적의하지 않은 지적도 있다. 사국시대론의 경우 이를 지지하는 가야사연구자는 많지 않다.[25] 사국시대론에 대하여 부정적인 이유는 많다. 첫째, 가야는 하나로 통합된 국가가 아니라 여러 정치집단으로 나뉘어져 있었으며, 둘째, 가야제국(加耶諸國)은 발전정도가 삼국에 미치지 못했다는 것이다. 또한 각 소국의 발전단계가 동일하지 않다는 것도 그 이유다. 셋째, 가야는 여러 개의 정치집단으로 분립되어 있었기 때문에 하나의 정치집단으로 볼 수 없다. 넷째, 가야를 포함한 사국(四國)으로 한국고대사를 규정한다면 오랜 기간동안 고조선, 고구려와 함께 존재했던 부여와 같은 나라들이 소외될 수 밖에 없다. 가야가 삼국에서 소외된 것을 극복하기 위해 다른 고대국가들이 소외되는 것도 바람직하지 않다. 이렇게 고대사회를 세세하게 시기구분하는 것이 옳은 지도 의문이다.

　자치단체와 관련기관의 지원과 의도가 가야사연구에 미치는 영향이 크다라는 지적은 뼈아프다. 문헌자료가 부족한 상황에서 발굴자료를 통하여 다양한 해석으로 나타나는 것이라 볼 수 있다. 해당 연구자의 지역에 대한 관심이 과욕을 불러 일으키는 경우도 있다. 몇십 년간 기존 자설을 유지하는 연구자가 많다는 지적도 옳다. 문헌자료가 부족한 가야사의 경우 당시 사회의 내밀한 모습을 이해할 수가 없다. 그러다 보니 기존 생각을 떨쳐 버릴 수 있는 자료가 뒷받침되지 못하고 있는 것이 그 이유이기도 하다.

　새로운 자료 및 새로운 문제 제기에 대해 열린 자세로 적극적 대응해야 한다는 지적은 아무리 강조해도 지나치지 않다. 연구가 침체된 것은 고고자료가 당시의 현실을 적극 설명할 수 없고, 기록이 영세함으로써 당대의 사회를 폭넓게 이해할 수 없으며, 삼국 중심의 교과서 서술은 시민들의 가야사에 대한 인식을 확대할 수 없었다. 인문학과 지방대학 홀대는 가야사연구 인력의 양성을 저지하고 있다.

　가야사연구의 침체는 사회구조적인 문제로 접근해야 한다. 연구자의 순수한 학문적 관심과 애정에 기대는 것이 가능한지 의문이다. 지방대학과 인문학을 홀대하는 교육정책이 근본적인 문제이다. 지방대학은 구조조정으로 몸살을 앓고 있고, 인문학이 그 중심에 있다. 인문학연구자가 발붙일 기반이 축소되고 있다. 가야사의 경우 역사공간이 남부지방에 한정되고, 공교육에서도 삼국 중심 교육에 편중되어 연구자의 설 자리가 점차 좁혀져 가고 있다.

---

25)　남재우, 앞의 글, 178쪽.

3. 가야사 연구를 위한 모색

1) 고고자료의 보존과 관리

가야문화권 유적 보존을 위한 기본계획을 마련하여 장기적으로 가야사연구와 문화유산 보존을 위한 기반을 조성해야 한다.[26]

그러기 위해서는 문화유산 보존과 관리를 위한 행정조직의 확대와 전문가의 활용이 필요하다.

첫째, 경남도의 경우 가야문화유산이 밀집되어 있는 지역이다. 문재인정부 이후 가야문화유산과를 만들었다. 하지만 가야문화유산에 대한 문화유산 관련 전문성을 지닌 담당공무원 수는 3명에 불과하다. 문화유산 전문가의 확대가 필요하다. 둘째, 기초지방단체별로 문화유산 전담 전문직이 필요하다. 효율적인 문화유산의 보존관리를 위해서는 문화유산 담당직원의 전문화와 업무의 연속성이 보장되어야 한다. 따라서 문화유산 보존과 관리를 위하여 계약직 혹은 임기제 학예연구사를 정규직으로 전환해야 하며, 그 수도 더 늘려야 한다.

공립박물관의 기능도 강화되어야 한다. 박물관장의 전문성도 확보되어야 한다. 가야고분군 발굴로 인한 유물 보존과 관리를 위해 1990년대 이후 박물관 건립이 추진되었다. 새롭게 건립된 박물관의 경우 전문 인력이 충분치 못하다. 고령군 대가야박물관의 경우 박물관장직을 전문인력이 맡고 있다. 경남의 경우 양산박물관장직의 경우만 전문인력이 맡고 있다. 하지만 대부분의 기초자치단체 박물관은 그렇지 못하며, 학예연구사의 수도 부족한 형편이다.

연구자 확보를 위한 연구재단 설립도 필요하다. 가야사연구의 경우 연구대상에 해당하는 지역이 경남, 경북, 부산, 전북 등지이다. 대학에서 인문학이 경시되고 있는 상황이고, 특히 지방대학에서 인문학 관련 학과는 통폐합되고 있다. 이러한 상황은 향후 가야사 연구기반을 상실할 수 있다. 지속적인 가야사연구를 위해서는 안정적인 연구조건을 만들어야 한다.

---

26)   남재우, 「올바른 가야사복원을 위한 경남의 과제」, 『경남발전』 138, 2017, 31~32쪽.

2) 연구를 위한 몇 가지 생각

가야사연구 전망은 밝지 않다. 부족한 문헌자료 때문에 고고자료 등을 활용하고, 문헌자료를 되짚어 보지만 삼국사처럼 연구의 깊이와 폭을 확대하는 일이 쉽지 않다. 삼국 중심의 역사연구를 따라잡기에는 역부족이다. 하지만 '가야 각국의 발전과정에 대한 연구', '문헌자료에 대한 지속적인 재검토'와 '한국사 전체 속에서 가야사 이해'가 지속된다면 가야사연구가 한국고대사, 동북아시아사의 이해에 크게 기여할 수 있을 것이라는 사실은 확실하다. 또한 가야를 통해 고대국가의 다양한 형태를 확인할 수 있을 것이다.

아라가야학술회의 전경(2022)

몇가지 측면에서 가야사연구 방향을 모색해 본다. 첫째, 가야 각국의 형성과정을 통하여 한국고대국가 형성과정의 다양성을 찾아야 한다. 백제와 신라가 마한제국, 진한제국을 통합하여 백제와 신라로 발전했다. 동시기에 인접한 지역에 자리잡고 있었던 가야 각국이 백제와 신라와 동궤적인 방향으로 성장하지 못한 이유는 무엇이었을까를 규명하는 것이 가야사의 본질을 밝히는 것이다. 백제와 신라처럼 백제국, 사로국과 같은 선진적인 정치집단이 변한지역에도 존재하고 있었다. 구야국과 안야국이 그것이다. 두 나라는 변한제국 내에서 중국에 알려졌을 정도로 성장정도가 빨랐다. 그럼에도 구야국과 안야국이 사로국처럼 인근 각국들을 통합하지 않았던 이유를 밝혀보는 것이 가야사회의 성격을 규명하는데 도움이 될 것이다. 이를 통해 한반도에서 백제와 신라와는 다른 국가발전 모델을 확인할 수 있을 가능성이 있다. 즉 한국고대사에서 중앙집권제 국가로 성장하지 못한 가야를 후진적이라 규정했던 인식 또한 달라질 수 있다.

둘째, 가야사 복원이 한국고대사의 이해에 다가서는 길이며, 가야가 주변부라는 인식에서 벗어나야 한다. 현재까지의 한국고대사연구가 삼국 중심으로 지나치게 편중되어 온 사실도 부정할 수 없다. 한국고대사에서 삼국을 고대국가의 전형으로 설정했고, 중심부였으며, 고대사연구의 거의 전부를 차지했다. 삼국 발전과정을 기준으로 설정하여 나머지 국가들을 주변부로 내몰았다. 한국고대사학계는 삼국의 고대국가 발전방향이 아닌 고대국가 형태를 인정하지 않았다. 삼국이 존재했던 시기에 가야는 삼국과 발전과정이 달랐지만 삼국과 어깨를 나란히 하며 한국고대사회의 발전에 기여했다. 가야는 가까이는 삼국과, 멀리는 중국과 일본과 교류했다. 선진문화는 받아들였고, 가야의 세련된 문화는 국내뿐만 아니라 일본의 성장에도 기여했다. 따라서 가야사회의 변화발전과정을 이해하는 것이 그 시기 한국고대사회와 동아시아사회의 모습에 접근할 수 있다.

셋째, 전문 연구자에 의해 이루어진 연구 성과를 공교육을 통해 학생들에게 교육해야 한다. 가야사에 대한 지식은 학생과 시민과 연구자 사이에 커다란 격차가 존재한다. 이를 해소하기 위해서는 공교육에서 삼국 중심의 고대사 교육이 아니라 삼국과의 발전과정이 다른 국가들에 대한 교육도 이루어져야 하며, 진전된 연구결과가 교육되어야 한다. 역사교육의 중요성은 다양성을 확인하고 인정하는 것임에도 불구하고, 삼국 중심의 역사교육으로 인해 가야사학자들은 어려움에 직면하고 있다. 가야사학계를 식민사학을 가르치는 강단사학자라 공격하는 사이비역사학자들 때문이다. 선대 역사학자들의 주장이 낡은 지식으로 변화하고 있지만, 시민들의 역사지식은 그 수준에 머물러 있어서 새로운 지식과 해석을 받아들이지 못하는 상황이 나타나고 있다. 전문연구자보다 오히려 사이비역사학자의 주장에 경도되기도 한다.

넷째, 가야사연구가 현재 사회의 변화와 성장에 기여할 수 있다. 가야사의 주요한 특성은 정치적 분립이다. 가야에 속한 지방자치단체들은 역사적 정체성, 지역의 발전과정을 이해하기 위하여 가야사연구에 관심을 기울였다. 이를 "가야문화권에 소속한 지방자치단체들이 해당지역이 가야시기 거점지역이었음을 밝히기 위해 경쟁적으로 고고발굴작업을 지원하였다"[27]라고 비판하기도 한다. 하지만 그것이 가야사연구를 촉진시켰다면 지방분권문제 해결에 가야사연구가 기여하였음을 확인할 수 있다.

다섯째, 연구자료 확보는 무엇보다 우선이다. 문헌자료는 끊임없이 재해석되어야 한다. 고고자료는 폭넓게 구해져야 한다. 중심부 유적조사자료만 중요한 것은 아니다. 구제발굴에 의한 자료에만 의존할 것이 아니라 학술조사도 실시되어야 한다. 가야권역의 다양한 지역에 대한 학술조사가 실시되어, 다양한 자료를 확보해야 한다.

---

27) 주보돈, 앞의 글, 2017, 13쪽.

【참고문헌】

권오영, 「加耶諸國의 사회발전단계」, 『한국고대사 속의 가야』, 혜안, 2001

김영하, 「한국고대국가의 정치체제발전론」, 『한국고대사연구』 17, 2000.

김창석, 「고대 交易場의 중립성과 연맹의 성립 −3~4세기 加耶聯盟體를 중심으로−」, 『歷史學報』 216, 2012.

김태식, 「가야를 포함한 사국시대를 제창하며」, 『미완의 문명 7백년 가야사』 1 , 푸른역사, 2002.

김태식, 「加耶와 樂浪」, 『한국고대사연구』 34, 2006.

남재우, 「加耶史에서의 '聯盟'의 의미」, 『창원사학』 2, 1995.

남재우, 「加耶聯盟과 大加耶」, 『大加耶의 成長과 發展』, 고령군·한국고대사학회, 2004.

남재우, 「식민사관에 의한 가야사연구와 그 극복」, 『한국고대사연구』 61, 2011.

남재우, 「올바른 가야사복원을 위한 경남의 과제」, 『경남발전』 138, 2017.

남재우, 「전기가야사 연구의 성과와 과제」, 『한국고대사연구』 85, 한국고대사학회, 2017.

남재우, 「가야의 국가발전단계와 가야사연구」, 『역사와세계』 54, 2018.

남재우, 「문헌으로 본 가야사의 획기」, 『한국고대사연구』 94, 2019.

박대재, 「삼한시기 논쟁의 맥락과 접점」, 『한국고대사연구』 87, 2017.

부산대학교 민족문화연구소편, 『가야 각국사의 재구성』, 혜안, 2000.

윤선태, 「한국 고대사학과 신출토 문자자료에 대한 비판적 성찰」, 『역사학보』 219, 2013.

이성주, 「1~3세기 가야정치체의 성장」, 『韓國古代史論叢』, 1993.

이성주, 「가야토기 생산·분배체계」, 『가야고고학의 새로운 조명』, 혜안, 2003.

이영식, 「가야사 연구의 시민권 확립과 가설의 사실화」, 『가야제국사연구』, 생각과종이, 2016.

이현혜, 「4세기 加耶地域의 交易體系의 변천」, 『한국고대사연구』 1, 1988.

주보돈, 「가야사 연구의 새로운 進展을 위한 提言」, 『한국고대사연구』 85, 2017.

최광식, 「한국의 고대국가형성론」, 『한국고대사입문』 1, 신서원, 2006.

필자소개

김영하 | 성균관대 사학과 명예교수

조신규 | 함안군 가야사담당관

김정윤 | 한국사회과학연구원장

정인태 | 국립경주문화재연구소 학예연구사

박천수 | 경북대학교 고고인류학과 교수

이한상 | 대전대학교 역사문화학전공 교수

권오영 | 서울대학교 국사학과 교수

정동준 | 성균관대학교 초빙교수

남재우 | 창원대학교 사학과 교수